KB047489

그림 1. 바다꽃, 중년 여성이 그린 만다라

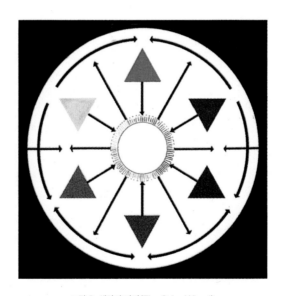

그림 2. 색상의 바퀴(The Color Wheel)

그림 3. 중요한 결단을 내리는 것과 함께 그리게 된 대비의 만다라

그림 4. 갈등의 심화를 미리 보여준 니타 수의 첫번째 만다라

그림 5. 니타 수의 두번째 만다라로서 꽃송이 하나가 내부에 갇혀 있고 검은 상자는 그녀의 내면적인 변형과정을 시사하고 있다.

그림 6. 화구를 너무 눌러서 그려서 중심부분이 찢어진 니타 수의 만다라. 스스로의 존재가 새로워지는 것과 함께 찢는다는 파괴적인 행위가 나타났다.

그림 7. 재형성되고 있는 갇혀 있던 자아가 "눈"의 형태로 나타난 니타 수의 만다라

그림 8. 정신적인 에너지가 심오한 재정비를 하고 있음을 나타내는
무지개가 있는 니타 수의 만다라

그림 9. 내면의 작업이 통합되고 강화되었음을 보이는 니타 수의 마지막 만다라

그림 10. 막강한 에너지를 반영하고 있는 마릴린의 첫번째 만다라

그림 11. 에너지를 수용하기 위하여 그린 마릴린의 두번째 만다라

그림 12. 달빛 아래 검은 몸체를 드러낸 잎새가 없는 나무를 주제로 한
로리의 첫번째 만다라

그림 13. 동그라미를 채우기 위하여 바깥쪽으로 밀어내고 있는 듯한 나무를 주제로 한
로리의 두번째 만다라

그림 14. 작은 배를 위협하고 있는 거대한 파도는 로리가 죽음에 직면하고
있음을 상징한다.

그림 15. 암 치료를 위해 방사선 치료를 받는 동안 긍정적인 시각화를 위하여
그린 로리의 만다라

그림 16. 로리의 마지막 만다라는 죽음 가까이에 있던 그녀의 부활을 반영한다.

만다라를 통한 미술치료

자기탐구, 완성, 치유를 향하는 미술치료

수잔 핀처 지음 · 김진숙 옮김

학지사

CREATING MANDALA
for Insight, Healing, Self-Expression

by Susan F. Fincher

Copyright ⓒ 1991 by Susan F. Fincher
by arrangement with Shambhala Publications, Inc.
P.O.Box 308, Boston, MA. 02117
All rights reserved.

Korean Translation copyright ⓒ 1998 by Hakjisa Publisher
The Korean Translation rights arranged with
Shambhala Publications, Inc.

본 저작물의 한국어판 저작권은
Shambhala Publications, Inc.와의 독점계약으로써
학지사가 소유합니다.
저작권법에 의해서 한국 내에서 보호를 받는 저작물이므로
무단전재와 무단복제를 금합니다.

· 3 ·

추천의 말

 누군가 현대를 사는 인류에게 팽배해 있는 원형(archetype)이 무엇인가를 물었을 때 칼 융은 선뜻 "해체(disintegrate)"라고 말했다고 한다. 해체를 지향하는 현대인들에게 나타나고 있는 심각한 정신적인 문제를 대처한다는 측면에서 만다라가 가지는 통합성이 지금만큼 절실하게 요구되는 시기는 일찍이 없었다고 하겠다.

 우리 모두가 경험하고 있는 이 "해체"는 혼란스러운 현대 미술작품이나 음악 속에서도 찾아볼 수 있다. 정신(psyche)은 우리에게 필요할 때 특수한 치유를 가능하게 하는 만다라의 길을 지향하게 하고 시공을 초월한 만다라를 대면하게 함으로써 우리를 지혜롭게 만든다. 만다라가 가지는 이러한 치유성은 현대를 사는 우리에게 가장 절실하게 요구되는 것이라 하겠다.

 이 책은 만다라가 지닌 치유의 소식을 전하기 위하여 쓰여졌다. 화가이기도 한 저자는 그녀의 학자적인 태도와 예술성을 훌륭하게 합일시키고 있으며, 다정하면서도 직접적인 표현으로 이해하기 쉽게 쓰였다. 이러한 여러 가지 측면을 통합하고 있다는 점에서 이 책 자체가 만다라라고 할 수 있으며, 그저 읽는 것만으로도 치유가 되는 책이라고 생각한다.

캘리포니아 엔시니타스에서
로버트 존슨

• • • • •
지은이의 말

    1976년은 나의 아이가 죽고 이혼을 하는 등으로 격심한 고통을 받았던 해였다. 밤이면 밤마다 낮동안 있었던 일들에 대한 악몽에 시달리는 깊은 밤의 방황이 만다라에 관한 나의 탐구를 무르익게 했던 것 같다. 나의 고통은 매우 극심하여 내 마음속 깊은 곳에 있는 아픔과 슬픔을 도저히 남들과 나눌 수가 없었고, 따라서 나는 모든 것으로부터 후퇴하고 고립된 생활을 하고 있었다. 언제부터였다고 확실히 기억되지 않지만 나는 문득 어린시절에 즐겨 그렸던 그림을 그리고 싶다는 생각을 하게 되었다.

    나는 곧 사인펜 한 세트와 화첩 하나를 사서 손이 가는 대로 그림을 그리기 시작했다. 현실 속에 있는 무엇을 그리려고 하지 않았던 것은 바깥 세상의 그 무엇도 관찰할 기력이 나에게 남아 있지 않기 때문이었다. 그러던 어느날 나는 갑자기 동그라미 속에 그림을 그리고 싶다는 생각을 하게 되었다. 그것은 여러 개의 겹쳐진 원에 갖가지 색깔을 칠하는 매우 간단한 작업이었다. 작업을 마친 후 나는 기분이 훨씬 좋아졌음을 느꼈다.

    그 이후 이러한 작업을 홀로 할 수 있는 저녁시간을 기다리는 나 자신을 발견하게 되었다. 이유는 모르지만 그림을 그리는 것이 나를 치유하고 있다는 것을 알게 되었고, 이러한 치유성은 다른 사람들에게도 적용될 것이라는 생각을 하게 되었다. 이 문제에 대하여 혼자서 연구를 하는 동안 나는 그림을 그리는 것으로 심리치료를 하는 미술치료라는 것이 있다는 것을 알게 되었다.

미술치료를 발견하게 된 것이 나의 삶에 새로운 전기를 마련해주는 중요한 시점이 되었다. 나는 전문 미술치료사가 되기 위한 소정의 교육과정을 이수하게 되었고, 미술치료자로서 개인과 집단치료를 지도하게 되었다. 그후 나는 그림을 그리는 행위가 치료에 필요한 상호이해를 가능하게 하는 좋은 매개체 역할을 하기 때문에 효율적인 치료를 가능하게 한다는 것을 알게 되었다.

동그라미 속에 그리는 그림에 대한 나의 집념은 미술치료자인 조안 켈로그(Joan Kellogg)의 문헌들을 접하는 데까지 이르게 하였다. 켈로그는 동그라미에 그린 그림을 개인의 성격을 이해하기 위한 목적으로 사용하고 있었다. 그녀는 이러한 그림을 "만다라"라고 불렀고, 만다라의 치료성을 일찍이 체험한 칼 융으로부터 그녀의 이론적인 기반을 찾고 있었다. 나는 켈로그가 보여준 만다라의 치료적 가능성에 대하여 깊은 감명을 받게 되었다. 얼마동안 그녀의 지도를 받은 후 나는 만다라를 미술치료에 직접 사용하게 되었고 경험이 쌓이게 되면서부터 만다라에 관련되는 강의를 하게 되었다. 이 책을 집필하는 현재까지 나는 수천 개의 만다라를 접하였고, 거기에 나타난 상징을 이해하려는 수백 명을 대상으로 미술치료를 하였다.

나의 만다라에 대한 매력은 그후 15년 남짓 계속되어 오고 있으며 유화, 사인펜, 종이, 가죽, 진흙, 돌 등의 다양한 재료를 이용하여 만다라를 제작해오고 있다. 또한 나는 다른 문화권의 만다라를 알기 위하여 노력하였다. 특히 나는 티벳 불교에 나타나는 탱화에 관심을 기울였다. 전통적인 만다라에 대하여 체험하기 위하여 방패를 만드는 북미 원주민 여성의 문하생으로 들어가 1988년인 지금까지 그녀와의 관계가 이어지고 있다.

만다라는 나의 삶 속에 살아있는 존재로서, 만다라를 그리고 연구함으로써 내가 그린 만다라와 더불어 성장하기를 원했고, 또한 그것을 나누어 가지려는 다른 사람들의 만다라를 통하여 배워오고 있다. 만다라는 내가 어두운 혼돈 속에서 아픔을 경험하고 있을 때 나의 자리를 지키게 하는 닻의 역할을 감당했었다. 만다라를 통하여 나는 나 자신을 보다 깊게 이해하게 되었고, 멋진 신사의 모습으로 때로는 신사답지 못한 모습으로 펼쳐지는 삶의 현실을 재확인하게 되었으며, 우주 속에서 나의 위치를 확인하게 되었다.

　이 책은 내가 알고 있는 만다라에 대한 정보를 나누어 가지려는 의도에서 쓴 것이다. 만다라의 치유성이 나에게 적절하게 맞아떨어진 것같이 당신에게도 적절하기를 바라는 마음이다.

1990년 9월
죠지아주 콘야스에서
수잔 포스터 핀처

옮긴이의 말

만다라(曼荼羅; Mandala)는 인도의 고대 언어인 산스크리트어에서 원상(圓相)이라는 의미를 가지고 있다. 어근 manda는 참 또는 본질을 의미하고 접미사 la는 소유 또는 성취를 의미한다.*

뉴욕의 융 연구소에서 만다라에 대한 주제를 토론하게 되었을 때 세미나를 주관하던 분이 역자에게 누구보다도 만다라에 대하여 많이 알고 있는 사람이라고 말한 적이 있었다. 교육분석 등으로 역자를 잘 알고 있던 그가 비록 미국에서 오랫동안 살았지만 한국인으로서 정신세계 심층에 깔려 있는 만다라가 삶 자체 속에 용해되어 있다고 볼 수 있는 동양의 정신적인 유산을 상속받았다는 것을 가리키는 말이라고 생각했다.

이렇듯 한국에는 귀중한 정신적인 유산이 산재해 있으나 그것이 실제적인 차원으로 사용되지 못하고 일부 학자들의 연구 대상에 머물고 있는 듯하다는 것이 역자의 소감이다. 정신건강 분야에서는 서구에서 만들어진 합리적이고 과학적인 형태의 치료방법들을 도입하여 적용하는 것이 새 시대의 심리치료인 것으로 생각하고 있는 듯하다. 합리적이고 과학적인 것에만 치우치다 보면 인간정신을 근원적이고 총체적인 심성과 자칫 분리시킬 수가 있으며, 우리 각자가 고유한 정신세계를 가지고 있는 만큼 각 개인이 근원적인 자기탐구를 하지 않으면 진정한 치유나 변화가 일어나지 않는다고 하겠다.

---

* 한국문화 상징사전2. 두산동아. 1995.

만다라와 심리치료에 관계된 책을 번역한다고 하니까 상당한 교양을 갖추고 있는 기독교인 친지가 독자층이 불교에 국한되지 않겠느냐면서 염려한 적이 있었다. 그분 외에도 많은 사람들이 만다라를 불교의 전유물로 생각하고 있다는 점을 감안하여 여기에 대한 언급의 필요성을 느꼈다.

비록 만다라의 어원은 인도의 고대어에서 유래되었으나 상징으로서의 만다라는 기독교의 십자가, 원불교의 일원상, 불교사찰의 표시인 만(卍)자 외에도 여러 가지 모습으로 나타나는, 인간정신 속에 있는 자기를 나타내는 상징들에서 그 모습에서 찾아볼 수가 있다. 이러한 측면에서 만다라는 심리적인 치유와 종교적인 구원 사이를 오가는 중심적이고 우주적인 상징이라 하겠다.

이 책은 청교도의 후예인 미국 여성이 쓴 것으로 이러한 우주성을 가진 만다라를 심리치료에 구체적으로 적용할 수 있는 방법을 제시하고 있다는 점에서 중요하다고 보았다. 저자가 한국문화에 대한 것을 포함시키지 않았던 것을 아쉽게 여겨 간략한 역주를 통하여 한국문화 속에 나타나는 현상도 포함시키려 시도하였다.

만다라는 원상 속에 그려진 그림이라는 차원을 넘어서 인간 삶의 총체적인 그림, 즉 진면목을 대변한다는 점에서 그 의의가 있다. 이러한 총체적인 진면목은 인류의 위대한 문화유산 중 성서, 코란, 불경, 마하바라타, 주역, 한국의 팔만대장경 등의 신성한 문헌이나 음악, 그리고 성소 등의 건축물에서도 그 모습을 찾아볼 수가 있다는 점에서 만다라는 전체를 나타내는 그림인 동시에 이야기라고 할 수 있다.

이 책이 시각적인 차원의 만다라와 그 실용성을 주로 다루고 있다는 점에서 만다라의 개념을 표면적으로 단순하게 다루고 있다고 생각할 수도 있으나 만다라를 실제적으로 임상에 적용하는 데 필요한 정보를 제공하고 있다는 점에서 중요하다고 생각한다.

만다라가 우리에게 제시하는 치유성은 원상이라는 틀을 통하여 우리 정신속의 여러 차원의 합일을 가능하게 한다는 것과, 우리로 하여금 우리의 총체적인 정신을 볼 수 있게 함으로써 지혜를 향하게 하는 통로가 될 수 있다는 것이다.

역자도 만다라와 인연이 많은 편이다. 만다라는 역자의 살아온 삶의 역정 속에서 자연스럽게 나타났고 새로운 통로를 제시해 주었으며, 미술치료사로서 일하는 것에 중요한 부분이 되었다. 이 책을 번역하게 된 것은 역자가 쓰고자 했던 내용들을 그대로 써 놓은 듯한 느낌을 받았다는 것과, 저자의 색상이나 숫자 등에 대한 범문화적인 연구가 자칫 편파적 혹은 주관적이 될 수 있는 내담자들의 작품해석에 도움이 될 수 있다고 생각했기 때문이다.

선뜻 출판을 수락해주신 학지사의 김진환 사장님과, 다망한 가운데 조언을 아끼지 않으신 한국후불탱화 전수자이신 통도사의 동원스님, 그리고 원고 교정을 해주신 권경아양과 최순화씨에게 감사드린다.

1997년 11월
북한산이 보이는 논현동 연구실에서
역자 김진숙 씀

••••
차 례

자기를 나타내는
만다라

고대 페르시아의 목동이 어두운 밤하늘에 나선형으로 감돌아 흐르고 있는 혜성을 지켜보고 있다. 미국의 어린 소년이 종이 위에 크레용으로 나선형을 그리고 있다. 태양을 숭배하는 고대 스칸디나비아의 제사장이 축축한 모래사장 위에 서서 그의 주위에 동그라미를 그리고 있다. 인도의 순례자들이 성스러운 마음으로 부처의 해탈을 의미하는 원을 그리고 있다. 티벳의 승려가 아침명상을 위한 만다라를 그리려고 붓을 가다듬고 있다. 독일의 한 수녀가 불꽃과 같은 바퀴로 나타나는 신의 비전을 보고 있다. 〔한국 여인들이 둥근 보름달 아래에서 강강수월래를 한다: 역주〕

여기에 묘사된 여러 인간들의 모습에서 공통된 점은 무엇일까? 그것은 그들 모두가 억제할 수 없는 위력을 가지고 있는 원형(圓形)적인 것에 관여하고 있다는 것이다.

어떤 이유로 원형이 동서고금을 막론하고 인간의 문화 속에서 이렇듯 중요한 부분을 차지하고 있으며 시공을 초월하여 모든 사람들에게 만족감을 주는 표현을 가능하게 하는 형태가 되었을까? 여기에 한 서양 남자의 만다라 그림에 대한 성찰을 소개하려 한다.

나는 매일 아침 조그마한 동그라미를 그리고 그 속을 채워넣는 만다라라는 그림을 그렸다. 그 그림들은 그 당시 나의 내면의 상황을 그대로 반영하는 듯하였다. … 나는 무엇이 진정한 만다라인가를 서서히 발견하게 되었다. … 그것은 인격의 모든 것이 원만하고 조화롭게 통합이 되었을 때 형성되는 '자기(Self)'를 나타낸다는 것이었다(Jung, 1965:195-196).

칼 구스타브 융은 스위스의 정신과 의사로서, 만다라를 응용하여 자신과 환자들이 그린 원형의 그림들에 대하여 언급한 바 있다. 만다라는 중심과 더불어 둘레를 가지고 있다는 의미 외에도 마술적인 원이라는 의미를 가지고 있다고 한다. 융은 만다라를 통합적인 정신의 중심인 자기와 연관시키고 있다. 그는 만다라가 통합적인 정신의 패턴을 실현하고자 하는 우리의 정신이 이것을 자연스럽게 실현할 수 있는 구체적인 형태를 제시하고 있다는 점에서 우리의 잠재적인 가능성을 구현할 수 있게 한다고 하였다.

인간 정신의 통합을 향한 성장은 자연적인 성장과정으로서 한 개인이 남들과 구별되는 고유한 자기를 찾는 것을 지향하는 것이라 하겠다. 융은 이것을 개성화 과정이라고 부르고 있으며, 무의식의 상징에 관심을 가지고 그것을 존중하는 것이 개성화 과정을 촉진시킬 수 있는 태도라고 하였다. 융은 꿈속이나 상상의 세계 속에서 또는 예술작품에서 자연스럽게 만다라가 나타난다고 하면서, 이는 개성화가 진행되고 있음을 나타내는 이미지라고 하였다. 그리고 개성화는 조화롭게 합일된 성격과 그 조화의 중심적 원칙을 자기라는 것이 지원하는 것으로 이루어진다고 하면서 만다라에 대하여 다음과 같이 언급하고 있다.

만다라는 인간 정신 속의 중심을 나타내는 것으로서 한 인간의 성격에 중심이 형성되고 있다는 것을 미리 알려주는 것이라 할 수 있다. 이러한 중심은 인간생활의 모든 것과 연관되어 있다는 점에서 모든 것을 정돈할 뿐만 아니라 그 자체가 에너지의 원천이라고 할 수 있다. 이러한 중심으

로부터 솟아나는 에너지는 거의 중재할 수 없는 충동적인 것으로, 표출하
지 않고는 못 배기는 성격으로 나타난다. 이는 한 개인이 그 자체가 지니
고 있는 본래의 모습이 되기 원하는 정신적인 에너지로서 마치 모든 생물
체가 그들 모습을 그대로 유지하고 번식시키기 위하여 그들이 할 수 있는
모든 노력을 동원하고 있는 모습과 다름없다고 하겠다. 이러한 인간성격
의 중심은 자아차원에서는 느껴지거나 생각할 수 없는 것이지만 자기차
원에서는 가능하다(1973b:73).

만다라에 대한 개념은 어디에서 유래되었을까? 만다라를 연상시키는
동그라미, 나선형, 그리고 이와 비슷한 디자인이 아프리카, 유럽, 북미
대륙에 살았던 고대인들의 암각화에서 나타나고 있는 것으로 보아 고대
인류의 삶속에 이미 존재하고 있었다고 볼 수 있다. 왜 그들이 그러한
그림을 그리게 되었는지는 확실하지 않다. 다만 확실한 것은 그 숫자가
압도적으로 많다는 것에서 그것이 그들에게 중요한 무엇이었다는 것이
다. 그들이 선택한 원상의 문양들이 부여하는 의미를 설명하기 위하여
먼저 우리가 인간에 대하여 알고 있는 것이 무엇인가를 생각해보아야
할 것 같다.
　우선 자연의 역사 즉 우리가 어디에서 왔는지 생각해보기로 하자. 우
리의 삶은 어머니의 모태 속의 아주 작고 둥근 알에서부터 시작되었다.
그후 우리는 구형의 공간인 자궁 속에서 몸을 둥글게 구부리고 밀폐된
공간 속에 둘러싸여 있었다. 이러한 둥근 생명체는 탄생해야 할 시기가
가까워지자 여러 개의 둥근 근육질에 의하여 출산의 통로로 밀려나오게
되고, 마지막 둥근 관문을 통과함으로써 이 세상에 태어나게 된다.
　우리가 탄생한 장소인 지구도 둥글다는 것, 지구가 태양의 주위를 공
전과 자전을 하면서 원형의 궤도로 돌아가는 형태로 존재하고 있다는
것, 그럼에도 불구하고 지구의 중력이라는 구심력에 의하여 우리가 땅
에 발을 붙이고 살아갈 수 있다는 것을 알게 된다.
　우리는 보통 이 사실에 대하여 별로 신경을 쓰지 않고 살아가지만 우

리의 몸은 이것에 대하여 보다 더 잘 알고 있다. 만약 우리가 우리의 몸을 구성하고 있는 기본 단위인 원자들을 자세하게 관찰해보면 그 속에서 곡선과 나선형으로 휘몰아치는 물질로 구성된 또 하나의 우주를 발견하게 될 것이다. 이러한 장면을 접할 때 우리는 신비로운 느낌을 가지게 되는데, 이것은 마치 우리가 어머니의 자궁 속에 있었던 기억을 되살리는 것과 같은 선험적인 것으로, 우리의 몸속에 이미 각인되어 있었기 때문이라고 하겠다. 그러므로 우리는 원상의 형태를 이미 가지고 태어났고 그렇기 때문에 여기에 대하여 민감하게 반응한다고 볼 수 있으며, 이러한 반응은 고대와 현대를 사는 인간 모두가 공유하고 있는 것이라 하겠다.

이 지구상에서 오래 전부터 살아왔던 인류의 조상들의 삶이 어떻게 이어져 왔는가를 살펴보면 우리는 근원적인 곳에 근거지를 가지고 있는 원상의 중요성을 보다 절실하게 깨닫게 된다. 고대 인류는 자연과 가깝게 지냈고, 자연에 대한 그들의 자세는 하늘과 땅의 규칙적인 리듬이 인간 삶을 지배한다는 극적인 것이었다. 사냥과 채집은 아침 일찍부터 시작되었고 날이 저물면 그들의 거처로 돌아가서 잠을 잤을 것이다. 모닥불을 중심으로 둘러앉다 보면 춤추는 듯한 동작으로 그들에게 빛과 따뜻함을 제공하는 불을 향하여 자연스럽게 둥글게 둘러앉게 되었을 것이다.

의식성을 가장 간단한 언어로 정의한다면 깨어 있는 것이라고 할 수 있고, 무의식성은 잠자고 있는 것이라고 할 수 있다. 태양이 빛나는 낮 동안 인간은 깨어서 활동하고, 밤이 오면 잠자리에 들게 되며 의식을 의미하는 태양은 어둠 속에 잠기게 된다. 그러므로 잠든 것과 깨어 있는 것은 태양의 유무에 따른다는 점에서 태양은 인간의 깨어난 의식성을 나타내는 상징이 되었을 것으로 추정할 수 있다.

우리가 고대인의 시간으로 되돌아가서 태양과 달, 별들을 본다고 가정할 때 고대인들에게는 그것들이 얼마나 환상적으로 보였을지 짐작할 수가 있을 것이다. 자연적인 현상에 대한 그들의 태도는 고대부터 시행되어오고 있던 태양숭배 중심의 제의들을 통해서 확인할 수 있다. 하늘에 떠 있는 둥근 몸체들인 태양과 달, 별들은 고대 인류에게 상징 그 자체로 받아들여졌고, 이는 인간에게 순수한 본능적인 차원 위에 존재하는 의식성을 성장시키는 데 도움을 주었다고 하겠다. 다음에 소개하는 고대 덴마크인이 그렸다고 추정되는 문양은 집단적이고 본능적인 마음이 개인적인 의식성에 이르는 모습을 보여주는 좋은 예이다.

　덴마크의 바다에 인접한 지역에서 발견되는 신석기시대의 배에 태양을 상징하는 문양들이 새겨져 있는 것을 흔히 볼 수 있다. 이러한 배들은 태양을 숭배하는 제의와 연관이 된다고 하며, 여기에 새겨진 문양은 그들이 숭배하던 태양이 그들과 함께 있다는 것과 순조로운 항해를 기원하는 마음의 표현이었을 것으로 추정되고 있다. 가끔 동그라미 위에 그려진 사람 발자국들이 배의 가장자리에 그려져 있거나 한 사람의 양 발자국 본을 뜬 것같이 보이는 경우도 있다. 동그라미 중간에 그은 선은 두 발의 간격을 나타내고 있고 수평으로 그어진 두번째 선은 처음의 선과 합쳐져서 마치 원형 속에 십자가가 그려져 있는 듯한 문양을 보이고 있다.

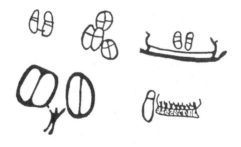

발자국과 발의 본을 뜬 문양이 철기시대의 유목민들의 암각화에 그려진 배의 형상 위에 나타나 있다. 이러한 발자국들은 아마도 태양을 숭배하는 사제의 존재를 상징하는 것으로 추정되며 배의 안전한 항해를 위한 기원을 나타내고 있는 것으로 보인다.

고대인에게 태양을 의미하는 상징이었을 것으로 보이는 이 디자인
은, 몇천년이 지난 현대에 와서 심리발달이 정체되어 있는 아동들의 그
림 속에서 다시 재연되고 있는 것을 볼 수 있다. 이러한 현상을 볼 때
우리가 생각할 수 있는 것은, 개인적 심리적인 발달과 인간의 진화과정
이 어떤 차원에서 일치한다는 것이다. 현대사회를 살아가는 아이들의
의식성이 자연적으로 발달된다는 것이 몇몇의 선구자들에 의해서 발견
되었다. 우리는 고대 덴마크인이 그린 만다라와 사람 발자국을 통하여
인간 의식이 어떻게 자연적으로 발달해 왔는가를 추정할 수 있다.

고대 덴마크 사제들의 제의는 아마도 이렇게 진행되었을 것이다. 사
제들은 태양신을 위한 제의식을 집전하는 동안 모든 인간을 위하여 서
있는 사람으로서 태양신을 모시기 위하여 자신의 발의 본을 뜬다는 것
으로 제의를 집전했던 사실을 구체적인 형태로 남기려는 의도였을지도
모른다. 또한 사제가 태양의 문양을 그림으로써 스스로가 태양이라는
것을 연출하는 것으로 어떤 변화를 경험했을 수도 있고 그렇게 함으로
써 그의 생각이 비약될 수도 있었을 것이다.

이러한 정신적인 과정 속에 나타나는 변화는 아마 다음과 같이 전개
되었을 것이다. 사제가 제의 집전중에 그의 발의 본을 뜨면서 "이것이
점령하고 있는 공간은 태양이다"라고 말한다. 혹은 '이것이 점령하고
있는 공간은 바로 자아(I)가 있는 공간이다' 라고 생각만 했을지도 모른
다. 아무도 이것에 대하여 확실하게 알고 있지는 않다. 그러나 우리는
고대인들이 경험한 것이 아마도 덴마크의 사제들의 경험과 같았을 것이
라는 추측은 해볼 수 있다. 태양을 연출함으로써 그들은 아마도 그들이
집단과 분리된 개별적인 개체라는 것을 알게 되었을 것이다. 이러한 둥
근 형태와 태양이 가지는 상징성과 교류하는 경험을 통하여 고대인들에
게 자아라는 의식성이 탄생하게 되었을 것이다.

주기적으로 차고 기우는 달 역시 고대인들의 생각에 많은 영향을 주
었을 것으로 추정된다. 남태평양의 마오리 사람들의 전설은 달이 어떻

게 그들을 매료시켰는가를 잘 나타내주고 있다. 그들의 많은 민담 속에 는 언제나 모든 사람을 대변한다고 하는 그들의 영웅 마우이(Maui)라 는 인물이 등장하고 있다. 여러 민담들 속에서 마우이는 힌나라는 여자 와 관계를 갖게 되는데, 그는 언제나 변함이 없는 성격으로 등장하는 반 면에 힌나는 마우이의 여배우, 어머니, 자매, 혹은 친척 등 다양한 모습 으로 나타난다. 같은 이름을 가진 인물이 이렇듯 여러 가지 역할로 나타 난다는 것은 언뜻 이해하기가 어려울 수도 있다. 그러나 우리는 이렇게 변화하는 하나의 정체성에서 힌나라는 이름이 가지는 의미가 "달"이라 는 것을 알게 되면 곧 이해할 수 있게 된다. 여러 가지 인물로 변장한 그녀의 모습에서 우리는 달의 주기—새로운 달(초생달, 어린 달), 무르익 은 달(보름달, 성숙한 달), 이제는 사라지는 달(그믐달, 늙어가는 달)—를 엿볼 수 있다.

수잔 랜저(Susan Langer)는 마오리의 전설은 달을 자연적인 여성의 상징으로서 사용하고 있다고 하였다.

> 달은 주기적으로 변한다는 것과 그 복합적인 변화의 주기로부터 완전 히 후퇴할 수 있다는 점에서 여성이 가지는 신비의 총체를 나타내고 있다 고 하겠다. 부족사회 속에서 여성들은 이러한 여성의 신비를 수호하기 위 하여 남성들이 따라할 수 없는 복잡한 절차의 제의와 금기를 지켜오고 있 었다(Susan Langer, 1976:191).

짧은 시간 내에 달이 나타내는 변환과정들이 보다 깊고 풍부한 의미 와 연관될 수 있다는 것을 보여준다는 점에서 달은 더할 나위 없이 좋은 상징으로서 그 자체가 가지는 이미지가 우리에게 시사하는 바가 크다.

> … 마치 완전해지기 위하여 삶이 성장해나가는 것이 달이 차는 것과 같듯이, 달이 기우는 것도 이와 마찬가지이다. 달을 먹어치우는 괴물은 죽어간 빛의 조상이라고 볼 수 있다. 달의 중요성은 이루 다 헤아릴 수가

없다. 오랜 세월동안 반복적으로 펼쳐져온 삶과 죽음의 그림들이 우리의
눈앞에 전개된다. 그들이 이러한 주기를 개인의 삶속에 연관시켜서 생각하
게 되었을 경우, 그들의 개념적인 모형이 부여된 삶과 두려운 죽음을 회피
하기 위한 노력을 하게 되고, 그것의 결과로서 죽은 자가 다른 삶으로 태어
난다는 사고를 하기 마련이라는 것을 생각할 수 있다(Susan Langer:191-
192).

그들의 신체에 대한 경험과 더불어 불과 동그라미, 그리고 쉽게 접할
수 있는 태양과 달은 우리들의 조상에게 일원상의 형태를 가져다 주었
을 것이다. 그들이 일원상을 의식성, 삶, 죽음, 그리고 재탄생의 상징이
라고 받아들인 것에 대하여 우리는 놀라서는 안될 것이다. 이와 같은 생
각에서 추출되었다고 보는 것 중에는 많은 문화권에 있는 창세신화들을
들 수 있다. 이러한 전설들은 모두 "나는 어디에서 왔는가?"라는 질문
에 대한 해답을 찾으면서 만들어진 것이라 할 수 있다.

이집트의 창세신화는 태초 이전의 우주를 이음새가 없는 둥근 것이
었다고 서술하고 있다. 이러한 둥근 것 속에서 하늘의 신 눗(Nut)과 대
지의 신 겝(Geb)이 서로 꽉 맞물려 있었다. 둥근 것이 헐거워짐에 따라
서 세계적인 부모(World Parents)로부터 분리되고 거기에 동작, 시간,
창조와 의식성이 시작된다고 하였다. 고대 인도의 경전인 우파니샤드에
서 우리는 이러한 점을 발견할 수가 있다.

태양은 브라마이며 이것은 가르침이다. 여기에 대한 설명은 이러하다:
태초에 이 세계는 비존재(nonbeing)였다. 이 비존재는 존재로 생성되어
달걀의 형태로 변했다. 그것은 1년 동안 거기에 놓여 있었다. 그러다가
어느날 폭발하듯 터졌다. 깨어진 한 쪽의 껍질은 은으로 만들어졌고, 다
른 한 쪽은 금으로 만들어졌는데, 은으로 만들어진 껍질은 대지가 되고
금으로 만들어진 껍질은 하늘이 되었다.
거기에서 탄생한 것은 태양이었다. 그것이 탄생했을 때 환호성과 경하
하는 외침이 있었다. 모든 존재들과 욕망들이 일어나 태양의 탄생을 반겼

다. 그 이후 태양이 매일 되돌아와 떠오르게 되었고 모든 존재들과 욕망들이 일어나 매일 그를 반기게 되었다(Neumann, 1973:107).

일원상에 기반을 둔 창세신화는 유럽, 아프리카, 남태평양 지역 및 인도의 전통 속에서 발견된다. 확실히 이러한 모티브는 인간이 가지고 있는 직관력의 깊은 곳에 있는 느낌에 반향을 불러일으킨다. 서구의 문화 속에서도 일원상은 모든 것의 시작이며 이러한 것은 플라톤의 저서에서도 찾아볼 수 있다. 그는 창세에 대하여 이렇게 적고 있다.

… 그는 이 세계를 거대한 구형이자 유일한 원형으로써 고독으로 되돌아가는 것으로 만들었다. 그 이유는 세계가 스스로와 벗할 수 있는 특출한 능력이 있어 다른 어떤 친구나 아는 사람을 필요로 하지 않았기 때문이었다(Kaufmann, 1961:331 발췌).

밤과 낮의 변화, 달의 차고 기우는 것, 계절의 변화는 세계를 보는 관점의 기본으로서 일원상에 그 기반을 두고 있다. 이러한 관점은 자연과 가까이 지내는 사람들에게는 아직도 중요한 부분을 차지하고 있다. 미국 다코다 지역 원주민인 엘크(Black Elk)는 명쾌하게 이 부분을 그려내고 있다.

이 세상 속에 존재하는 모든 위력있는 것들은 둥근 것으로부터 비롯되었다. 하늘은 둥글고 (그리고 내가 듣기에는) 대지마저도 공과 같이 둥글다고 하며 별들도 그렇다고 한다. 휘몰아치는 바람도 둥글고 새들이 짓는 둥지들도 둥글며 우리들의 종교 역시 둥근 형태인 것은 마찬가지이다. 태양이 뜨고 지는 것도 둥글고 달의 경우도 그렇다. 그리고 그들 자체의 모습 역시 둥글며 계절의 변화도 언제나 있었던 장소로 되돌아온다는 점에서 둥글게 돌아가고 있으며, 한 인간의 삶도 어린시절에서 어린시절로 돌아간다. 이러한 둥근 모습은 움직이는 힘이 존재하는 모든 곳에 적용된다고 할 수 있다(Neihardt, 1961:32-33).

　세계를 일원상으로 본다는 것은 확연한 형태에 그 바탕을 둔다는 점에서 고대인들에게 실용성이 있는 것으로 받아들여졌다고 하겠다. 그들이 수평선을 원형으로 본 것은 더 큰 땅을 향하여 안전하게 나아가기 위한 노력의 일부로서 안전한 동그라미 속에서 그들의 모습을 가다듬기 위한 하나의 방법이었다. 그들이 감당할 수 있는 차원의 새로운 무엇을 발견하기 위한 줄기를 마련하는 데 있어서 그들 자신이 가장 잘 알고 있는 공간이라고 할 수 있는 몸에서부터 시작한다는 것은 자연스러운 일이다. 이러한 관점에서 이제부터 우리의 몸이 어떻게 구성되어 있는가 살펴보기로 하자.

　인간의 몸은 일원상의 공간 속에 사지와 모든 장기가 중심점을 향하는 형태로 구성되어 있다. 또한 신체구조는 오른쪽과 왼쪽이 대칭으로 이루어져 있다. 양팔은 신체의 바깥쪽으로 뻗혀 나가도록 되어 있고, 양팔이 만드는 선은 일원상 속에서 양극적 방향을 설립한다는 점에서 단순한 수평선을 능가하는 무엇이 있다는 것을 짐작할 수 있을 것이다. 두 개의 눈이 머리의 앞쪽에 부착되어 있다는 것도 자연스럽게 다른 방향을 주시할 수 있게 하는 기능적인 차원과 함께 두 눈을 연결하는 수평선은 대극적인 방향성을 암시한다. 그러므로 우리가 여기에서 상상할 수 있는 것은 전통적인 만다라의 패턴이 일원상 속에 나타나는 수평선상에 대극적 방향이 신체의 중심으로 모이고 있는 듯한 네 개의 선으로 구성되었다는 점이다.

　이러한 일원상을 분할한다는 개념은 고대 에투루스카의 예언자들에 의해 활용되었다. 그들은 특정한 사건들이 이러한 상상적인 만다라 공간의 어디에서 나타났는가에 따라서 사건을 해결하였다고 한다. 신체를 이용하여 방향을 설정하는 것은 북미 원주민들의 전통 속에서도 찾아볼 수 있다. 그들은 상황파악을 위하여 마련된 또 하나의 체계인 일원상 속의 중심을 통하여 자기의 중심을 찾고 있다. 북미 원주민들은 상하의 개념까지도 포함시키고 있다. 이러한 그들의 상하개념은 일곱 가지의 방향을 제시하고 있는 직립한 인간 신체에 특별한 의미를 부여한다고 볼 수 있다.

인간의 몸에서 볼 수 있는 상상적인 만다라가 가지고 있는 네 방위들은 마치 사방으로 움직이고 있는 북두칠성과 항상 같은 위치를 지키고 있는 북극성의 관계와 같다. 이러한 상상적인 만다라는 우리 선조들의 방향에 대한 개념과 더불어 여기에서 저기에 이르게 하는 통로를 만들어낼 수가 있다는 신념의 근거를 마련했다. 이러한 그들의 신념은 그들의 길목에 놓여 있는 장애물에도 불구하고 그들의 방향을 향하게 했고 이러한 신념에 찬 태도는 그들의 생존을 가능하게 하는 중요한 것이었다. 개인이 스스로의 진로를 결정할 수 있다는 것은 마치 물과 음식물의 근원이 있는 곳으로 가는 것과 같이 중요한 것이라 할 수 있다. 신체 공간 속에서 만다라의 실용성을 스스로 파악하는 것은 자기의 상징인 만다라의 전능한 힘에 그 위력을 더하게 할 것임에는 의심할 여지가 없다.

북극성의 위치를 아는 것이 방위 파악에 매우 중요하다는 것은 앞에서 이미 지적하였다. 이언(Eon)의 관측은 북극성이 하늘에서 움직이지 않는다는 것을 더욱 확고하게 하였다. 우리의 선조들은 별들이 원통 모양으로 움직이는 것에 흥미를 가지고 연구하였고 별들의 배치와 위치를 확인한 후 거기에 이름을 붙이게 되었다. 그 예로서 한 별자리가 이집트에서는 황소, 페르시아에서는 게, 인도에서는 양이라는 이름으로 불렸다는 것을 들 수 있겠다. 고대인들은 달과 별들을 신성한 몸체로 생각했다. 중국인들은 달을 여신으로 보고 매일밤 별님의 궁전에 있는 무사인 여러 연인들을 방문한다고 상상했다.

밤하늘은 마치 거대한 그릇에 영롱하게 빛나는 별빛으로 채워져 있는 것같이 보인다. 이러한 둥근 하늘에 있는 몸체들의 움직임은 고대 관찰자들에게는 돌고 있는 바퀴라는 이미지를 연상시켰다. 고대 켈트인들은 이러한 하늘을 축복받은 영혼들의 처소이며 믿음을 생산하는 은빛의 바퀴라고 불렀다.

　고대 영국인들이 만든 것으로 추정되는 스톤헨지(stonehenge)는 이러한 천상의 바퀴를 현실 속에 반영하기 위한 건축물로서 한해 동안의 해의 움직임을 돌로 표시한 것이다. 둥글게 자리잡은 돌들 중에 머릿돌은 하지의 해뜨는 시간과 일치하도록 만들어졌다. 이 돌로 만들어진 원형의 장소는 의심할 나위 없이 천상의 몸체들을 숭배하기 위한 제의 장소였을 것이다.

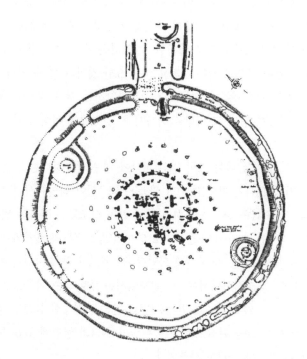

스톤헨지(stonehenge)는 성스러운 기상관측대로서 설립되어졌다. 이는 밤하늘의 둥근 모습을 그대로 보여주고 있다.

　점성술사들이 몇천년 동안 밤하늘의 별을 관찰한 결과로서 12부분으로 분류되는 바퀴모양의 12궁도(宮圖, zodiac)가 형성되었다. 한 개의 원 속에 12개로 분류되는 부분을 궁(宮, house)이라고 불렀고, 각 궁에 별자리의 이름들을 붙였다. 12궁도는 한해 동안 달과 별 그리고 다른 위성들과 관련된 태양의 위치를 나타낸다. 점성술사들은 12궁도와 위성들과의 관계성을 바탕으로 하여 미래의 사건을 예언할 수 있다고 믿었다. 점성술도 일원상을 이용하여 세상사를 파악하고 이해하려고 하는 또 하나의 체계라고 하겠다.

우리는 일원상으로 나타나는 만다라를 통해서 어떻게 만물이 생성되기 시작하였으며, 어떻게 개인이 세상 속에 차지하는 자신의 위치를 발견하게 되었고, 경이로운 자연을 상징하기 위하여 그것이 어떻게 사용되어 오고 있었는가를 볼 수 있다. 일원상이 제의식에서 성스러운 느낌이 일어나게 하는 통로를 만들고 또한 느낌을 초대하고 수용하는 데 사용되어 왔다는 것은 새삼스럽게 놀랄 일이 아니다. 하이티의 토속종교인 부두(Voodoo)교의 사제들은 그들의 의식에서 신을 초청하기 위하여 땅에 일원상을 그린다. 또 북미 원주민들 중에 방패를 만드는 사람들은 원무를 추고 창조자의 지시를 바라는 주문을 외우는 것으로 성스러운 작업인 방패만들기를 시작한다. 어떤 제의식에서는 무아경의 상태에 이르기 위해 원무를 추기도 한다. 에스키모인들은 오랜 기간 동안 돌에 반복적으로 동그라미를 새기는 규칙적인 리듬에 의하여 몽환상태에 들어간다. 더비[Dervish, 중동지방의 수피종교의 신봉자: 역주]들은 원형으로 둘러서서 빙빙 돌아가는 그들의 춤을 통하여 성스러운 천상의 조화에 참여한다. 북미대륙 평원지대에 살던 원주민들의 태양을 위한 춤의 절정은 기둥 꼭대기의 밧줄에 매달린 채 허공에서 기둥을 중심으로 원형을 그리며 반복하여 돌아가는 때라고 한다.

제의적인 일원상 속에서는 일상적인 것이 성스러운 것으로 변한다. 따라서 일원상 속에 나타난 것을 인생의 핵심의 반영이라고 보는 사람들에게는 원을 그린다는 것은 성스러운 작업이며 이는 우주적인 성스러운 조화라고 할 수 있는 해와 달의 공전궤도와 비슷하다고 할 수 있다.

일원상을 그리는 각자의 행위가 이러한 성스러운 구도와 동시적인 현상 (syncronize)이라는 것이 우리에게 뭔가 좋은 것을 가져다 줄 것 같은 생각이 들게 한다. 나바호 부족들의 문화 속에서 실시되고 있는 치병행위는 일원상으로 정의되는 성스러운 현실과 접촉하는 이러한 차원의 치유성을 잘 나타낸다.

미국 대륙의 남서부에 위치한 나바호 부족은 그들의 독특한 자연과 삶, 그리고 건강에 대한 전통을 지키며 조용하게 살아온 부족이다. 그들에게 있어서 질병은 자연적인 조화가 깨진 결과로서, 환자를 치료한다는 것은 제의적인 절차를 통하여 환자에게 자연적인 조화를 되찾게 해주는 것이었다. 치병자는 땅에 둥글게 만든 장소를 마련한 후 여러 가지 색깔의 모래를 사용하여 만다라를 그린다. 이러한 모래그림은 전통적인 문양 중에서 치병에 적절한 문양이 사용되며 이는 치병자가 선택한다. 모래그림이 완성되면 환자는 모래그림의 중앙에 앉게 된다. 만다라 속의 신성한 질서는 환자에게 자연과의 조화를 되찾는 데 도움을 주는 신성한 신들을 그곳에 초대하는 것으로 건강을 되찾게 된다고 믿었다.

자연 속에 존재하는 성스러운 장소 역시 일원상의 형태를 가지고 있는 것을 본다. 동굴이나 산맥이 그 좋은 예이다. 고대인들은 자주 감응을 자아내는 자연적인 장소를 제의적인 절차 없이도 성소와 동일하게 사용해왔다. 깊고 어두운 동굴은 그들에게 마치 조상들과 교감하는 듯한 경이로움을 자아내었을 것이며, 웅장한 산맥들은 멀리 내다 볼 수 있고 영적인 세계인 하늘과 가까운 장소라는 것에서 성스러움을 느꼈을 수도 있다. 이러한 성스러운 장소에서 제의식을 행할 때는 이러한 이유로 성스러움이 더 확충된다고 믿었다.

일본의 유명한 후지산은 자연적인 성소로서 좋은 예이다. 후지산은 화산으로서 동경에서 70마일 남서쪽에 위치한 일본에서 가장 높은 산으로 해발 12,000피트의 높이로 바다에 인접한 평원에 우뚝 솟아 있

다. 전설에 의하면 이 화산은 기원전 285년에 하룻밤 사이에 생겼다고
하며 1700년대부터 휴화산이 되었다고 한다.

후지산은 한 봉우리만 우뚝 솟아 있어서 멀리서도 그 모습을 볼 수가
있기 때문에 일찍부터 많은 예술가와 시인들이 즐겨 다루는 대상이 되
었다. 이 산은 일본열도에서 가장 성스러운 산으로 매년 수천 명의 순례
자들의 방문을 받고 있다고 한다. 산기슭을 거슬러 올라가는 나선형의
길은 수면에 가까운 평지에서부터 흰눈을 덮어쓴 산꼭대기까지 이어지
고 있다. 그들은 산기슭에 있는 여러 개의 사찰과 사당에 당도하여 휴식
과 명상을 하면서 바다에 둘러싸인 아름다운 시골 풍경을 감상한다.

문명의 발상지에 살던 인류가 제의의 구조와 목적을 이미 터득하고
있었다는 증거는 고대의 성지와 성산들로부터 찾아볼 수 있다. 아마도
그들은 성스러운 곳이 가지고 있는 듯한 힘을 그들의 것으로 만들고 싶
다는 생각을 하고 있었을 것이다. 북미대륙 평원지방에 살던 푸에블로
원주민의 키바[kiva, 종교적 및 공동체를 위한 모임의 장소: 역주]는 마치
지하동굴처럼 생겼다. 둥근 모양은 "하늘과 땅이 맞닿는 곳은 둥글다"
라고 하는 발상에서 나왔다고 한다(Williamson, 1978:82). 인류역사상
제일 먼저 지어졌다고 알려진 지구라트[바벨탑의 별칭: 역주]는 메소포타
미아 지방에 있다. 그것은 산의 모습을 닮은 거대한 건축물로서 신성에
가까이 다가가기를 기원하던 고대인들의 일념의 표현이라고 할 수 있
다.

지구라트는 숫자와 달과 별, 그리고 그밖의 위성들에 대한 세밀한 연
구를 통한 체계적인 바탕 위에 지어졌다고 한다. 각 건축물은 네모와 잘
려진 피라미드형으로 구성되어 있으며 특별히 셈한 숫자의 계단을 밟고
올라가도록 만들어졌다. 지구라트의 꼭대기 부분은 가장 성스러운 장소
로, 거기에는 흔히 성스러운 나무가 심어지고 별을 관찰하는 천문대로
사용되었다고 한다. 지구라트의 꼭대기로 올라가는 계단은 올라가는 이
를 성스러운 곳으로 인도하는 길이었다. 이 시점에서 신성한 공간은 중

심, 즉 모든 원초적인 창조의 근원을 상징하고 있다고 볼 수 있다. 지구
라트는 이러한 차원에서 소우주의 한 모형이라고 할 수 있고 그 속에는
창세에 대한 이야기가 새겨져 있었다고 한다.

　지구라트의 전통은 동양의 성지라고 할 수 있는 자바 열도와 인도네
시아에 있는 보로부두루(Borobudur) 사원과 인도의 산치(Sanchi)에서
찾아볼 수 있다. 산치는 부처님이 해탈한 장소로서 성역으로 모셔지고
있다. 그 구조는 부처의 성스러운 유골이 모셔진 50피트 높이의 거대한
돔으로 구성되어 있다. 돔은 보도로 둘러싸여 있고 보도의 바깥쪽에는
네 개의 벽이 사각형을 이루고 있으며 정교하게 조형된 석조 대문을 통
하여 안으로 들어가게 되어 있다.

　산치에 있는 불교의 성지는 원형으로 도는 제의적인 동작에서도 찾
아볼 수가 있다. 순례자들은 성지 동쪽에 있는 문으로 들어가서 보도에

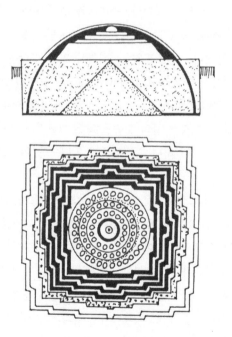

인도네시아에 있는 보로부두루(Borobudur) 사원의 평면도는 만다라의 패턴을 나타내고 있다.

있는 나지막한 언덕을 넘게 된다. 그리고 성지의 둘레를 시계방향으로
돌면서 걸어가게 된다. 순례자가 문으로 들어가 중심부분에 있는 부처
님의 유품이 있는 장소에 다다를 무렵이면 강렬한 심리적인 체험을 하
게 된다(Craven, N. D.:72). 부처님의 유품이 있는 중심부에 도달하는
것은 유익한 결과를 가져다준다고 여겨졌다. 사리탑(stupa) 주위를 도
는 것으로 이어지는 순례의 길은 강렬한 경험의 극치를 가져다준다고
한다. 이러한 이유에서 이 장소에는 지난 2,000여년 동안 순례자들의
발길이 끊이지 않았다.

티벳의 만다라는 사원의 평면도와 비슷하다. 성스러운 중심은 네 개의 문이 있는 벽으로
보호되어 있으며 이 네 개의 문에는 무시무시한 문지기가 지키고 있다.

만약 우리가 산치 성지를 위에서 내려다보고 있다고 상상한다면 이 것이 가지고 있는 삼차원적인 공간성이 이차원적인 디자인으로 축소되어 보일 것이다. 그리고 우리는 산치 성지의 패턴과 티벳의 복합적인 만다라의 패턴이 매우 닮았다는 것을 발견하게 될 것이다. 탱화라고도 부르는 티벳 불교의 만다라는 네 개의 방위에 각각 다른 인물들을 나타내는 상징과 모티브들이 합쳐져 구성되어 있다. 좀더 자세히 보면 사각형이 가지고 있는 기본 구조는 사각으로 둘러진 벽을 네 개의 문을 통하여 들어갈 수 있게 만들어졌다는 것을 알 수 있다. 이러한 점을 미루어 볼 때 우리는 티벳의 만다라가 산치의 둥근 천장과 네 개의 벽으로 둘러진 공간의 패턴을 그대로 재연한 듯이 보인다는 것을 알 수 있다.

이외에도 또 다른 공통점이 있다. 티벳의 순례자들 역시 탱화의 주위를 돈다는 것이다. 그들은 발로써 도는 것이 아니고 그들의 "눈을 통해서"라고 말한다. 그들은 만다라의 디자인을 전통적인 방법으로 본을 뜬다. 각 대문에서 자신의 일부인 집착, 욕심, 두려움 등을 대변하는 무시무시한 문지기를 중심부에 도달하기 전에 만나게 한다. 이러한 차원에서 만다라는 정신적인 깨달음을 지향하는 사람들을 심리적으로 성장을 지원하는 장소로 인도하는 일종의 내면세계의 지도라 할 수 있다.

티벳의 만다라는 명상을 하는 데 도움을 준다는 맥락에서 만다라를 제작하는 것이 정신적인 깨달음을 위한 노력의 한 방법으로 사용되어질 수 있다고 보겠다. 융(1974)은 바로 이러한 인간의 노력이 만다라를 만들게 한다고 했다. 투치(Tucchi)는 만다라가 인간의 내면적인 체험을 통하여 발견되어지고 "인간의 내면의 필요성"에 의하여 그려지게 된다는 것에 동의한다(1961:27). 인간은 이러한 내면의 체험을 현실 속에 구현하기 위하여 만다라의 영감을 받았던 그들 최초의 마음상태의 본을 다시 뜨게 되는 것이다.

만다라의 탄생이 내면의 충동을 명상적인 것으로 바꾸고 조용하게 정신을 집중하게 함으로써 나아갈 길을 보게 한다는 점에서 만다라는 치유를 가능하게 하는 도구가 된다. 여기에 대한 인간의 직관력은 처음에는 확실치 않고 예견할 수 없는 것이다. 그러나 이러한 불확실한 것도 정신을 집중하게 됨으로써 그 은밀한 현실에 도달하게 되고, 스스로를 재발견하려고 노력하는 신비주의자들에 의하여 외부세계로 나타나는 여러 가지 현상들을 통하여 확실하게 볼 수 있다(Tucci, 1961:37).

인간의 정신상태를 향상시키기 위하여 만다라를 사용해온 것은 유럽 등지에서도 찾아볼 수가 있다. 고딕형식으로 지어진 성전에서 볼 수 있는 〈장미무늬의 창문〉은, 그 경이로운 조화와 아름다운 디자인으로 보는 사람들의 눈을 매료시킨다는 점에서 만다라의 훌륭한 예가 된다. 또한 중세 유럽의 성전에 있었던 둥근 미로의 경우도 그렇다. 미로는 성전의 입구 근처에 타일이 박힌 바닥에 원 모양으로 디자인되었던 것으로 그곳에 있는 꾸불꾸불한 좁은 길은 예루살렘 성지의 순례를 상징한다. 순례자들은 미로의 바깥에서부터 무릎으로 걸으면서 서서히 안쪽이라고 할 수 있는 예루살렘성을 향하여 전진한다. 이러한 상징적인 여로를 거쳐서 하나님과 결합하는 장소라는 은유적인 의미를 가진 신비로운 예루살렘에 가까이 간다는 것에서 순례자들에게 감동을 가져다 주었을 것

챠터스(Chartres) 성당에 있는 미로

이다.

11세기 기독교 성녀인 빈겐(Bingen)의 힐데가드(Hildegard)는 그녀 자신의 은혜받은 경험을 다른 사람들과 나누고 그들을 바른 길로 인도하기 위한 목적으로 만다라를 그리게 되었다고 한다. 만다라를 그리는 것을 통하여 그녀는 하나님을 이해하고 교류할 수 있는 방법을 찾았고 신비로운 비전을 받게 되었다고 진술하고 있다. 그녀가 서술하는 하나님의 이미지는 다음과 같다.

둥그렇게 생긴 영광의 면류관을 쓴 살아있는 사람이 경이롭고 영광스러운 모습으로 환한 빛 속에 앉아 있었다. … 그리고 떠오르는 태양으로부터 발산되는 듯한 거대한 일원상의 황금색 빛이 빛 속에 앉아 있는 사람으로부터 뻗어나오고 있었고, 나는 그 빛이 끝나는 지점을 보지 못하였다(Fox 인용, 1985:40).

또 다른 비전에서 그녀는 어느 건장한 사람의 가슴 속에 자궁의 모습과 같은 어떤 바퀴를 보았다고 보고하기도 하였다.

바퀴가 그 안에 들어있는 모든 것을 감싸고 있는 듯이 보였고, 그 속에 있는 거룩한 모습의 인물 역시 바퀴 속에 감싸안겨 있는 듯이 보였으며 그 모습은 모든 것을 초월하는 것처럼 보였다(Fox 인용, 1985:40).

힐데가드의 이러한 신비한 체험은 그녀로 하여금 그 모습을 그리고 거기에 대한 기록을 남기지 않고는 못 배기게 하였다. 이러한 그녀의 작업은 그녀의 신비한 체험을 일종의 그릇과 같은 것에 담고 그것을 기념하기 위한 것이었다고 하겠으며, 다른 사람들에게 그들 차원에서 이해할 수 있는 정보를 제공하여 그것을 사용하게 하기 위한 것이었다고 하겠다. 만다라를 그리는 작업은 힐데가드에게 치유적인 경험이 되었다. 그녀가 작업을 시작할 때는 질병으로 매우 힘든 생활을 하고 있었다. 그러나 그녀가 자신의 창의적인 생각을 글과 그림으로 표현하였을 때 그녀의 증상은 사라졌다고 한다.

또 다른 유럽의 신비가인 보엠(Jakob Boehme)은 기독교의 우주론을 상징하기 위한 만다라를 그렸다. 그는 두 개의 위대한 현실인 정신과 물질(자연)이 신격을 나타내는 일원상 속에서 두 개의 바퀴의 모습으로 함께 돌아가는 환상을 보게 되었다. 그는 다음과 같이 썼다.

> 바퀴는 바깥으로부터 안으로 돌아간다. 왜냐하면 신이 그곳에 거하기 때문이다. 신의 형상은 그가 창조한 자연의 모습과 닮았다는 점에서 실제적으로 그릴 수가 없다. 그러므로 신은 어디에나 있고 따라서 각자의 마음 속에도 거한다고 할 수 있다.
> 참고: 바깥쪽 바퀴에는 별들의 12궁도가 있고, 그 다음에 일곱 개의 위성이 뒤따른다(Jung 인용, 1974: 239).

보엠은 그의 우주적인 비전을 만다라를 명상하는 데 사용하였다. 그는 다음과 같이 기술하고 있다. "우리는 이 위대한 일원상에 그림을 그리게 하는 것을 아직 우주적인 비전에 대하여 충분하게 이해하지 못한 이들의 명상에 사용할 수 있다(Jung 인용, 1974:239)."

보엠은 대극에 대하여 관심을 갖기도 하였다. 그의 아이디어는 기본적인 물체를 분리하여 반대되는 물체로 만들고 나서 다시 정련하면 귀금속이 된다는 것에 바탕을 둔 연금술의 영향을 받았다고 할 수 있다. 창조주까지도 포함하는 이 세상의 모든 것은 어둠과 빛으로 구성되어 있다고 한 그의 주장 때문에 그의 작업은 논란의 대상이 되고 있다. 그의 만다라는 전체성을 가지고 있는 일원상이 두 부분으로 나누어져 있는 것같이 보인다. 우리는 그의 작업에서 조각난 물질들을 전체적인 조화 속에 수용하고 질서를 유지하기 위하여 일원상을 사용하고 있음을 볼 수 있다. 이러한 그의 비전은 이 세상 모든 것이 보다 거대한 신의 현실 속에 수용되어 있다고 보는 관점을 반영한다고 하겠다.

　브루노(Giodano Bruno)는 르세상스 시대에 살았던 이탈리아 사람으로 그가 만든 일련의 만다라가 그것을 사용하는 사람들에게 긍정적인 변화를 가져다 줄 것을 기대했다고 한다. 그의 디자인은 완벽한 형태와 이상적인 장소로 구성되어 있었고 그는 그러한 이미지들을 기억 속에 간직하게 되면 이상적인 형태로 정신세계에 각인될 것을 믿었다. 이러한 그의 관점은 만다라에서 묘사된 조화가 보는 이들로 하여금 그의 마음에 그 조화를 간직하게 한다는 것과 동일하다고 할 수 있다.

　이제까지 논의한 것을 종합하면 만다라의 전통은 우리의 삶 속에서 자신의 위치를 파악하게 하고, 영성적인 추구의 방법으로 적용되어 왔으며, 우주적인 리듬과 우리 자신을 연결시키는 방법 등으로 사용되어 왔다고 볼 수 있으며, 이것으로써 만다라가 인간 삶에 미치는 그 풍부한 영향력을 확인하게 되었다.

　이제 이러한 만다라의 의미를 보다 개인적인 차원으로 끌어들이기 위하여 동양에서 실시되고 있는 제의적인 목적으로 제작되는 만다라에 대하여 논의하려고 한다. 가장 정교하게 그려진 제의적인 만다라는 티벳의 불교 승려들에 의해서 그려진 것이다. 그들의 만다라 제작에 대한 이해를 돕기 위해서는 그들의 작업이 어떠한 믿음에 기반을 두고 있는지를 아는 것이 필요하다.

　초기의 불교는 두 가지 차원의 전혀 틀린 세상이 존재하고 그 두 세계 사이에는 상호교류가 전혀 없다는 믿음 위에 성립되었다고 한다. 투치에 의하면 그 두 세계 중에 한 세계는 업보를 치르고 있는 우리가 살고 있는 세상으로 죽음과 다른 삶으로 태어나는 윤회의 연속으로 움직이는 세계라고 하였다. 그리고 다른 한 세계는 열반(nirvana)의 세계로서 인간의 업보와 거기에 관련된 충동적인 힘, 또는 충동하게 하는 힘이 정지 내지는 제지되었을 때 나타나는 물량적인 도약에 의하여 도달할 수 있는 해탈의 세계라고 하였다. 이러한 경지는 인간의 지각과 살아있는 경험을 통해서만 성취되며 우리가 살고 있는 우주가 "단순히 만들어지고 있는 어떤 것으로 유동적이라는 것"을 깨닫게 해준다(Tucchi, 1961:3). 그리고 이러한 깨달음은 인간으로 하여금 업보를 치르는 과정 속의 순간들을 정지시키고 열반의 경지로 도약하는 것을 가능하게 한다고 하였다.

열반의 경지는 이 세상에 존재하는 우리가 알고 있는 모든 진실의 진수를 가진 어떤 완벽한 장소로 정의되어 왔다. 불자가 세속적인 것에 대한 관심을 버릴 때 이러한 완벽함은 빛으로 시각화되어 나타난다고 한다. 그리고 이러한 빛은 마음의 눈을 통하여 체험하게 되며 무색의 눈부신 빛으로 나타난다고 했다. 전통적인 문헌에서 이러한 깨달음의 경험을 다음과 같이 서술하고 있다.

> 고귀한 이의 아들이여! 이제 당신에게 완벽하게 순수한 빛이 나타날 것이다. 당신은 그것을 알아보아야 한다. 그 순간에 당신의 지성은 그 빛의 핵심인 순진함과 그림자가 없다는 물질적인 순수함으로 완전해질 것이다(Tucchi 인용, 1961:6).

깨달음에 이르기 위해서 개인은 물질들이 가지는 분리성에서 오는 일시적인 환상을 꿰뚫어 볼 수 있어야 하며, 완벽한 것에 대한 조화가 어떤 것이라는 것도 알아야 하는 힘든 과제를 감당해 내야만 한다. 그리고 이러한 작업은 한 개인의 자아를 재구축한다고 믿어져 오고 있다. 따라서 이러한 깨달음을 위한 작업이 비록 외부적인 활동이라고 할 수 있는 제의, 명상, 혹은 다른 활동들을 통하여 이루어진다 하더라도 이는 개인의 내면을 위한 작업이라고 하겠다.

투치는 불교에 입문하기를 원하는 티벳의 행자가 만다라를 그리는 것은 그의 내면의 작업을 위한 수련과정이라고 하였다. 만다라를 제작하는 작업은 이 기법에 대하여 충분히 교육받은 지도자가 행자들의 마음가짐을 시험해보려는 목적으로 시행되어 왔다고 한다. 그들의 이러한 전통은 행자가 그린 만다라에 나타난 여러 가지 형태를 지도자의 지식에 의하여 판단하는 것이다. 지도자의 판단기준은 행자의 내면의 요구에 대한 파악 및 행자가 작업을 통하여 어떠한 감응을 받았느냐 하는 것으로 이것에 따라 입문 여부를 결정했다고 한다.

땅 위에 그려진 공간은 확실하게 고립된 장소이다. 제의적인 정화, 명상, 금식, 그리고 독경이 시행되는 동안 행자가 취해야 할 적절한 태도가 제시된다. 그후 행자는 온갖 색상의 색실을 부여받게 되고 그것을 펼쳐서 일원상을 만들고 사등분할 것을 지시받는다. 만다라는 물감, 잉크, 여러 색깔의 모래[밀랍 등의 다른 재료들도 사용되고 있음: 역주]로 만들어진다. 전통적인 디자인과 색상이 사용되면서도 개인적인 표현을 할 기회가 주어진다. 라피즈(lapis lazuli) 같은 돌은 갈아서 푸른색 염료로 사용하는데 재료 자체가 제의에 있어서 매우 중요한 상징적인 의미를 가지고 있다고 한다.

고운 색상으로 조형된 티벳의 만다라가 완성되면 행자는 단계적인 명상 속으로 인도된다. 이러한 작업은 행자의 내면에 있는 여러 가지 요소들을 대면하게 함으로써 꽉 찬 깨달음의 순수한 의식성을 깨닫게 하기 위하여 마련된 것이다. 그후 행자는 개인적인 경험을 통하여 만다라의 전통적인 상징을 보다 깊이 이해하기 위해서 거기에 따르는 기법을 익힐 것이 요구된다. 이러한 내면의 작업은 만다라를 통한 내면의 시각화로 이루어지게 된다. 행자는 정신적인 이미지를 나타내는 인물들을 만다라 속에서 불러낸다. 그의 마음의 눈은 이러한 이미지에 집중하게 되고 그들과 자신과의 관계성을 변화시키기 위한 특정한 처방에 의하여 그들을 움직인다. 이러한 경험을 보다 강렬하게 하기 위하여 지도자는 행자에게 만다라에 나타난 형상들은 진짜가 아니라 행자 자신의 상상력이 투사된 것이라는 사실을 상기시킨다고 한다.

오, 고귀한 집안의 아들이여, 이러한 낙원들 역시 특별한 곳에 있는 것

이 아니다. 그러한 낙원들은 네 개의 진홍색이 만나는 당신의 심장 중심
에 있다. 거기에서 오는 그들은 당신에게 그 모습을 드러낼 것이다. 이러
한 형상은 특별한 장소로부터 오는 것이 아니고 오직 천과 같이 잘 짜여
진 당신의 마음으로부터 온다. 당신은 그러한 그들을 알아보아야 한다
(Tucci, 1961:27).

계속적인 수련과 수행으로 행자는 마음으로부터 선연한 만다라의 이
미지를 불러내는 법을 배우게 된다. 그리고 행자가 이러한 능력을 가지
게 된다는 것은 행자로 하여금 분리되었던 내면세계를 지양하고 순수한
의식성과 성만찬이 베풀어지는 합일된 영역에 거할 수 있게 된다는 의
미를 가지고 있다고 하겠다. 그러므로 만다라는 티벳의 행자에게 여러
차원의 의식성 상태를 오갈 수 있게 하는 일종의 통로를 제공한다고 하
겠다.
　만다라는 전통적으로 개인의 정신을 집중하게 함으로써 내면의 질서
를 생성시키고 내면의 자기에게 의미를 부여하게 하는 명상의 도구로
알려져 왔다. 융은 만다라가 "내면의 화해와 전체성을 지향하는 안전한
피난처"를 상징한다고 했다(Jung, 1973:100). 인간의 신체적인 현실에
서 상황파악을 해야 하듯이, 심리적인 현실에 있어서도 삶에 의미를 부
여하는 살아있다는 느낌을 갖게 하는 상황파악이 요구된다. 만다라는
이러한 심리적인 상황파악을 가능하게 한다. 다음 장에서는 이렇듯 우
리의 삶에 의미를 부여하고 심리적인 성장과 영성적인 체험을 하게 하
는 만다라를 어떻게 현대인들에게 적용시킬 수 있을까 하는 문제에 초
점을 맞추려고 한다.

만다라의 제작과
해석

만다라를 처음으로 심리치료 분야에 적용한 사람은 융이다. 만다라의 치료성에 대한 그의 발견은 스스로의 내면 여정으로부터 비롯되었다고 한다. 38살때 융은 자신이 대학의 강단에 서는 것이 학문적으로 참신하지 못하고 스스로의 내면생활에 별 의미가 없다고 판단하고 그곳을 떠나게 된다. 그후 그는 자신의 꿈과 생각을 그림과 함께 기록해가면서 내면세계 탐구에 전념하게 된다. 그는 매일 아침 그의 생각을 기록해오던 일기장에 동그라미 모양의 디자인을 그렸는데 그 작업은 그의 내면의 요구에 부응한 것이었다고 한다.

융은 동그라미 속에 그린 그림들이 그릴 당시의 자신의 마음을 나타내고 있다는 것을 서서히 알게 되었다. 그는 어떤 친구로부터 자극적인 편지를 받은 다음날 그린 동그라미 그림의 둘레가 찢겨져 있었다는 것을 발견하고 내면의 변화가 그림들의 형태에 영향을 미친다고 확신하게 되었다.

그후 융은 그가 그린 그림들을 통하여 매일 매일 그의 정신적인 변화를 관찰하는 동안 그가 그려오고 있던 원형의 그림이 인도의 전통 속에서 만다라라고 부르는, 중심과 둘레의 의미를 모두 가진 조형물이라는

것을 알게 되었다. 인도에서 말하는 만다라는 인간의 이상향인 소우주
로서 동양 종교가 헌신적으로 탐구하고 있는 것이었다. 융은 동양 종교
에 나타나는 만다라가 서양인들에게도 특별한 의미를 부여한다는 것을
알게 되었다. 융은 그들의 특수성은 자기(Self)를 나타내는 상징의 역할
에 있다고 하면서 "내가 생각하기에 자기는 나와 같은 하나의 단위였고
이제는 나의 세계이다. 만다라는 한 세계를 대변하는 단위로서, 인간정
신이 가지고 있는 소우주적인 형태와 상응한다고 본다."라고 기술하고
있다(1965:196). 이러한 융의 통찰은 몇년후 자신의 꿈에 의하여 보다
확고해지게 된다(전게서: 198).

그는 캄캄한 밤중에 어떤 더럽고 연기에 그을린 도시에 있었다. 겨울
철이었고 어둡고 비가 내리는데 자신과 공통점이 없는 여섯 명 정도의
무리와 함께 어둡고 우중충한 도시 속을 걸어가고 있었다. 그의 느낌으
로는 그들이 항구에서 올라오는 중이고 도시는 절벽 위에 있었다. 우리
는 그곳으로 올라가 꼭대기에 도달하게 된다. 우리는 가로등에 어렴풋이
모습을 드러낸 넓은 사각의 광장과 거기로 합쳐지는 많은 거리들을 보았
다. 도시는 깨끗한 전통적인 유럽풍으로 설계되어 있었고 모든 도로들이
방사선 모양으로 광장을 향하고 있었다.

광장의 중앙에는 둥근 못이 있었고 그 가운데에는 작은 섬이 있었다.
주위의 모든 것이 비, 안개, 연기에 싸여 어렴풋이 어둠 속에서 모습을
드러낼 뿐이었지만 그 작은 섬만은 햇빛에 빛나고 있었다. 그 섬에는
불그스름한 꽃들이 쏟아질 정도로 활짝 피어 있는 한 그루의 목련나무
가 있었다. 그 나무는 마치 햇살을 받고 서 있으면서 동시에 빛의 근원
인 듯이 보였다.

지긋지긋한 날씨를 탓하는 것으로 미루어보아 내 동반자들은 그 나
무를 못본 것 같았다. 그들은 리버풀에 살고 있는 다른 스위스 사람 이
야기를 하면서 그가 여기에 살게 된 것에 놀라움을 표시하고 있었다. 나
는 꽃을 피우고 있는 나무와 태양의 빛과 같이 빛나고 있는 섬을 넘을

잃고 바라보았다. 그리고 나는 '그가 어떻게 거기에 살게 되었는지 알 만하구나' 생각하면서 그가 원하는 것이 조용하게 빛나는 것과 영성적 으로 잠잠하다는 것을 나타낸다고 생각하게 되었다. 모든 길들이 한 곳 으로 모이는 중심이자 어두운 그곳에서 빛나고 있는 나무의 비전은 심 리학적인 성장이 일차원의 선상에 있거나 명쾌하게 이루어지지 않는다 는 그의 믿음을 더욱 확고하게 했다. 그리고 그는 심리적인 성장이라는 것은 오직 자기라고 하는 정신의 중심을 향하여 반복하여 되돌아가는 것에서 비롯된다고 여기게 된다. 이러한 꿈에서 얻은 경험을 통하여 그 는 인간정신 속에 존재하는 어떤 패턴 및 상황을 파악하게 되고, 그것이 삶에 의미를 부여하는 자기원형(Self Archetype)임을 발견하게 된다. 그 는 "정신적인 발달의 목표는 자기에 도달하는 것이며 이는 일직선상의 진화적인 것이 아니라 정신의 중심인 자기의 주변에 도달하는 것"이라 고 기술하고 있다(1965:196). 융의 이러한 통찰은 그에게 안정된 느낌 을 가져다 주었고 내면의 평화를 되찾게 하였으며, 어려운 상황 속에 있 던 자신을 격려할 수 있게 하였다.

융이 처해 있던 상황과 경험은 당신의 경우에도 적용될 수 있다. 당 신의 만다라는 '자기'의 역동성을 표출하고 있으며 이것이 당신의 독창 적인 정체감을 펼쳐 보이는 기저가 되어 당신의 내면세계의 패턴을 새 롭게 생성시킬 것이다. 만다라는 총체적인 인격을 지향하는 인간 정신 의 그릇이라고 할 수 있는 자기를 거울을 통해서 보는 것과 같다. 모두 가 공유하는 만다라를 제작하는 것은 모든 사람들의 상징에 대한 경험 을 표현할 수 있는 돌출구를 만드는 것이다.

만다라의 신비스러움은 어떤 이국적이거나 혼동스러운 것 또는 난해 한 것으로 보일 수도 있다. 그러나 이것은 아이들의 놀이같이 간단한 것 이다. 실제로 우리는 어린 시절에 이미 만다라를 접했다고 할 수 있다. 만다라는 서너 살의 아이들이 그리는 그림 속에 나타나며 그것을 그리 는 것 자체가 그들에게 즐거움을 가져다주고 그들로 하여금 어떤 형태를 완성하기 위한 방편으로 사용되었다. 로다 켈로그(Rhoda Kellogg, 1970)가 보여준 대로 아이들의 그림은 문화권을 초월하는 만다라의 형태라고 할 수 있는 동그라미와 동그라미 속에 그려진 십자가 또는 동그란 태양이나 얼굴 등을 가지고 있다.

이렇듯 만다라는 배우지 않고도 자연스럽게 그리게 되는 것이다. 그리고 이러한 문양은 여러 문화권에 살고 있는 아이들의 그림에서 매우 비슷하게 나타나고 있으며 드물게는 이러한 강렬한 표현이 5세 이후까지 나타나는 수도 있다. 이러한 것으로 미루어보아 우리가 만다라를 그린다는 것은 개인의 심리성장에 필요한 짜임새 있는 패턴의 일부로서 자연적인 과정이라고 결론지을 수 있다. 이러한 활동은 아이들이 자기에 대하여 배우는 과정과 일치되어 나타나는 것으로 보인다.

아이들이 그린 만다라가 몇천년 전의 인류가 그린 그림과 같다는 사실은 경이로운 일이다. 어떻게 아이들의 그림에서 나타나는 패턴이 고대인들의 그림과 같을 수 있을까? 아마도 아이들의 의식발달을 향한 걸음이 고대 인류가 걸어갔던 걸음과 같기 때문일지도 모른다. 몇천년 전에 살았던 성인이 일생을 통하여 힘들게 습득한 의식성을 현대의 아이들은 그들의 초기의 삶 속에서 재빠르게 반복함으로써 정상적인 현대의 성인이 되기 위한 길을 향하게 된다고 하겠다.

노이만(Neumann, 1973)은 만다라를 그리는 것이 아이들의 정체감 확립에 도움이 된다고 하였다. 이는 부분적으로 타고난 주제파악 과정으로 아이로 하여금 실제적인 세계 속의 시간과 공간 및 장소에 존재하고 있는 자기라는 느낌을 확립하는 것을 허용하기 때문이다. 이러한 스스로 상황파악을 해야 한다는 내면의 필요성이 아이로 하여금 만다라를 창출하게 하는 것 같다. 아마도 현대의 아이들이 만다라를 그릴 때 고대인들이 만다라를 그렸을 때 나타난 내면의 경험과 같은 느낌을 가지고 있을지도 모른다. 노이만은 이러한 충동을 자기원형의 영향에 의한 것이라고 말하고 있다.

우리가 알고 있는 우리 즉, 개인의 의식적인 정체감을 우리는 자아

고대 북유럽에 새겨진 암각화에 나타난 문양은 아이들의 그림과 같다는 것을 보여주고 있다.

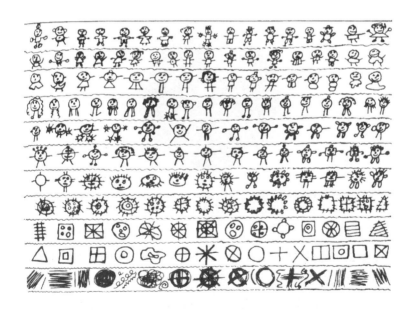

현대 아이들이 그린 만다라

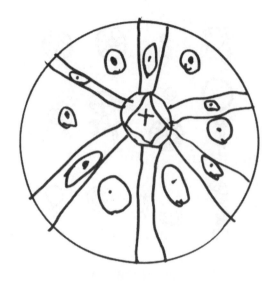

4세의 여아가 그린 만다라

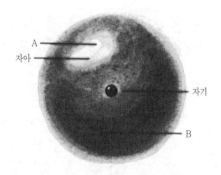

인간의 정신은 의식을 대변하고 있는 표층의 밝은 부분(A)을 가지고 있는 구형에 비교할
수 있다. 자아는 밝은 부분의 중심부이고, 자기는 전체 구형 부분(B)의 핵이다(Jung,
1964:161).

(ego)라고 부른다. 개인의 삶 초기단계에 생성되는 자아는 마치 거미줄
같이 유기적으로 개인의 정체감을 지원하는 기능을 하고 있는 자기의
구조로부터 유래되며, 언제나 자기와 연관하는 관계 속에서 존재하고
있다. 에딘저(Edinger, 1972)는 이러한 자아와 자기와의 관계성 즉 개

인의 정신적인 삶을 동치하는 자아-자기(ego-self)의 분리와 화합의 리듬은 평생을 통하여 나타난다고 하였다. 자아가 자기의 패턴으로부터 가까웠다 멀어졌다 하는 이러한 율동이 가지는 리듬은 만다라의 형태속에 반영된다.

우리 모두 이렇게나 저렇게나 자기를 대면하는 순간들이 있다. 우리는 재난과 같은 모습으로 다가오는 사건들을 접하고 우리 자아가 상처받게 될 때 삶의 의미를 알고자 하는 욕구를 경험하게 되며, 적절하지 않은 사람과 사랑에 빠진다든가 질병에 걸린다든가 또는 선연한 꿈을 꾸는 것으로 합일을 촉구하는 우리 내면에 있는 신비로운 중심과 관계성을 설립할 것을 요구당하게 된다.

언젠가 어느 여성이 "네 가지의 바람(風)의 일원상을 만들어라"라는 지시를 받은 꿈이야기를 내게 해준 일이 있다. 그녀는 이러한 자기에 의한 꿈의 방문으로 그녀가 나아가야 할 특정한 방향을 부여받게 되었다. 우리 중 대부분은 확연한 자기의 목소리를 듣지 못한다. 우리가 일단 자기와 개방적인 태도를 취할 결단을 내렸다면 실행해보는 것이 어떨까?

우리의 역동적인 정신의 중심인 자기가 차지하고 있는 부분은 우리가 알 수 없는 무의식의 부분이다. 어떻게 하면 우리가 이러한 무의식의 표현을 허용하여 온전한 관계를 가질 수 있을까? 이것을 바꾸어 말한다면 어떻게 하면 우리가 자기를 초대하기 위한 신성한 공간을 창출해낼 수 있을까 하는 것과 같다. 만다라를 만드는 것으로써 우리는 무의식의 언어에 귀를 기울이게 되고 자기와의 관계를 귀중하게 생각하게 되며, 그것을 육성시켜 나감으로써 우리 무의식으로부터 오는 원형적인 에너지를 수용하여 구조화하고 의식성에 동화시키는 합일을 할 수 있다.

융은 만다라를 그리는 것과 꿈을 꾸는 것은 자연적으로 전개되는 개성화 과정의 한 부분이라는 것을 발견하게 되었다. 그는 그의 내담자들에게 계획된 패턴없이 자유롭게 만다라를 그리게 하였다. 만다라에 대한 융의 이론은 조안 켈로그(Joan Kellogg)에 의하여 더욱 발전하게 되었다. 켈로그는 미술치료사로서 1970년대에 메릴랜드에 있는 정신병연구소에서 그로프(Stanislas Grof)와 함께 연구를 하게 되었다.

켈로그는 인류의 조상들이 거쳤던 것과 같이 빠르게 변하고 있는 현대 미국인의 정신의 중심을 잡아야 한다는 것을 발견하였다. 새로운 현실에 적응해야 할 필요성은 우리로 하여금 잠시 우리의 내면세계를 돌아보게 한다. 만다라는 우리의 외부 현실을 재파악하는 데 필요한 우리 무의식 속에 있는 힘을 끌어내는 데 도움을 준다. 켈로그는 이러한 목적으로 그리는 만다라와 종교적인 제의 목적으로 사용하고 있는 문화권의 만다라를 비교하고 있다. 그러면서도 그녀는 만다라는 반드시 종교적 혹은 치료적인 것에 국한시킬 필요는 없다는 입장을 취하고 있다.

> 만다라는 그 자체가 자기발견을 가져다 줄 확실한 통로로 사용되어질 수 있다. 애리애드니(Ariadne) 여신의 실을 잡는다는 것이 그녀의 세계에 도달할 것이라고 보장할 수는 없지만 적어도 영원히 변형하기를 소망하는 자기를 지향하는 여로에 올랐다고 할 수 있다(1978:12).

우리가 만다라를 제작한다는 것은 그 순간의 우리가 누구인지를 보여주는 개인적인 상징을 만드는 것이라고 할 수 있다. 우리가 그리는 동그라미에는 우리의 갈등 부분을 수용하기도 하지만 때로는 초청하는 모습이 나타나기도 한다. 만다라를 그리는 동안 이러한 갈등이 의식세계로 솟아오르게 된다는 것만으로도 내면의 긴장이 완화된다는 것은 부정할 수 없는 사실이라 하겠다. 이것은 일원상이라는 형태가 안전하게 닫혀 있는 자궁을 연상시켜서인지도 모른다. 일원상 속에 그림을 그릴 때 안정감을 느끼는 또 하나의 이유는 일원상이 우리의 몸이 점유하고 있는 공간을 상징하는 역량을 가지고 있기 때문이라 하겠다. 일원상을 그린다는 것은 마치 우리가 우리 신체와 심리적인 공간을 보호하기 위한 선을 그리는 것과 같다.

만다라는 우리의 정신 기저에서 거미줄과 같은 전일성의 패턴을 마련하고 우리의 삶을 지원하는 자기가 가지는 영향력을 불러일으킨다. 만다라를 만드는 것으로 우리는 모든 에너지를 집중할 수 있게 되고, 보호되어온 우리 고유의 신성한 공간을 마련할 수 있게 된다. 우리가 내면 세계의 갈등을 만다라를 통하여 상징적으로 표현한다는 것은 그러한 갈등을 바깥세계로 투사하여 객관화시킨다는 것이라 하겠다. 또한 일원상 속에 그림을 그리는 행위 자체가 화합의 느낌을 가져다 줄 수도 있다는 점에서 치료적이라고 하겠다. 융은 만다라에 대하여 다음과 같이 언급하였다.

> 특수한 이미지라고 할 수 있는 만다라가 그것을 만든 작가들에게 상당히 치료적인 효과가 있다는 사실은 실험적으로 증명이 되었고 이러한 치료성은 누구에게나 쉽게 이해될 수 있다. 타협이 불가능한 대극적인 것이나 절망적으로 분리된 간격을 잇는 역할을 만다라가 대담하게 시도하고 있는 것은 흔히 볼 수 있는 현상이다. 이러한 시도가 비록 미미한 것일지라도 그러한 방향을 지향하는 것은 언제나 치유적이기 마련이다…
> (1973b:5).

이 책에서 논의하고 있는 만다라는 적극적인 명상의 한 기법으로서 개인적인 성장과 더불어 개인이 보다 영성적이기 위하여 사용되어지고 있다는 것을 밝힌다. 여기에서 다루어지는 내용은 전 세계에서 실시되고 있는 전통적인 만다라에 융과 조안 켈로그의 통찰, 그리고 필자의 개인적인 경험 등에 기반을 두고 있다. 만다라 제작시에 지도자가 고려해야 할 점은 참여자가 바깥세계로 표현되는 자기의 이미지를 신성한 것으로 받아들이는 태도와 고요한 마음가짐으로 작업에 임할 수 있는 분위기를 조성하는 것이다. 개인의 치유 및 자기발견, 그리고 정신성장은 우리가 여러 색깔과 형태를 사용하여 일원상 속에 자연스럽게 그림을 그릴 수 있게 될 때 가능하다. 우리의 지지적인 관심이 만다라의 상징적인 언어를 터득하게 할 것이며, 그럼으로써 우리는 진정한 우리의 모습을 보다 깊이 이해할 수 있게 될 것이다.

　이 책은 만다라의 제작단계를 자세하게 다루고 있으며 보다 효율적인 이해를 촉구하기 위하여 어떻게 만다라를 해석할 것인가를 다루고 있다. 만다라의 제작은 간단하면서도 익히는 데 소요되는 시간을 투자하는 사람들의 삶을 풍부하게 하는 시도해 볼 만한 가치가 있는 접근방법이다. 이러한 만다라의 가치는 "자기가 이러한 그림들을 통하여 그 형태가 표현되었을 때 무의식은 삶을 헌신적으로 살아가게 하는 태도를 강화하는 것으로 반응한다(1983:24)"라는 융의 지적과 상통한다. 만다라와 더불어 작업을 할 때 우리는 마음의 평화와 의미있는 것으로 가득 채워지는 대극합일이 가져다주는 경험을 체험함으로써 모든 것이 확실해지는 순간들을 느낄 수 있게 된다.

　어떻게 이러한 만다라 작업을 시작할 수 있을까? 우선 적절한 재료를 선택해야 할 것이다. 만다라는 진흙, 돌, 페인트, 연필, 꽃, 모래, 가죽, 나무, 혹은 헝겊으로 만들 수가 있으며 재료에 대한 가능성은 무한하다. 만다라는 개인, 두 사람, 혹은 집단이 공동으로 제작할 수 있다. 그러나 이 책에서는 회화의 형태로 만들어진 만다라와 개인이 제작한 만다라만 다루고 있다는 것과 만다라를 그리는 지시사항은 조안 켈로그(1978)의 방법을 적용하였음을 밝힌다. 그녀의 방법에서 권고하는 재료는 다음과 같다.

　　12×18인치 크기의 흰색이나 검정색 도화지
　　유성 파스텔, 파스텔, 사인펜, 혹은 그림물감
　　10인치 지름의 종이접시
　　공책과 펜 혹은 연필
　　자와 컴퍼스 (선택)

흰색 도화지를 사용하는 것이 무난하지만 변화를 주기 위하여 검정색 도화지를 사용할 수도 있다. 검정색 도화지를 사용할 때 파스텔의 색상이 살아나는 것을 보았다. 헤어 스프레이는 파스텔을 사용했을 때 생기는 부스러기를 고착시키는 데 유용하다.

스케치북을 사용하면 만다라의 상하 조정이 용이하지 않으므로 낱장으로 된 종이가 편리하다. 낱장의 도화지에 그린 것도 작품을 보관하기 위한 재료철에 넣어서 보관할 수 있을 것이다.

보관하는 문제가 따르기는 하지만 만다라를 아주 큰 종이에 만들 수도 있다. 지나치게 작은 종이에 그려진 만다라는 막힌 듯 답답해 보인다. 물론 이런 모든 것들은 개인의 선택에 맡겨야 한다. 종이 크기는 당신이 보아서 편안한 느낌을 주는 것을 사용해야 한다.

만다라를 제작하는 데 좋은 장소는 혼자만의 조용한 장소로서 적어도 한 시간 정도 외부의 간섭을 받지 않는 곳이라야 한다. 그림을 그리기 위하여 평평한 바닥이 필요하다. 충분한 빛은 당신이 보다 확실하게 보도록 한다는 점에서 작업에 도움이 된다. 고요하면서도 즐거움을 가져다주는 음악은 창작적인 분위기를 조성할 수도 있을 것이다. 촛불을 켜거나 향을 피우는 것도 당신의 일상적인 생활환경을 멀리하게 한다는 측면에서 당신의 능력을 보다 상승시킬 수 있을 것이다.

모든 재료들을 당신 앞에 있는 작업할 바닥에 놓은 후 편안하게 앉아서 정신상태를 이완시켜 당신의 창조성이 필요로 하는 공간을 허용하게 한다. 만다라를 그리는 동안 당신의 의식적인 판단이나 생각을 정지시킨다면 작업은 보다 나은 결과를 가져올 것이다. 어떤 만다라가 좋은 것이고 어떤 만다라가 나쁜 것이라는 평가는 있을 수 없다. 그저 제작자의 제작하고 있는 그 순간의 반영일 뿐이기 때문이다. 무의식에게 표현의 여지를 부여하기 위하여 당신의 본능으로 하여금 색깔과 형태에 대한 모든 선택을 허용하기 바란다.

그림을 시작하기 전에 또다시 몇 분간의 이완하는 휴식을 가지는 것도 도움이 된다. 깊은 숨을 마시고 내쉴 때마다 긴장감이 떠난다는 것을 상상하기 바란다. 기지개를 몇 번 켜는 것도 여기저기 맺혀 있을 수 있는 긴장을 풀어 부드럽게 한다. 당신의 마음을 낮 동안의 일로부터 자유로워지게 하도록 노력하라. 만다라의 명상 후에 당신의 일에 되돌아갈 것이라는 것을 아는 것으로 모든 책임감으로부터 벗어나도록 스스로를 허용하라.

일단 이완이 되면 눈을 감고 내면세계에 초점맞추기 작업을 시작하도록 하라. 당신은 어떤 형태와 색깔, 모양 등이 당신 마음의 눈 속에서 춤추는 것을 보게 될 것이다. 만다라를 시작하는 시점에서 될 수 있으면 생각을 하지 말고 내면에 떠오르는 비전의 색상, 형태, 느낌 등으로 이미지를 보아야 한다. 만약 아무것도 떠오르지 않으면 그냥 다음 단계로 넘어가면 된다.

그 다음에 눈을 뜨고 당신 앞에 놓여있는 색상들을 본다. 당신 내면의 비전의 인도로 혹은 그저 단순히 거기 있는 색상에 반응함으로써 색깔을 선택하여 만다라를 그리기 시작한다. 당신은 거의 색깔이 당신을 선택한다는 느낌을 받게 될 것이다. 그 다음에는 동그라미를 그린다. 종이접시를 가지고 본을 뜨거나 그냥 그려도 된다.

가급적이면 생각을 하지 않는 상태에서 색깔로 원형 속을 채워넣는데 원의 중심부터 혹은 가장자리부터 시작한다. 당신의 마음 속에 그리고자 하는 패턴이 있을 수도 있고 없을 수도 있다. 만다라를 제작하는데 있어서 옳고 그른 것은 없다. 완성되었다고 생각될 때까지 작업을 계속한다.

그 다음에 해야 할 일은 만다라의 방위를 결정하는 것이다. 이것을 위하여 그림을 돌려가면서 여러 가지 각도에서 봐야 하는데, 이때 종이의 가장자리 모양은 생각하지 말고 만다라 디자인 그 자체만을 가지고 생각해야 한다. 만다라가 바른 위치라는 것을 아는 한 가지 방법은, 당신이 긴장을 푼 이완된 상태에서 느끼는 조화에 대한 감각 또는 "바로 이거야!"라고 하는 당신 내면의 목소리를 듣는 것이다. 적절한 방위가 결정되면 만다라 위쪽 꼭대기에 "t"자 표시를 한다. 비록 당신이 어디가 꼭대기인지 이미 알고 있다고 하더라도 이러한 단계를 거치면 편리한 점이 있을 것이다.

연도를 포함한 날짜를 기록하는 것도 나중에 참고하는 데 도움이 된다. 만다라가 가지는 고유성으로 제작한 순서를 기억하는 데는 날짜의 기록 없이는 어렵다. 특정한 형태와 색상이 나타나는 순서를 파악하는 것은 그것의 의미를 이해하는 데 도움을 줄 것이다.

때로는 한 개의 만다라를 그리는 것으로 충분하지 않을 때가 있다. 만약 뭔가 미진한 느낌이 들면 하나 더 그려보아도 좋다. 그럴 경우 순서는 처음 만다라 제작에 사용했던 방법을 그대로 사용하면 된다. 하루에 한 개 이상의 만다라를 그릴 경우 먼저 그린 것을 1번 그 다음 2번 등으로 번호를 매기는 것이 좋다.

이제 당신은 "t"가 적혀진 만다라를 마주하고 앉는다. 만다라와의 거리는 팔을 뻗은 거리 정도가 무방하며 몇 피트 바깥에 세워두고 보는 것도 좋을 것이다. 벽에 부착시키는 것도 자연스러운 시각적인 앵글을 준다는 점에서 좋은 방법이다. 만다라를 당신의 일상생활과 분리된 어떤 일정한 신성한 공간이자 자주 볼 수 있는 장소에 붙이는 것도 좋다.

원한다면 만다라에 대한 명상은 일단 여기에서 끝내도 된다. 많은 경우 만다라를 끝내면 말로는 표현할 수 없는 어떤 만족감을 느끼게 된다. 어떤 이들은 이러한 만다라 작업의 경험에 머물러 있기를 원하기도 한다. 단순히 당신의 만다라에 집중하고 거기에 있는 형태와 색깔들을 당신의 눈으로 훑어보는 것으로도 중요한 시각적인 피드백을 줄 수가 있다.

당신의 만다라에 대한 경험은 당신이 조그마한 인물이 되어 마치 만다라라는 방으로 걸어다닌다고 상상하게 되면 여러 가지 경험으로 나타날 수 있다. 그리고는 만다라 방에 있는 느낌, 즉 어느 곳이 가장 편안하고 어느 곳이 가장 불편하게 느껴지는가, 그리고 그러한 측면에서 당신이 그린 상징들이 어떻게 보이는가 등을 알아본다. 만약 당신이 당신의 그림에 의미를 부여하는 것에서 보다 더 진전시키고 싶으면 아래에 적은 기법이나 이 책의 다음 장에 나오는 색깔, 숫자, 형태에 대한 내용을 참고하기 바란다.

여기까지 만다라에 나타난 시각적인 이미지와 느낌들, 그리고 그것들을 어떻게 사용할 것인가에 대하여 논의하였다. 다음은 언어적 행동과 이지적인 모드의 생각을 여기에 포함시키는 것을 논의하게 된다. 당신은 떠오르는 단어들이나 연상, 그리고 확충을 사용하여 당신의 만다라에 나타난 정보를 확인할 수 있다. 이러한 것은 상징 속에 각인되어 있는 무의식 속의 메시지를 이해하는 데 도움을 줄 것이다. 이 시점에서는 이러한 것들을 적기 위하여 필기도구를 준비해야 한다.

첫째, 만다라에 제목을 붙이도록 하는데 이때 가급적이면 많은 생각을 하지 않는 것이 좋다. 제목은 만다라를 멀리서 보았을 때 느껴지는 첫인상을 요약하는 것이 좋다. 제목을 공책에 쓰고 연월일을 포함한 날짜와 시간, 그리고 하루에 하나 이상의 그렸을 경우 시리즈의 번호를 명기한다. 일련의 만다라에 대한 작업을 할 경우 각각 따로 작업을 하고 나서 시리즈의 의미를 파악하도록 하는 것이 좋다.

그 다음은 당신의 만다라에 나타난 색상의 목록을 만든다. 그리고 돌려가면서 각 색상에 대하여 생각해본다. 먼저 가장 두드러지게 나타나는 색깔에서 시작하여 가장 미미하게 나타난 색깔의 순서로 적어나간다. 여기에 사용된 색깔에 대한 특별한 사항을 적기를 원하게 될지 모른다. 또는 종이에 나타난 공백을 색상에 포함시켜도 좋다. 만다라 해석을 여러 차례 시행하는 경우 매번의 기록에서 이 색깔을 보았을 때 연상되는 어휘나 느낌, 이미지들과 기억 등을 적을 수가 있다.

색상에 대한 연상을 마감하면서 각 색상이 가지고 있는 어휘들을 확인하기 시작해야 한다. 이것은 당신이 좋아하는 것과 싫어하는 색상이 무엇인지를 알게 해줄 뿐만 아니라, 당신이 어떤 사람이나 아이디어, 느낌들을 특정한 색상과 연관시키게 된다는 것을 또한 배우게 될 것이다. 혹은 당신의 삶의 특정한 시기에 특정한 색상을 연상하고 있음을 발견하게 될 것이다. 당신의 고유한 삶의 경험이 그러한 색상들에 대한 개인적인 견해로 형상화되는 것이다. 이러한 개인적인 의미를 아는 것은 만다라의 의미를 아는 데 중요한 단서를 제공할 것이다.

다음은 숫자와 형태의 목록을 만든다. 숫자는 만다라에 나타난 대상물, 예를 들어 "빗방울의 숫자" 등을 세어서 찾아내는 것이 보통이다. 확실하지 않은 형태의 경우에는 서술문을 사용하여 "아래쪽에 있는 난화", "분홍색의 불꽃" 혹은 "삐죽한 파도"로 나타낼 필요가 있다. 다른 물체들은 간단히 "별", "태아", "말" 등으로 서술하면 된다. 이러한 모든 형태에 대하여 돌아가면서 떠오르는 단어, 느낌, 기억 등에 집중을 해볼 수도 있고 떠오르는 대로 공책에 적어볼 수도 있다. 이러한 연상이 아무런 의미가 없어 보여도 상관없다. 이 단계에서는 단순히 다듬어지지 않은 거친 재료를 수집하고 있기 때문이다. 이러한 것들의 의미는 나중에 보다 확연해질 것이다.

일단 연상에 관련된 목록이 완성되면 만다라에 붙인 제목과 연관시키면서 한번 쭉 읽어본다. 당신은 지금부터 노트에 적은 단어들의 의미에 어떤 패턴이 있다는 것과 연상에 관한 자료목록이 어떤 주제를 제시한다는 것을 발견하게 될 것이다. 만다라의 중심 주제와 연상들과 만다라의 제목을 사용하여 몇 개의 문장을 만들어 보도록 한다. 이러한 문장들을 기록해두면 앞으로 그리게 될 만다라에 좋은 참고가 될 것이다.

만다라 제작을 하고 있을 때, 어떤 특정한 형태를 그리는 데 사용되고 있는 색상에 따라서 그 형태가 가지는 의미가 달라질 수도 있다는 것을 발견하게 될 것이다. 예를 들어 중심부에 하얀 십자가가 압도적으로 보이는 만다라를 생각해보자. 이 "십자가"에 대한 연상은 아마 "앞서 나가는 정의의 십자가 군병들"이 될 수가 있다. 흰색은 "빈혈적, 보이지 않음, 또는 이 세상 것이 아닌" 것 등을 연상시킨다. 십자가가 흰색이라는 점이 제작자의 상징적인 갈등의 해결에 있어서 그 위력을 감소시키고 있다고 하겠다. 이는 마치 강한 모습으로 거기에 서 있으려는 욕구는 있으나 이 시점에서 그것을 감당하기에는 힘이 부족하다는 것을 나타내고 있다고 볼 수 있다.

더 나아가 상기한 여러 단계를 거쳤을 때 당신의 만다라가 지니고 있는 상징들이 시각적인 것에서 언어적인 것으로 번역될 수 있다. 이것은 당신의 대뇌에 있는 시각과 공간적 · 언어적인 능력을 사용함으로써 보다 완벽하게 정보를 수집하게 하고 그것의 파악을 허용한다. 이러한 단계들은 당신에게 상징이 가지는 의미를 깨닫게 해준다. 대기하고 있던 당신에 대한 정보가 첨가된다는 측면에서 이러한 기법은 당신에게 "당신(당신의 만다라)이 누구인가"라는 개인적인 반영을 하게 하고, 그 속에 있는 필요한 영양분을 충분히 섭취하게 할 것이다.

이제는 이러한 기법들이 어떻게 적용될 수 있는가에 대하여 살펴보기로 한다. 미술치료사인 이 여성은 중년의 기혼 여성이자 세 아이의 어머니이다. 그녀가 그린 만다라의 제목을 〈바다 꽃〉(그림 1)이라 지었다. 색상과 숫자, 그리고 형태에 대한 그녀의 연상은 다음과 같다.

- 남청색: 깊다, 심연, 매력적인 여자, 대양, 어두움, 죽음, 은밀함, 밤.
- 연푸른색: 부드러움, 푸른색의 소년, 비단, 신성한 처녀, 하늘, 빛남, 포근함.
- 진분홍색: 선연함, 생동감, 재미있음, 축제, 성적 매력, 요란함, 눈에 띄는, 뜨거움.
- 연분홍색: 부드러움, 유연함, 상처받기 쉬움, 아기, 장미, 꽃, 여성성, 내면성, 포근함.
- 중간 분홍색: 이유 있음, 부식(腐蝕)적인, 작은 일에 신경질적으로 예민함, 사탕, 껌, 개인적인, 적나라함, 순진함.

- 보라색: 위엄, 진지함, 고상함, 무거움.
- 넷: 밸런스, 양극의 쌍, 네 개의 기능, 자기, 네 개의 방향.
- 여덟: 네 개의 쌍, 집어 삼킴, 하나의 집단, 지난주의 어느 날, 미움, 늦음, 미끼.
- 꽃: 아름다움, 자라남, 생동함, 여성성, 선물, 자연.
- 작은 분홍색 꽃: 생생함, 살아 있음, 중심이 잡히지 않음, 짧은 손을 가지고 있음, 충만한 에너지, 폭발성, 확장적, 힘.
- 푸른 꽃: 잠잠함, 모성적, 아름다움, 처절함, 조화, 곡선.
- 연분홍꽃: 버릇없음, 아이 같음, 튀어나옴, 큰 무엇, 열대성, 죽은 짐 승고기, 냄새나는.
- (뒤쪽의) 어두운 분홍꽃: 강인함, 성숙함, 안고 있음, 지원함, 보호함, 시들어감, 질기고 야무진.
- 꽃잎새: 심장, 열림, 모자, 바깥으로 움직임, 확장.
- 점: 신비스러움, 새로움, 알지 못하는, 풍부한 창조력.
- 달걀: 잠재성, 쌍둥이, 가족, 보석, 치유하는 돌, 고귀한 보석.
- 분홍색 새: 다른 동물을 잡아먹음, 침투적, 피난처 제공, 하늘에 비상함.
- 보라색 선: 보호, 작음, 짧게 절단, 깨어짐.

이제 같은 분홍색으로 그린 것이 두 가지의 형태인 "새"와 (뒷면이) "어두운 분홍꽃"이 어떻게 이 여성에게 제시되고 있는지를 주목하라. 그녀는 꽃잎을 새는 것으로 숫자 넷과 여덟을 발견하였다. 그녀의 "연분홍"에 대한 연상은 이상하게도 "연분홍꽃"이었다. 이 여성은 자신의 만다라의 의미를 다음과 같이 요약하였다.

나의 조용하며 고상하고 영성적이며 자아중심적인 내면의 조화(보라색 가장자리로 그려진 작은 분홍, 파랑, 연분홍 꽃들)가 따지기 좋아하고 자기비판적인 생각(분홍 새)에 의하여 위협을 받고 있다. 이것은 나의 인간성을 상기시켜주고 있다. 동시에 죽을 수밖에 없는 인간의 죽음(남청색, 시체 썩어가는 향기를 풍기는 연분홍꽃)에 대한 생각을 불러일으키게 하고, 조상들로부터 물려받은 육신에 대한 자연적인 지혜를 확인하게 된다(뒷면의 어두운 분홍꽃). 어둠 속에 있는 조그마한 여신의 신비(남청색)는, 그녀의 존재가 창조성과 내면의 힘(작은 분홍꽃)이 있는 장소인 나의 존재 중심(점들)을 향하여 살아 움직이는 폭발적인 에너지의 형태로 다가오고 있다. 이꽃은 나에게 나의 인간성의 형성과정을 볼 수 있도록 도와주었다. 그래서 이 만다라의 제목이 〈바다 (보는) 꽃, Sea (see) Flower〉이다.

이 여성은 만다라를 통하여 지나치게 영성적인 것과 동일시하고 있는 자신의 경향을 이해하게 되었다. 이러한 것을 알게 됨으로써 자아의 지위가 붕괴되는 것을 위협으로 느끼기보다는 자신의 발로 서서 스스로 중심을 잡기 위하여 필요한 것임을 알게 되었다. 신비의 죽음에 대한 그녀의 깨달음은 살아 있다는 사실에 감사하는 마음을 가지게 하였다. 자기의 역동성은 만다라를 통하여 그녀를 현실세계로 되돌아오게 하였다.

색상과 형태, 그리고 숫자에 대한 목록 작성은 만다라를 이해하는 작업에 중요한 첫걸음이다. 각 개인은 각자의 고유한 어휘를 가지게 될 것이다. 그 중에 어떤 의미는 지속되는 것이고 어떤 것은 시간이 흐름에 따라 바뀌는 일시적인 것이 될 것이다. 여기에서 당신이 연상하게 되는 것은 당신이 누구라는 것의 반영이라고 할 수 있다.

일단 개인적인 연상의 목록이 작성되면 상징성에 대한 다른 재료들을 찾아보는 것도 도움이 된다. 여기에서 얻은 새로운 정보가 당신의 만다라 해석에 적절한 것인지의 여부는 당신 자신의 자연스러운 반응에 의존하면 될 것이다. 만약 당신이 상징에 대한 재료를 읽을 때 흥분을 경험하게 된다든지 혹은 고요한 내면 속에서 수긍하는 "아하"라는 소리를 듣게 된다면 그 정보가 당신의 상황에 적절하게 연관되는 것이라 할 수 있다.

확충에 대한 당신의 반응이 언제나 쉽게 이해받지는 않을 것이다. 어떤 경우 당신은 확충을 위해 사용되는 상징에 대하여 완전히 차단되어

버린 느낌이나 혐오감을 체험하기도 할 것이다. 이러한 체험은 당신의 내면의 작업이 확충을 위하여 첨가된 정보에 질려 있음을 나타낸다. 당신에게 계속 만다라를 그리고 싶은 욕구가 있을 경우 확충은 일단 성공적이었다고 볼 수 있다.

당신은 결코 만다라의 궁극적인 의미를 쪼개어 볼 수는 없다. 당신이 사용한 색상과 형태는 살아 있는 과정의 반영으로서 마치 예상치 않았던 장소에서 자연적으로 샘물이 솟아올랐을 때 그것을 인위적으로 멈출 수 없는 것과 같다. 인간 정신의 경우도 이와 마찬가지로 이것을 남김없이 유형화하고 완전히 이해한다는 것은 불가능하다. 한달 혹은 일년 후에 같은 만다라로 되돌아오는 것은 그 당시에 느꼈던 신선한 통찰을 다시금 가져다 줄 수가 있다. 당신이 어떤 신비스러운 형태가 정규적으로 다시 나타나는 것을 알게 될지라도 그것에 대한 의미를 이해하지 못할 수도 있다.

만다라를 제작하고 형태와 색상를 연구하는 경험을 통하여 당신의 정신이 성장함에 따라 그들의 모습이 달라져 가는 것을 확인할 수 있게 될 것이다. 이러한 현상이 상징하는 것이 무엇인지를 배우는 것은 당신 존재에 대한 통찰을 할 수 있게 한다. 당신의 만다라 속에 있는 형태가 지니는 의미를 이해한다는 것은 당신의 삶 속에 자기의 패턴에 관한 지식을 첨가한다는 것이다. 당신이 만다라의 해석을 성공적으로 했다는 것을 증명할 수 있는 것은 당신의 개인적인 성장과정에 깊이가 더해졌고 에너지가 확충되고 강화되었음을 의미한다고 볼 수 있다.

만다라의 제작은 우리의 인격체인 자아를 지원하는 동시에 자아를 포함하고 있는 보다 더 큰 차원의 자기를 한눈에 볼 수 있게 한다는 점에서 개성화 과정을 지원한다고 볼 수 있다. 만다라 제작이 가져다주는 또 하나의 기능은 우리로 하여금 중심을 잡게 함으로써 혼돈 속에서 확연함을 가져다주는 것이다. 따라서 당신은 깊은 곳에 있는 지혜와 연관을 가질 수 있게 되고 당신이 누구이며 무엇을 해야 할 것인가를 알게 됨으로써 삶에 의미를 부여하게 된다. 만다라의 길은 우리가 정신적으로 성장하고 서로 사랑하고, 그리고 고유한 모습대로 살아갈 수 있는 기회로 부여받은 우리 각자의 삶을 경하하는 모습 그 자체일 수도 있다.

만다라에
나타나는 색상

나는 어린 시절 크리스마스 트리에 장식되어 있던 전깃불에 매료된 적이 있다. 나의 남동생이 태어난 후 얼마 되지 않아서 맞이했던 시끌벅적했던 크리스마스 휴가 동안 크리스마스 트리의 밑에 매달려 있던 푸른 전등이 나의 관심을 불러일으켰던 것으로 기억된다. 그 푸른 색깔은 나의 의지와는 관계없이 나를 서서히 그곳을 향하여 다가가게 하였다. 나는 곧 그 나무 아래에 편안히 누웠고, 코가 닿을 정도로 가까운 거리에 있는 푸른 전등을 바라보고 있는 나를 발견하게 되었다. 몸은 나른해지기 시작했고 잔잔함과 정적이 나를 감싸안았던 것으로 기억된다. 그 후 그 색상이 나에게 직접적이고 신체 내부 장기만이 가질 수 있는 특수한 감성적인 느낌을 가져다주는 효과가 있다는 것을 알게 되었다.

당신이 그린 만다라에 나타나는 색상은 당신의 무궁무진한 생각과 느낌, 그리고 직관들을 그대로 표현하고 있다. 만다라에 나타나는 색깔의 의미를 이해한다는 것은 바로 당신의 무의식이 보내고 있는 메시지를 이해하는 것이라고 할 수 있다. 어떤 색상의 의미는 매우 명백하여 이해하기 쉬운 반면 이해받기를 거부하는 색상도 있다. 같은 색상도 사용할 때마다 그 의미가 달라질 수 있다. 경우에 따라서 한 색상이 여러 가지의 의미를 가지고 있을 수도 있다. 이러한 경우 색상은 당신에게 여러 가지 차원의 어떤 것을 제시하고 있다고 할 수 있다. 색깔의 목록이 가져다주는 전통적인 연상은 당신이 그린 만다라의 의미를 이해하게 하는 새로운 가능성을 열어주거나 내용을 보다 풍부하게 하고 그것을 확인하는 것을 도와줄 것이다.

모든 색상들의 의미가 언제 어디서나 같다고 할 수 없지만 오랜 세월 동안 관찰한 바에 미루어 보면 공통된 부분이 있음을 부정할 수 없다. 그 예로서 노란색은 선사시대부터 따뜻한 빛을 가지고 있고 모든 생물을 양육한다고 알려져온 태양의 색깔로서 일찍부터 밝고 따뜻함 그리고 양육과 통찰을 나타낸다. 또한 많은 사람들이 노란색을 태양을 나타내는 색상이라고 생각한다. 다른 모든 색상의 경우도 이와 마찬가지라고 할 수 있다.

이 장에서 다루고 있는 색상에 대한 연상은 단순히 당신의 만다라에 나타난 색상에 관련된 생각을 자극하기 위한 것이다. 이러한 연상들이 모두 "옳은 것"은 아닐 것이다. 이것은 어디까지나 가능성을 가진 의미들의 나열로서 때로는 겹치거나 반대의 의미를 갖기도 한다. 색상에 대하여 정확하고 예리한 척도는 결코 없으며 여기에 나열된 여러 가지 의미 중에서 당신의 경우에 적용되는 것이 무엇인가를 찾아내면 될 것이다. 매번 만다라를 대하고 거기에 대한 연상을 할 때 언제나 새로운 마음가짐으로 시작하는 것이 가장 좋다고 본다.

당신이 그린 만다라에 있는 색상의 의미를 알기 원한다면 이제부터 논의되는 정보를 읽어보기 바란다. 어떤 단어나 아이디어는 에너지로 팽창되어 살아 있는 느낌을 받을 것이고, 어떤 것은 덤덤하게 느껴져 살아 있다는 느낌을 받을 수가 없을 것이다. 당신의 일기장에 이러한 생동감이 느껴지는 연상들을 기록하면서 동시에 당신의 개인적인 연상도 함께 적어갈 것이다.

나는 미국과 유럽의 문학, 미술, 종교, 그리고 철학으로부터 발췌한

대부분의 색상에 대한 정보를 여기에 제공하고 있다. 어떤 색상의 상징은 다른 문화권의 것도 포함하였다. 그러나 이러한 과정에서 피할 수 없는 문화적인 차이와 오류가 있을 수 있음을 시인하면서도, 색상에 대한 풍부한 상징성을 소개함으로써 독자들이 만다라에 관련된 작업을 할 때 필요한 상상력을 자극하려는 것이 필자의 의도라는 것을 밝히고 싶다.

이 책에서 논의되고 있는 색상에 대한 상징성은 미술치료에서 만다라를 그린 사람들로부터 제공받은 것도 있고, 만다라를 투사적인 기법으로 사용해온 임상가들의 관찰도 포함되어 있다. 마지막으로 〈종교와 심리학 학술대회〉에 모인 수백 명의 참가자들을 대상으로 한 색상에 대한 설문조사도 참고하였다는 것을 밝힌다. 이렇듯 여러 분야로부터 나온 참고재료는 일정한 전통 속에서 살아 있는 색상이 가지는 의미들을 이해하는 데 도움이 될 것이다.

색상에 대하여 논의하기 전에 만다라 속에 지정된 색상을 관찰하는 것에 대한 몇 가지 지침을 소개하려고 한다. 당신이 그린 만다라를 바라보았을 때 먼저 무슨 색이 중심부에 있는가를 보도록 하라. 이 색상은 그릴 당시의 당신에게 가장 중요한 것이 무엇인가를 상징하고 있다. 당신의 만다라에 어떤 색상이 압도적으로 많은가 하는 것이 그 다음에 관심을 가져야 할 부분이다. 압도적으로 나타난 색상은 관심의 정점을 나타낸다. 만약 여러 가지 색상이 고루 사용되었다면 당신이 여러 가지 부분에 두루 관심을 가지고 있다고 볼 수 있다.

그 다음의 관심은 일원상을 그릴 때 처음 사용한 색상이다. 이 색상은 당신이 외부세계에 나타내고 있는 모습을 대변하는 색상으로, 외부세계에 대한 당신의 태도를 알 수 있는 단서가 된다. 원칙적으로 이 경계를 나타내는 선은 당신의 자아경계(ego boundary)를 대변한다고 볼 수 있다. 만약 당신이 빨강색을 선택했다면 당신은 외부세계 속에 에너지나 분노를 표출하고 있다고 볼 수 있다. 그러나 빨강색이 당신에게 무슨 의미가 있느냐에 따라 해석은 달라질 수 있다. 만약 당신이 초록색을 사용했다면, 당신이 주위 사람들과의 관계 속에서 그들을 돌보아주는 능력이 뛰어남을 나타낸다고 할 수 있다.

만다라의 상단 부분에 사용된 색상은 의식적인 과정들과 연관되고 하단 부분에 사용된 색상은 무의식적인 과정들과 연관된다. 만다라를 시계와 같다고 보고 12개로 나누어져 있는 시간을 당신의 의식적인 앎의 단계와 연관시켜 볼 수가 있다. 말하자면 6시 방향은 무의식 중에서도 가장 의식과 먼 곳에 위치하고, 3시와 9시 방향에 있는 색상은 의식이 무의식으로부터 옮겨가는 문턱에 연관되는 아이디어를 대변한다고 할 수 있다. 당신이 그린 만다라 중에 특별히 진하거나 밝게 칠해진 곳이 있는가 살펴보라. 특별히 진하게 칠해진 곳은 그 색상이 지니고 있는 상징성을 강조하는 것으로 그 색이 상징하고 있는 요소를 보다 강렬하게 표현하고 있는 것이다. 색깔이 연하게 칠해진 경우는 일시적으로 과로로 인한 피로감이 그 원인이 될 수도 있지만 자신을 신뢰하지 못하거나 뭔가 슬퍼하고 있음을 나타낸다.

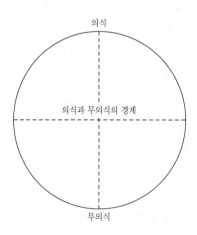

만다라 속에 나타난 형태들의 색상과 위치에 따라서 제작자의 의식상태를 가늠할 수 있다.

색상 선택의 대부분이 무의식에 의하여 정해진다는 측면에서 보면 그저 만다라에 있는 색상들을 바라보는 것만으로도 도움이 될 수가 있다. 비록 의식적으로 색깔을 선택하여 인위적인 형태로 만들어보려 하더라도 마무리지을 때는 결국 무의식의 역동에 좌우되는 것이 보통이다. 당신이 선택하는 색상은 당신 내면상태를 나타내는 직설적인 표현으로서 이는 의식영역 밖의 것이라고 해도 무리가 없다.

당신이 만다라를 탐구하고 있을 때 무의식의 상징이 색깔을 통하여 당신의 의식적인 자아 내지 자기인 "당신"에 의하여 보여지게 된다. 이러한 경험은 무의식으로부터 오는 정보를 의식적인 차원의 정보와 상호 교환할 수 있게 한다. 색상의 의미를 쪼개어 보지 않더라도 이러한 정보 교환은 이루어지며, 이것은 의식을 확장함으로써 개성화에 도움을 준다. 그렇지만 더 나아가 색상의 의미를 기록하면 의식에 대한 확실한 당신의 이해를 촉구하고 당신의 정신세계가 필요로 하는 보다 심오한 요소를 제공할 수 있다.

당신이 그린 만다라를 탐구할 때 어떤 것이 좋고 어떤 것이 나쁜 것이라는 생각은 버려야 한다. 마치 우리가 어떤 꽃이 기대하지 않던 색깔로 피어났다고 정죄하지 않듯이 당신은 만다라에 나타난 것을 그대로 감사하게 받아들여야 할 의무가 있다. 당신이 제작한 일련의 만다라로부터 당신의 고유한 삶의 과정을 반영하는 자연적인 색상과 형태의 흐름을 찾아보도록 하라. 거기에서 다양한 동작의 색상들을 보게 되면 혹시 놀라거나 믿지 않을는지 모르지만 이는 당신의 삶이 내면으로부터 열리고 있다는 것을 나타내는 것이다.

검은색

검은색은 어둠과 악, 죽음과 신비를 나타내는 색깔이다. 이것은 비었다는 것 외에도 모태 또는 혼동스러우면서도 생동감 있는 태초를 말한다. 폰 프란츠는 검은색을 "의식적으로 알 수 없는 것을 상징하는 색상"
(1974:254)이라고 하였다. 검은색은 어둠을 상징하고 그의 대극이라고
할 수 있는 빛을 나타내는 흰색과 더불어 균형을 맞추는 기능을 한다.
많은 문화권에 산재해 있는 창세신화에는 풍부한 이미지의 어둠과 빛이
등장하고 있다. 성서는 매우 시적으로 시작되고 있다.

> 태초에 하나님이 천지를 창조하시니라.
> 땅이 혼돈하고 공허하며 흑암이 깊은 위에 있고
> 하나님의 영이 수면에 움직이게 되었다(창세기, 1:1-2).

마오리 창세신화는 이러한 원초적인 어둠에 대하여 이렇게 말하고
있다.

> 란지와 파파는 하늘과 땅이었다. 그들은 이 세상의 모든 것과 신들, 그
> 리고 사람들이 생성되는 근원으로 취급되었다. 이 둘이 아직도 나누어지
> 지 않고 서로 붙어 있어서 어둠이 거기에 머물렀다. 따라서 그들로부터
> 태어난 아이들은 어둠과 빛의 차이점에 대해서 생각해보지 못했다
> (Neumann 발췌, 1973:102).

어둠과 불확실에서 시작되는 신화적인 창세 이야기는 연금술사들이
작업의 시작에서 다루는 검고 형태가 없는 물질과 비교될 수 있다. 연금
술사들은 이 검고 어두운 재료를 변환과정의 시작을 나타내는 표징으로
보았다. 이 단계를 그들은 검은단계(Nigredo phase)라고 불렀으며 성장
을 위하여 보이지 않는 곳에서 중요하고 심오한 변화가 일어나고 있음
을 나타내는 시기라고 하였다.

검은색은 모든 과정들의 시작단계에 나타나는 원칙이 없이 혼란스러
운 상태를 상징하고 있는 듯하다. 또한 풍요롭고 근원적인 그러면서도
통관과정의 시작을 지향하는 끊임없이 솟아나는 에너지의 근원을 시사

한다. 이 문제와 관련해서 써로트(Cirlot)는 다음과 같이 설명을 하고 있
다.

　　윤리성의 상징으로서의 빛과 어둠의 이원성은 원초적인 어둠이 빛
　과 어둠으로 분리될 때까지 떠오르지 않는다. 이러한 이유로 순수한
　개념의 어둠은 상징적인 전통 속에서 어두침침한 것으로 동일시되었던
　것이 아니라 태초의 카오스(chaos)와 상호 감응하는 것이었다
　(1962:73).

　원초적인 풍요함의 근원적인 것은 검은 비둘기나 백조 그리고 유럽
의 민담에 나타나는 여러 짐승을 통하여, 때에 따라서는 만다라에 나타
난 짐승들에 의하여 표상된다.
　새로운 생명이 시작되는 신비스러운 자궁은 검은색이 지니고 있는
다른 차원의 의미를 가지고 있다. 여성의 생산성과 새로운 식물들의 싹
을 트게 하는 닫힌 대지는 고대인들이 풍요를 기원하는 축제를 어둡고
대지적인 장소에서 했다는 점에서 공통성을 들 수 있다. 고대의 여신을
모신 동굴이나 어두운 자궁과 같은 성소들은 탄생의 비밀 그 너머에 있
는 공간이라고 할 수 있다. 그 공간은 어쩌면 그녀 이전에 이미 이 세상
에 와 있던 대지의 여신들의 공간을 회상하게 하는지도 모른다. 그 예로
서 에베소 지방의 희랍풍으로 만들어진 다이아나 여신상이 검은 얼굴과
검은 손을 가지고 있다는 것을 들 수 있다.
　어둠의(검은) 여신들이 아무것도 없는 곳에서 인간을 탄생시키는 통
로로서 중재역할을 하였듯이, 검은색 역시 보다 보편적이기는 하지만
정신(spirit)이 물질(matter)이나 시간으로 하강하게 하는 것을 대변한
다. 대지의 여신들이 공허한 것으로부터 물질에 이르는 통로를 중재하
고 있기 때문에 그들이 빛(삶)이 어둠(죽음) 속으로 회귀하는 것같이 보
이는 것은 자연스러운 일이다. 좋은 예로 고대 스메르의 여신 에리쉬키

걸[Erishkigal. 고대 스메르의 아이나나 여신의 신화에 등장하는 지하의 여신: 역주]과 희랍의 페르세포네(Persephone) 같은 여신들은 빛이 없는 지하의 죽음의 세계를 통치하였다.

어두운(검은) 대지의 어머니는 더 이상 숭배의 대상이 아니다. 그러나 그 전통은 전혀 기대하지 않았던 곳에 아직 살아있다. 우리는 이 막강한 힘을 가진 여성성을 "어머니로서의 자연(mother nature)"이라는 은유에서 찾아볼 수가 있다. 어떤 이들은 이 여신의 영성성을 빛으로 화한 기독교 성전 아래의 지하묘지 앞에 있는 마돈나로부터 느끼기도 한다. 이러한 여신들을 숭배해 오던 흔적은 죽은 사람을 묻는 전통에서도 찾아볼 수가 있다. 고대인은 땅에 묻힌다는 것을 어머니인 자연의 품속(자궁)으로 상징적으로 되돌아가는 것이라고 생각했다. 묻힌다는 것에 관계된 믿음은 우리들의 제의식에서 사용되는 "흙은 흙으로 티끌은 티끌로"라는 것에 관계가 있다고 하겠다.

검은색은 달의 어두운 면과 같이 우리가 볼 수 없는 무엇이며 알고 있는 우리 세계의 이전과 관련되어 있다. 이는 무의식이 가지는 상징성을 보여주는 좋은 예라고 할 수 있다. 또한 검은색은 "지워버린다"는 속성으로 의식성의 상실을 말하고 있다. 심리학적인 용어로서 의식을 상실한다는 것은 보통 인식의 중심이라고 할 수 있는 자아상실을 말한다. 이러한 자아상실은 헌신적인 신비주의자들을 제외한 모든 사람들이 본능적으로 경계하는 것이다.

자아는 자기라는 관념을 구축하기 위하여 무의식으로부터 분리되어 나와야 한다. 우리는 무의식으로 가는 퇴행적인 리비도의 흐름에 무방비 상태로 머무를 수가 있다. 이러한 상황에서는 자아가 스스로를 보존하는 데 필요한 정신적인 힘을 강탈당하게 된다. 이는 마치 지하수의 방향이 다른 곳으로 바뀌게 되면 샘물이 마르게 되는 것과 같으며, 여기에서 검은색은 자아의식성을 향한 영원한 도전을 상징한다.

자아를 쓰러뜨리려는 위협적인 어두운 힘은 우리의 선조들에 의하여 인격화되었고 이는 무서운 어둠의 악마적인 생명체로 투사되어 나타난다. 여신 헥타르(Hectare)가 그 중에 한 예가 될 것이다. 그녀는 달이 없는 밤에 갈림길에서 어디로 가야 할지 몰라 무서움에 떨고 있는 여행자들에게 나타난다. 우리의 선조들은 그들 자신의 어두움에 대한 공포를 헥타르와 같이 무서운 신격을 가진 인물의 창출과 함께, 믿음을 가지고 그 이미지 둘레에 원을 그리는 것, 특정한 의상을 입고 의식을 집전하는 것 등으로 수용하려는 길을 모색하였다. 현대인들도 어둠을 위하여 필요한 장소와 제의식을 할로윈(Halloween)을 통하여 지키고 있다. 이러한 점에서 우리는 선조들과 별로 다른 점이 없다고 하겠다.

검은색은 궁극적인 신비인 죽음과 연관된다. 루쳐(Luscher)에 의하면 검은색은 "그 색상 자체를 부정하는 색상"이라고 하였다. 그는 덧붙여 "이는 삶이 사라진 절대적인 경계 너머를 대변하고 아무것도 없음과 꺼져서 소멸되었다는 생각을 대변한다"고 하였다(1969:69). 검은색은 장례절차에 연관된 색상으로서 죽은 자의 친지들은 검은색 옷을 입는다. 또한 기독교 달력 중에서 가장 슬픈 날인 예수가 십자가에 매달린 Good Friday를 의미하기도 하고, 하이티의 부두(Voodoo)교에서 죽음을 의미하는 신인 게데(Ghede)도 검은색으로 나타난다. 게데는 그의 제삿상에 고추를 넣은 검은 음식을 차려주기를 원한다고 한다.

검은색은 오랜 세월 동안 끊임없이 나타나는 사턴〔Saturn: 농업신으로서 주피터 이전의 主神: 역주〕의 색이다. 그는 로마시대에 Saturnalia 라고 하는 축제에서 숭배되어 오던 신이다. 이 축제는 한해를 보내는 것을 기념하는 축제로서 축제의 왕으로 선택된 자를 제물로 바치는 것에 초점을 맞추고 있는데 이는 태양의 "죽음"과 우연히 일치한다. 제의식은 새로 오는 것을 위하여 지나간 것은 길을 내주어야 한다는 자연의 원칙에 따라 행해지며, 이는 끝없이 이어지는 죽음과 새로운 삶의 주기라 할 수 있다. 보다 깊은 측면에서 이 축제는 검은색이 가지는 죽음이 새로운 삶으로 이어지는 것으로 보다 깊은 연속성으로 향하는 중간 지점을 의미하는 것에 대한 이해를 촉구한다고 할 수 있다.

검은색은 북미 원주민들의 〈치병의 바퀴(Medicine Wheel)〉 중에서 서쪽을 상징한다(Storm, 1972). 한 인간의 삶을 〈치병의 바퀴〉와 연관해서 볼 때 서쪽은 중년기와 일치한다. 무지와 애착을 불살라버리고 자기에게 포섭되는 이 단계의 삶은 어머니로서의 대지와 그녀의 생물들을 위하여 진실된 헌신을 하게 되는 때이다. 어떤 사람들은 태어날 때부터 서쪽의 의미를 이미 알고 태어난 경우도 있다. 그러나 대부분의 사람들은 삶의 체험을 통하여 이러한 것을 이해할 수 있게 된다.

북미 원주민들의 전통과 중세 기독교의 서구인들을 위한 가르침에 있어서 검은색은 성화(renunciation)를 대변한다. 두 가지의 전통 속에 비슷한 점이 있다는 것은 흥미로운 일이다. 검은색은 기독교에서 참회와 자기중심적인 생각이 경건하고 겸손한 생활을 통하여 소멸하는 것을 나타낸다. 북미 원주민들의 지혜에 있어서도 검은색은 가짜 자기가 껍질을 벗게 되는 명예로운 시간을 나타낸다.

유럽문화 속에서 검은색은 슬픔이나 죽음의 애도, 혹은 허무를 나타내고 있다. "검은색의 무드" 속에 있다는 것은 슬픔과 분노로 고통스러워하는 마음의 상태를 나타낸다고 하겠다. 이러한 상태에 부정적으로 깊숙이 몰입하게 되면 자살충동을 낳을 수 있다. 그러나 성찰을 통해 이 부분을 통과했을 때 어둡던 의식은 긍정적인 품격을 가지게 되고 그것을 포용할 수가 있게 된다. 성 요한이 말한 "밤과 같이 어두운 영혼"은 이러한 가능성을 보여주는 좋은 예이다(John of the Cross, 1959). 이러한 맥락에서 검은색은 새로운 성찰에 이르는 은혜를 가져오는 심리적인 죽음을 시사한다고 하겠다.

필자는 만다라 속에 있는 검은색이 우울이나 상실감 또는 죽음의 애도를 나타내는 것을 관찰하였다. 상실한 것이 어떤 개인일 수도 있고 그의 사회적인 지위 혹은 지나치게 정돈된 우리의 생각일 수도 있다. 우리가 싫어하는 성향이 밖으로 튀어나오게 될 때 우리의 자아의식의 정체감이 위협받게 되는 것은 흔히 볼 수 있는 일이다. 만다라 속에 나타난 검은색은 우리의 어둡고 그늘진 요소를 합일하여 진정한 우리의 모습이 되도록 도와준다고 할 수 있다.

우리 모두는 삶의 여로중 언젠가는 그림자와 죽음, 그리고 악과 대결 해야만 한다. 죽음에 대하여 생각한다는 것은 일상적인 우리의 이해심 에 도전하는 것이다. 우리는 모든 사람들의 행실에 악함과 어둠이 존재 한다는 사실에 익숙해져야 한다. 이러한 그림자와 죽음, 그리고 악에 대 한 심오한 질문은 인간의 이성이 미칠 수 없는 차원이다. 그럼에도 불구 하고 우리는 우리가 누구이며 무엇을 아는가 하는 것을 현실의 구조 속 에서 해결하는 길을 모색해야 한다.

만다라 속에 있는 색상과 형태는 우리에게 우리의 느낌과 형태가 시 사하는 바를 작업할 기회를 부여한다. 예를 들어 검은색이 죽음과 악을 상징하는 것으로 느껴졌다면 우리가 무엇에 대한 작업을 할 것인지 구 체적인 방향이 나타났다고 하겠다. 자연스럽게 만다라를 그렸을 경우 먼저 경직되거나 부자연스러운 색상이나 형태가 나타날 것이다. 작업이 계속되면서 색상들이 변하고 형태는 조화를 이루어가며, 그림에 대한 우리의 비판 내지 갈등적인 태도가 변해간다는 것을 발견하게 될 것이 다. 이러한 차원에서 만다라는 우리 내면에 있는 어둠과 빛 사이에서 오 가는 대화를 담는 그릇이라고 볼 수 있다.

당신이 일찍이 참을 수 없었던 대극적인 요소들이 이제는 새로운 완 성을 위하여 필요한 요소라는 것을 알게 될 것이다. 전에는 못생겼다고 생각했던 것이 야성적인 아름다움이라는 것도 알게 될 것이다. 당신의 만다라 속에 나타난 빛과 어둠의 패턴은 때로는 당신 정신 속에 대극적 인 요소들을 합일시키는 장소의 창출을 도울 수 있다. 그 이유는 이미지 를 사용하는 것이 언어차원보다 깊은 곳을 허용하기 때문이다.

만다라 속에 있는 검은색은 어두우면서도 얽매인 곳이 없는 무의식 의 창조성, 또는 벨벳과 같이 매끄러움과 미지를 향한 유혹과 새로운 삶의 모체라는 것을 제시하고 있다. 이러한 요소들은 어두움을 대변하고 있으며 인간 성격을 보다 풍부하고 깊이있게 해준다. 이는 마치 그림을 그릴 때 검은색이 주위에 있는 색상을 더욱 생생하게 보이게 하는 것과 마찬가지이다. 검은색은 때로는 이미 익숙해 있던 어떤 것을 상실한 것에 대한 두려움이나 우울함 등의 부정적인 것을 상징하지만 검은색이 가지는 위력을 가장 잘 요약한 것은 모든 삶의 시작과 끝이 어둠, 즉 검은색이라는 점이다.

흰색

흰색은 순결함이나 처녀성, 그리고 영성성을 의미한다. 흰색은 또한 달빛이나 우유, 그리고 진주의 색이지만 때로는 아무것도 아닌 것, 재, 뼈를 나타내는 색이기도 하다. 흰색은 수많은 창세의 이야기에 중요한 부분으로 나타나는 빛을 대변하는 색상으로 여기 나열한 모든 다른 의미들보다도 더 근본적인 것을 의미하고 있다.

> 하나님이 가라사대 빛이 있으라 하시매 빛이 있었고
> 그 빛이 하나님 보기에 좋았더라.
> 하나님이 빛과 어둠을 나누사
> 빛을 낮이라 칭하시고 어둠을 밤이라 칭하시니라(창세기, 1:4-5).

창세신화 속에 나타나는 빛의 상징성은 인간의 의식성을 비유적으로 나타낸 것이다(Neumann, 1973). 동양의 일부 수도자들은 빛의 이미지를 각 개인에게 심어주는 직관적인 이해와 무한한 의식을 내포한 씨앗으로 보았다. "당신이 소유하고 있는 빛나면서도 비어 있고 분리되지 않는 의식성은 탄생도 죽음도 없는 꺼지지 않는 빛으로서 빛나고 있는 위대한 아미타 부처로부터 온다(Neumann 발췌, 1973:23)."

기독교에도 영성적인 현실에 연관된 비슷한 빛에 대한 이미지가 있다. 예수가 한 말씀 중에도 "나는 세상의 빛이니 나를 따르는 자는 어두움에 다니지 아니하고 생명의 빛을 얻으리라(요한복음, 8:12)"라는 구절이 있다.

신성한 품격을 지닌 빛은 흰색과 함께 신성력의 감응을 촉구한다. 흰색은 물질적이 아닌 영성적이고 초월적인 것을 상징하는 데 사용되고 있다. 이는 순결함과 시간을 초월한, 그리고 무아경의 현실을 제시하고 있다(Cirlot, 1962). 몇백년 전의 과학자들이 흰색의 빛이 프리즘을 통과하면 여러 가지 색상으로 나누어진다는 것을 발견하였다. 이러한 측면에서 흰색은 여러 개의 색상이 들어 있는 한 단위를 대변한다고 말할 수도 있다.

민담에서 흰색은 "환한 빛과 확연함, 질서(Von Franz, 1986: 254)"를 의미한다. 흰색은 민담에서 특별한 피조물들과 특히 현실세계와 상상의 세계를 왕래하는 동물들로 나타나는 것이 보통이다. 유니콘, 흰말, 새, 토끼, 그리고 흰 얼굴을 가진 소녀들은 민담에 나타나는 중요한 인물들로서 신비스러움을 대변하는 대상들이라 할 수 있다. 많은 경우 그들은 남자나 여자 주인공(영웅)을 신비로운 현실과 연결시키는 역할을 하는 것을 본다.

〈이상한 나라의 앨리스〉에서 흰토끼는 주인공인 앨리스를 꿈과 같은 나라로 데리고 간다. 영국의 웨일즈 지방에 전해지는 민담 중에 다음과 같은 부분이 있다. 흰말을 탄 한 젊은 청년이 썰물이 된 해변가를 거닐고 있는데 갑자기 파도가 밀려와 그를 덮치게 되고 거기로부터 벗어나지 못한 그와 흰말은 차고 어두운 바다 속으로 휩쓸려 들어가 사라졌다는 것이다.

보다 다행스러운 민담으로는 창백하고 아름다운 일본의 〈달의 소녀 가구아힘(Kagua-hime)〉에 대한 이야기(Fisher, 1981)에서 찾아볼 수 있다. 천상에서 살던 그녀는 지상으로 쫓겨나게 된다. 그녀는 그녀의 미모가 주위의 관심을 끌게 되기 전까지 대나무 자르는 늙은 노인 부부와 함께 행복하게 산다. 결국 그녀의 미모가 황제의 눈에 띄게 되고 황제가 그녀의 손을 잡고 청혼을 하게 된다. 그러자 그녀는 자신은 죽을 목숨을 가진 인간이 아니기 때문에 결혼을 할 수 없다고 밝힌 후, 몹시 실망한 황제 앞에서 구형의 번쩍이는 불로 변했다는 이야기이다. 이 이야기는 다른 세계에서 온 생물체와 적절하게 연관하는 방법을 발견해야 하는 것의 중요성을 그려주고 있다. 외계인들은 원형적인 에너지를 대변하고 그들은 인간과 결코 결혼할 수가 없다.

이 이야기에서 나타난 빛의 모습이라고 이름 지어진 한 영웅 소녀의 이야기에서 제시된 바와 마찬가지로 흰색은 달을 상징하기도 한다. 차가우면서도 빛나는 품격을 지닌 달은 보통 여성으로 인격화된다. 희랍의 아르테미스(Artemis) 여신, 중국의 관음보살(Kuan Yin), 폴리네시아의 힌나(Hina)는 모두 희고 은색을 띤 여신으로 나타나고 있다. 랜저(Susanne Langer, 1976)는 흰색과 관련짓는 차원에서 달은 여성 전체를 적절하게 상징하고 있다고 하였다.

창백하다는 것은 민담 〈백설공주〉에 나타나는 순결한 소녀의 모습에서도 찾아볼 수 있다. 어머니 왕비가 바라던 살결은 눈과 같이 희고, 입술은 피와 같이 붉고, 머리카락은 흑단같이 검은 아기가 태어남으로써 성취된다. 그러나 불행하게도 백설공주의 어머니는 공주를 낳은 후 곧 죽게 되고 소녀는 어두운 삶을 살아가게 된다. 위태로웠던 통관의례가 결국은 왕자를 만나게 하고 그와 결혼하게 되는 것으로 마감이 된다. 민담 〈백설공주〉는 여성성에 있어서 순결이 흰색으로 연관되어 있음을 보여주는 전형적인 예이다.

흰색이 단순히 순결을 의미한다고 생각하기에 앞서 우리는 창조의 에센스라고 할 수 있는 남성의 정액과 새로운 삶을 양육하는 우유의 색깔이라는 것도 기억해야 할 것이다. 이집트의 창세신화에는 이 세상이 창조신 아툼(Atum)이 사정한 흰색의 정액에 의하여 시작되었다는 것으로 흰색이 창조적인 생산성과 관계됨을 보여준다.

흰색이 풍요의 이미지를 나타내는 다른 예로서 중앙아시아의 전통적인 신화나 민담에서 자주 나타난다고 하는 "드넓은 호수가 우유로 가득 채워져 있다"라는 서술을 들 수 있다. 여기에서 흰색은 어머니와 행복한 아이가 함께 누리는 풍요한 삶과 연결된다. 이러한 무아경의 신비로운 체험은 시베리아의 초원지대에 살고 있는 샤먼들에 의하여 실제로 적용되어 오고 있다.

흰색이 어떻게 영성적인 색상이 되었는가를 생각해볼 때 우리는 달이 신성한 것이고 흰색이 달의 색상이라는 것에서 논의를 시작할 수 있다. 흰색이 가지는 신성력은 성탄절과 부활절을 기념하는 의식 속에 사용되는 것이 흰색이라는 것에서 더욱 강화되었다. 성탄절에 있어 흰색은 거룩하고 순결한 아이의 탄생을 나타내고, 동시에 이 아기 예수는 우리 각자의 안에 있는 아이를 기억하게 하며, 그러한 부분의 우리는 자기와 타자가 분리되기 이전의 단순하고 포근한 삶을 기억하게 된다. 예수는 우리에게 "아이와 같이 않으면 하늘나라로 들어가지 못한다"고 말한다. 이 아이는 우리 내면에 있는 아이를 상기시킨다고 할 수 있다. 그러므로 흰색은 신생아가 가지는 순진성과 영성적으로 새로운 앎에 이른 사람들을 상징한다고 하겠다.

부활절에 사용되는 흰색은 성령이 죽음의 권세를 누르고 승리한 것을 기념하고 있다. 예수의 부활은 영원한 삶에 대한 언약을 완성한 것으로 볼 수 있다. 이 경우에 흰색은 실제적인 현실을 포함한 우리 삶이 영성적인 것을 상징한다고 할 수 있고, 이러한 상징이 의미하는 것은 신체적인 존재가 소멸되는 인내를 감내하게 되면 신과 함께 거하게 된다는 것이라 하겠다. 이 세상의 무엇과도 비교할 수 없는 정신(spirit)에 대한 흰색의 아이디어는 우리에게 끊임없이 이어지는 새로운 삶과 완전하게 그려진 일원상이 연결되는 듯한 이미지를 보여주고 있다.

한국 후불탱화에서 덕과 복 그리고 대자대비의 상징인 관세음보살의 흰색의 의복은 만인과 일체 중생을 수용하는 어머니상을 나타낸다고 한다. 이차돈이 순교시 흘렸다고 전해지는 흰 피도 자비심과 관계된다고 한다〔동원 스님과 면담: 역주〕.

북미 원주민의 전통 속에서도 흰색이 그들에게 특별한 색상이었음을 알 수 있다. 그들의 지혜를 터득하는 도구인 〈치병의 바퀴〉 중에서 흰색은 북쪽을 상징한다(Storm, 1972). 개인이 북쪽에 대한 학습을 하기 위해서는 마음을 조용하게 가지고 세상만사를 명확하게 볼 줄 아는 안목과, 감정을 조절하여 흥분하지 않도록 정신수양이 요구된다. 체로키 부족의 지혜로운 지도자인 와후(Ywahoo)는 이렇게 말한다.

지혜로운 자는 북쪽에서 오는 우리 행동의 씨앗을 알아본다. 그러므로 우리는 과거에 있었던 원인들을 알아보게 된다. 우리는 그저 이러한 원인들이 이러한 행동들을 가지고 온다는 것을 바라볼 뿐 수치스럽게 생각하거나 나무라지 않는다. … 이러한 느낌들이 일어났다가 사라지는 것은 그저 느낌일 뿐이라고 이해하게 되면 우리 마음은 점차 적게 반응하게 된다. 여기에는 필연적인 자연이 있고 미동하지 않는 정체가 있다(1987: 243-244).

흰색과 연관된 이러한 민담과 전통을 통하여 우리는 흰색이 영성적인 영역이나 대단히 좋은 무엇 혹은 큰 상실 등을 상징하고 있다는 것을 알게 되었다. 인간 삶에 있어서 이 세상 것이 아닌 것과 대면하게 되면 깨달음을 얻을 수도 있지만 위험할 수도 있다. 조안 켈로그는 흰색이 "우리가 알지 못하는 정신세계 속의 초개인적인 차원을 쪼개고 그 속에 침투해 들어가는 것을 상징한다.… 그리고 개인의 바깥으로부터 오는 경이로운 초월적인 힘은 거기에 참여하는 사람의 자아로 하여금 갈등을 느끼게 할지도 모른다(Kellogg, 1978:61-62)"고 기술하였다. 그리고 그녀는 흰색이 많은 만다라는 강력한 영성적인 힘에 대한 양가적인 느낌을 반영한다는 것을 발견했다고 보고하고 있다.

죽어가는 사람들은 초개인적인 것과 대면한다고 한다. 그들은 어떤 사람들이나 장소가 빛이 가득한 것을 본다고 한다.(Moody, 1975). 영혼이 몸으로부터 나가게 되면 분홍색으로 빛나는 영혼은 사라지게 되고 우리는 창백한 시체만을 대면하게 된다. 여기에서 흰색과 죽음과의 관계를 이해하는 것이 가능해진다. 장례식에 사용되는 흰색이 이러한 이유에서 합리화된 듯하다.

연금술의 상징성은 우리가 흰색의 중요성을 이해하는 데 도움을 주는 또 하나의 참고재료이다. 건조과정(calcinato)은 불 속에서 변화하는 과정으로서 흰 재를 남긴다고 알려져 왔다. 에딘저(Edward Edinger)는 이러한 회게 만드는 과정(albedo)에서 "재는 절망과 애도 혹은 회개의 뜻이 있는가 하면, 다른 의미로서 어떤 작업의 목표로서 최고의 가치를 지니고 있다(1990:40)"라는 이율배반적인 연상을 하게 한다는 것이 특기할 만한 것이라고 하였다. 흰색은 불에 의하여 시행되는 살아 있는 심리적인 세례를 대변하며 자아와 원형적인 정신의 연결점을 만들게 한다. 이러한 경험으로 자아는 "영원하고 무한한 초개인적인 차원"을 알아보게 된다(전게서).

흰색은 가끔 은(銀)의 색상을 대변하기도 한다. 이것은 우리의 의식적인 선택일 수도 있고 아닐 수도 있다. 우리가 흰색을 은색의 대용으로 사용하는 이유는 문장학적인 관습 외에도 사용하는 그림도구에 은색이 없을 경우를 그 예로 들 수가 있다.

은색은 금색이 태양과 연관되듯이 달과 연관이 있다. 문득 번쩍이는 보석과 반사할 수 있는 능력을 가진 거울로 만든 갑옷으로 무장을 한 소년 기사의 이미지가 연상된다. 은색의 달과 연관되는 여성성의 영역에 속한다는 은색을 만다라에 사용하였다는 것은 제작자가 스스로의 영웅적인 모험을 여성성적인 성품으로 하기로 마음먹었음을 시사한다. 아마도 치유와 인간관계 형성, 또는 창조성이 이 영역에서 주도권을 잡을 것이라 여겨진다.

만다라 속에 나타난 흰색은 몇 가지 다른 모습을 보이고 있다. 그저 흰색 염료를 종이에 칠한 경우가 있고, 색깔을 칠하지 않음으로써 배경인 흰 종이가 드러나 보이도록 하는 수도 있다. 혹은 흰색의 크레용으로 다른 색상 위에 덧칠하여 진주색이나 둔한 흰색을 나타내는 경우도 있다. 만다라의 의미를 이해하게 되면 이러한 칠한 방법들에 특별한 의미를 부여하게 될 것이다.

흰색의 염료가 바로 종이에 칠해진 경우 켈로그는 "억압이 개입되었다. 무엇인가 숨어 있거나 아직 포함시키지 않고 있다"는 것을 나타낸다고 하였다(1978:59). 이것은 동시에 리비도가 강렬한 느낌으로부터 시작하여 무의식을 향하여 흐르고 있다는 것, 또는 개인이 신체에 대한 감각들을 받아들이려는 자발성이 결여된 것이라 하겠다. 종이의 많은 부분이 공백으로 남아 있는 경우, 특히 만다라의 중심부가 비어 있는 경우는 임박한 변화를 받아들일 자세가 되어 있음을 나타낸다고 한다 (Kellogg, 1978).

진주빛깔의 효과를 내는 흰색이 만다라에 나타났을 때, 그 영향은 진주의 상징성과 연관시킬 수가 있다. 써로트(Cirlot, 1962)는 진주가 가지는 고귀함은 진주가 조개 속과 같은 확실치 않은 곳에 숨어 있는 데 있다고 하였다. 또한 진주는 외부에서 침투한 물질을 퇴치하기 위한 과정의 소산이라는 점에서 귀중하게 취급되고 있다. 그런 의미에서 진주는 인간 정신 속에 있는 갈등을 해소하기 위한 내면 작업의 비유로서 사용될 수가 있다. 켈로그는 진주빛을 나타내는 만다라들은 "가장 높은 경지의 경험에 다가갈 준비가 된 사람들이나, 또는 이러한 사건을 이미 경험한 개인들"에게 나타난다고 하였다(1978:83-84). 만다라에 사용된 진주빛 흰색은 영성적인 차원의 감수성의 상승으로 새로운 패턴의 의미를 음미하고 이제까지의 경험을 재정비하는 것을 나타낸다고 한다. 켈로그는 만다라에 나타나는 진주빛 흰색은 "합성(synthesis)을 나타내는 색상이다"라고 하였다(전게서: 84).

만다라 속에 있는 흰색은 영성적으로 상승과 확실함, 그리고 변화를 받아들이려는 태도를 시사하고 있다. 이는 아마도 영감과 치유, 그리고 해탈을 가능하게 하는 초개인적인 차원으로 통하는 인간 정신의 통로를 상징하는지도 모른다. 흰색은 또한 에너지의 상실이나, 당신이 누구인가를 아는 것에의 도전, 또는 강렬한 감정이 숨어 있는 부분들을 공개하고 있음을 나타낸다. 더러는 흰색을 억제할 수 없는 리듬과 충동성, 그리고 연약한 신체적인 삶을 수용하기를 주저하는 것을 나타낸다고 보고 있지만, 전반적으로 만다라에 나타나는 흰색은 빛을 나타낸다고 할 수 있다.

빨간색

빨간색은 적어도 지난 3만여년 동안 장례절차와 희생을 드리는 제의식이나 치유를 위한 목적으로 사용되어 왔다고 알려져 있다.

엘슨(Elsen, 1962)은 빨간색이 제의과정에서 교육 내지 통관의례를 위한 목적으로 사용되었다고 하면서 신석기시대의 유적에서 장례준비를 위하여 붉은 염료가 사용되었다는 흔적과, 고대 유럽의 동굴벽화에 살아 있는 것같이 그려진 동물들이 빨간색으로 그려져 있다는 것 등이 그 예라고 하였다. 아직까지 신석기시대 전통을 그대로 유지하고 있는 호주 원주민들과 멜라네시아인들의 미술품에 주종을 이루는 색상이 빨간색이라는 것도 주목할 만하다.

고대인들에게 빨간색은 삶을 나타내는 색상으로서 빨간색이 가지고 있는 자극적인 면이 질병을 치료하는 위력이 있는 색상이라고 생각하게 되었을 것이다. 빨간색이 치유의 색상이라는 관념에서 치병자가 빨간색의 옷을 입고 빨간색 천으로 환자를 덮었다는 기록도 있고(Birren, 1988), 에드워드 2세의 의사는 천연두를 예방하기 위한 목적으로 환자의 방에 있는 모든 물건을 빨간색으로 치장하게 하였다고 한다. 어떤 치병자에게는 빨간색의 약물이나 음식물을 음복하게 하였고, 관절을 삐거나 목이 아플 때 또는 열이 있을 때 양털로 짠 빨간 보자기로 환부를 감싸게 하였다고 한다.

이러한 시술들은 현대적인 기준으로 볼 때 조금은 기이하게 보일 수도 있다. 그러나 과학적인 연구에 의하여 빨간색이 실제적으로 인간의 신체에 괄목할 만한 영향을 미친다는 것이 발견되었다. 브라운 (Barbara Brown)은 연구보고에 "빨간색은 대뇌에서 일으키는 전기파를 경고하거나 각성시키는 반응을 나타낸다"고 하였다(Birren 인용, 1988:152).

당신의 만다라 속에 빨간색이 나타났다면 당신의 정신 깊은 곳에 새로운 삶을 가져다주는 잠재적인 치유성이 솟아나고 있다고 봐도 무리가 없다.

빨간색은 고대나 현대에 사는 대부분의 사람들에게 피를 연상시킨다. 더 이상 희생제물의 피를 허용하지 않게 되었을 때 빨간색이 피의 대용으로 사용되었다고 한다. 그러므로 빨간색은 죄를 회개하는 제의적인 의식행위인 자기희생과 개심(amendment)을 상징하기에 이르게 된다. 구약성서 이사야 1장 18절의 "오라. 그리고 우리가 서로 변론하자. 너희 죄가 주홍 같을지라도 눈과 같이 희어질 것이요, 진홍같이 붉을지라도 양털같이 희게 되리라"라는 구절에서 이러한 빨간색의 기능이 나타나는 것을 볼 수 있다.

초대 기독교 시절에 빨간색은 성령을 상징하는 색상으로 선택되었다. 현대 기독교는 더 이상 삼위일체를 삼원색에 연관시켜 사용하지 않지만 초대 기독교에서는 푸른색은 하나님을 노란색은 하나님의 아들을 상징했다고 한다. 아직도 이러한 색깔의 상징성이 기독교 예배형식 속에 가끔 나타나고 있다. 예를 들면 불로 나타난 성령을 기념하기 위하여 지켜지는 성령강림주일에 강단의 장식을 붉은색으로 치장하는 것을 들 수 있다.

성녀 힐데가드(Hildegard) 역시 빨간색은 성령을 상징한다고 하였다. 그녀가 그린 그림 중에서 한 그림에 강렬하게 그려진 붉은 머리가 "정의를 위한 자유의 지팡이"가 되기 위하여 일어난 하나님의 영의 모습으로 나타났다고 하였다(Fox:104). 그녀는 빨간색이 내면의 신으로부터 유래되는 정의를 찾기 위한 열정적인 충동성을 표현하고 있다고 하였다.

빨간색은 희생의 상징으로서 예수에 관한 기독교의 제의와 성화 그리고 전설들을 연상시킨다. 예수는 기독교의 성화 속에서 자주 부드러운 흰옷 위에 붉은 로브를 입은 모습으로 나타난다. 목동의 딸이 아기 예수에게 바친 한 송이의 흰 장미를 예수가 만지자 붉게 변했다는 우리에게 익숙한 전설에서, 이것을 그의 미래에 있을 고난을 예고한 것이라고 보는 이도 있다. 붉은 피를 흘리는 희생에 관련된 상징성은 오늘날 성만찬을 통하여 계속되고 있다. 이 만찬의식은 빵과 함께 붉은 포도주를 사용하고 있으며, 이들은 각각 예수의 몸과 피를 상징하고 있다.

예수와 빨간색과의 연관성을 나타내는 마지막 이미지를 든다면 예수가 신의 모습을 하고 있다는 것이다. 이러한 놀라운 이미지가 기독교의 비전을 본 성 요한에게 나타났다.

> 그의 눈은 불꽃과 같았고,
> 그의 머리에는 여러 개의 면류관이 씌워져 있었으며;
> 그리고 그에게는 어떤 인간도 알 수 없고
> 오직 그만이 아는 이름이 쓰여져 있었다.
> 그리고 그는 피에 젖은 의복을 입고 있었고;
> 그의 이름은 신의 언어(The Word of God)라 불려졌다.
> (Birron 발췌, 1988:49-50)

색상에 관한 설문지에서 많은 사람들은 빨간색의 위력은 피를 연상시키는 데서 온다고 응답하였다. 또한 피가 연상된다고 반응한 사람들과 동일한 숫자의 사람들이 빨간색을 불과 연관시키고 있는 것은 흥미로운 일이다. 불은 따뜻함과 동시에 태운다는 파괴력과 용광로에서 무쇠를 녹인다는 점에서 변형시키는 위력도 가지고 있다.

흙으로 빚은 도자기를 구워내고 가마의 불과 금속을 정련하는 용광로의 불은 인간이 지혜를 터득하기 위해서는 오래 참고 인내해야 한다는 것을 가르쳐주는 좋은 비유이다. 마치 가마의 불이 흙그릇을 유용하게 쓸 수 있는 도자기로 구워내듯이 한 개인이 받는 고난은 그 개인을 변화시키고 지혜롭게 만든다. 정신세계의 지도이자 해탈에 이르는 통로라고 볼 수 있는 티벳의 만다라는 불꽃들에 둘러싸여 있다(Tucchi, 1961:39). 이것은 태초의 시점을 나타내는 것으로서 무지와 잘못된 생각을 버리고 스스로 잘난 척하는 태도를 불살라버린다는 상징으로 사용되고 있다. 이와 마찬가지로 와그너의 가극에 등장하는 인물인 지그프리드(Siegfried)는 그와 더불어 운명적으로 새로운 세계를 건설하기로 되어 있는 브룬힐드(Brunhilde)를 구하기 위하여 원형의 불 속으로 뛰어들고자 하는 충동을 억제하지 못한다(Wagner, [1876] 1960).

중세기의 연금술사에게 빨간색은 그들이 만들 수 있는 최고의 작품(magnum opus) 즉 보통금속을 귀금속으로 만드는 것을 지향하는 과정을 나타내는 생동감이 넘치는 표징으로 사용되어 왔다. 연금술사들에 있어서 귀금속을 만든다는 것은 인간의 능력 너머에 있는 지식의 영역에 도달한다는 것으로, 그들이 집필한 문헌 등으로 미루어 보아 그들의 동기가 단순한 귀금속에 대한 욕심이 아님을 알 수 있다. 이러한 그들의 작업에 대한 가치는 세속적인 방법으로 측정하기 어려운 점이 있다.

칼 융은 연금술의 과정은 바로 인간이 총체적인 인격이 되기 위하여 요구되는 심리적인 변환과정과 유사하다고 하였다. 융의 견해에 따르면 총체적인 인격이 된다는 것은 마치 연금술사들이 보통금속을 귀금속으

로 만들려고 하는 실제적으로 불가능한 그들의 목표와 동일하다고 하였
다. 이러한 비현실성에도 불구하고 융은 인간 정신 속에는 전체성을 나
타내는 분리되었으면서도 구조화된 패턴을 지향하려는 충동이 존재하
고 있다고 보았다. 이러한 요소들은 느낌, 사고, 감각, 직관의 기능을
포함하고 있으며 빨간색이 환자들의 그림 속에서 느낌의 기능을 상징하
고 있음을 관찰하였다고 한다. 융(1973b, 1974)은 빨강, 파랑, 초록, 노
랑이 작품 속에서 성공적으로 조화를 이루고 있다면 제작자의 정신 속
의 요소들이 적절하게 분화되어 내면적인 조화를 이루고 있음을 대변한
다고 하였다.

체로키 원주민들의 가르침에는 지혜의 길을 선택한 개인도 이와 비
슷한 도전을 받게 된다고 하였다. 체로키 원주민들에게 빨간색은 하나
의 성스러운 내면의 불을 의미하며, 개인이 "성스러운 몸가짐으로 조리
있게 말할 수 있게 되는 삶"을 선택하는 것을 상징한다고 한다(Ywahoo,
1987:41). 빨간색으로 대변되는 이 내면의 불은 세 가지의 성스러운 불
중에 하나로서, 개인이 지혜롭게 되어 남을 위하여 봉사하고 인간으로
탄생한 권리를 달성하기 위하여 올바른 생각과 행동으로 숭배되어야 하
는 대상이라고 한다. 이 작업은 모든 사람들을 보호하는 균형잡힌 에너
지 체계를 성취하는 것으로 달성된다고 한다.

華嚴聖衆을 부르며 금강장 보살을 명상하면 土의 색상인 붉은색이
나 황색이 나타나고 담대한 용기가 생긴다고 한다〔동원 스님과의 면담:
역주〕.

점성술은 색상을 인간 삶의 어떤 요소라고 보는 점에서 색상에 대하
여 생각해볼 수 있는 또 하나의 체계를 제공하고 있다. 빨간색은 전쟁
의 신으로 대변되는 화성(Mars)과 연관되는 색상이다. 화성은 전갈궁
(Scorpio)과 백양궁(Aries)의 영향 아래 태어난 것들을 관할한다고 한
다. 화성은 그 영향 아래 있는 궁(sign; 황도의 12구분 중의 하나)들로 하
여금 열정적이고 강인하며 지칠 줄 모르는 용기를 가지게 하는 것에 영

향을 미친다고 알려져 있다. 이러한 관점에서 빨간색은 남성성과 연관시킬 수 있는 적극적인 성향을 나타내는 어떤 표현일 수도 있다고 여겨진다.

만다라에 자주 볼 수 있는 빨간색의 긍정적인 의미는 우리가 건강하게 생존하며 보다 위대한 내면의 지혜를 터득하게 되는 변화에 필요한 에너지라는 것이다. 빨간색의 부정적인 의미는 트라우마, 파괴성을 가진 분노, 그리고 고통을 시사한다. 색상에 대한 적절한 의미의 파악은 전체적인 만다라의 패턴과 거기에 나타난 의미에 따라서 고려되어야 할 것이다. 만다라를 탐구하는 여성들이 생리를 할 때 보다 빨간색을 많이 사용한다는 사실은 신체적 호르몬의 고저에 따라 나타나는 자연적인 반응으로서, 만다라에 나타난 색상을 해석할 때 이러한 차원도 염두에 두는 것이 좋을 것이다.

켈로그는 만다라에 나타난 빨간색이 "지속적으로 나아가기 위한 의지"가 있음을 나타내는 증거라고 했다(1986:17). 일련의 만다라에서 빨간색이 발견되지 않았다는 것은 수동성 혹은 자기주장의 결여를 시사한다. 당신의 만다라에 한 획 정도의 빨간색이 있는 것이 바람직하며 빨간색이 모든 만다라에 나타나지 않더라도 일련의 시리즈 중 두번째나 세번째에서 나타나면 무난하다고 본다.

보라, 주홍, 분홍색 속에 빨간색이 포함되어 있다는 것을 아는 것도 중요하다. 빨간색이 다른 색상과 혼합되었을 때, 이는 에너지는 존재하고 있으나 빨간색과 혼합된 색상이 상징하는 그 무엇에 의하여 강하게 억류되어 있다는 것을 시사한다. 예를 들어 보라색의 경우, 에너지로 상징되는 빨간색이 원형적인 어머니를 상징하는 푸른색과 합쳐져 있다는 것을 나타낸다고 볼 수 있다.

우리는 빨간색이 각 개인에게 다른 의미로 나타날 수 있다는 것을 기억해야 한다. 루처(Luscher:1969)에 의하면 빨간색은 따뜻함과 에너지가 넘치는 색상으로서 신체적으로 자극당하는 느낌을 가지게 한다고 하였다. 켈로그는 여기에 대하여 다른 관점을 가지고 있다. 그녀는 빨간색은 "살해와 자기주장에 연관되는 인간 삶속의 정욕, 피, 그리고 유전적으로 내려오는 감성을 나타낸다"고 하였다(1977:124). 제코비(Jacobi) 역시 빨간색은 "불타는 듯 솟아오르는 감정을 나타내는 색"이라고 하였다(1979:98). 어떤 사람에게는 따뜻하게 느껴지는 빨간색이 다른 사람에게는 강렬한 감정을 경험하게 할 수도 있다. 어떤 것이 "옳은 것"이라고 할 수 없고 둘다 옳다고 하는 것이 타당할 것이다.

필자의 만다라에 대한 연구에서 빨간색은 리비도라고 부를 수 있는, 중재되지 않은 충동적인 에너지의 표현인 피나 분노, 고통과 연관이 되는 듯 보였다. 빨간색은 인간의 살아 남고자 하는 삶에 대한 의지와 사명감을 나타내며, 우리의 신체를 수용함을 나타내는 동시에 불과 같은 격한 감정이나 영성성, 변형을 의미한다. 당신에게 빨간색이 가지는 의미는 여기에서 논의된 것 중에 하나일 수도 있고 완전히 다른 것일 수도 있다.

파란색

파란색은 맑게 개인 하늘과 드넓은 대양, 그리고 시원한 그늘을 연상시키며, 잠잠함과 정적, 평화를 상징하는 색상이다. 실제로 파란색이 뇌파를 이완시킨다는 실험결과가 보고되었다(Birren, 1988). 많은 사람들이 파란색을 좋아하는 이유가 이것 때문일까? 혹은 괴테가 말했던 우리가 도달할 수 없는 경이로운 세계인 하늘이나 바다와 같은 장소를 동경하기 때문일까?

높은 하늘과 멀리 보이는 산맥이 푸르듯이 파란색을 가진 물체는 우리로부터 멀리 떨어져 있는 것같이 보인다. 그러나 우리가 우리로부터 멀어져가는 대상을 기꺼이 수용할 수 있게 될 때, 우리는 파란색에 대해 명상하는 것을 사랑하게 될 것이다. 이는 파란색이 우리 앞에 다가오기 때문이 아니라 오히려 우리를 그곳으로 다가가게 하기 때문이다(Goethe, [1940] 1970:311).

각각 틀린 채도를 가지고 있는 가없이 넓은 푸른 하늘, 장엄한 위용의 멀리 보이는 산맥, 그리고 무시무시하게 깊은 대양은 그들 모두가 놀랍고도 경이로운 파란색을 가졌다는 공통점을 가지고 있다. 고대 인류는 멀리서 신비를 지니고 있는 이러한 파란색을 신이나 영혼, 혹은 조상들이 거하는 곳이라고 믿었다. 우리는 파란색을 전 세계적으로 종교적인 이미지에서 찾아볼 수 있다.

파란색은 로마시대의 하늘의 신 주피터(Jupiter)와 여신 주노(Juno)에 해당된다. 티벳의 만다라에서 파란색은 영성적인 컨디션을 상징하며 이는 회오리바람의 열정적인 동작과 미동하지 않는 맑음, 그리고 빛나는 의식성이 남게 된 신성력의 경지에 이르게 되었음을 나타낸다고 한다(Tucci, 1961). 체로키 원주민의 지혜 속에서 파란색은 신성한 불꽃의 색상으로 각자가 내면 속에 있는 것을 달성해야만 한다는 순수한 동기를 나타낸다고 한다(Ywahoo, 1987). 초대 기독교인들은 하나님 아버지, 즉 성부를 상징하기 위하여 파란색을 선택하였다. 그러나 오늘날의 기독교 교회에서는 성모 마리아를 나타내는 색상으로 파란색을 보다 많이 사용하고 있다.

융에 의하면 파란색은 "높이와 깊이를 의미하는 색상"이라고 한다 (1974:287). 그가 왜 이런 말을 했을까 하는 것은 우리 눈이 모자라는 데까지 언제나 우리 위를 덮고 있는 푸른 하늘과 그 측량할 수 없는 깊이와 넓이를 가진 푸른 대양을 생각하게 되면 수긍할 수가 있다.

자연 속에서 우리가 경험하는 파란색은 인간의 영역 밖의 현실에 대한 가르침을 주고 우리의 직관력을 자극하여 위대한 계획 속에 우리가 소속되어 있다는 것에 대한 이해를 촉구한다. 성스러운 이미지에 사용된 파란색은 이러한 거대한 의미를 그 이미지에 주입하기 위한 것으로, 인간 마음이 그 의미를 이해할 수 있게 하기 위한 방편으로 사용되었다.

기독교에서 우리는 파란색이 여성성의 특수한 표현으로 나타나고 있는 것을 볼 수가 있다. 이 여성성은 자비롭고 헌신적인, 그리고 의리있고 실패함이 없는 사랑으로 대변되고 있다. 성녀 힐데가드는 사파이어같이 푸른 남자가 번쩍이는 금으로 만든 둥근 물체 속에 들어 있는 비전을 보았다고 하였다. 그 남자는 힐데가드를 위한 삼위일체 신 중의 한 요소를 대변한다고 할 수 있다. 그러면서도 그녀는 그 남자를 가리켜 "어머니와 같은 자비심의 정수"라고 서술하고 있는 것은 흥미롭다(Fox, 1985:24).

기독교에서 모성적인 품격은 흔히 성모 마리아와 연관시킨다. 예수의 어머니로서 그녀는 이상향의 좋은 어머니의 전형적인 모습이다. 마리아는 사랑의 미덕, 오래 참음과 자비심의 인격화이다. 예배의식 속에서 파란색의 옷을 입은 마리아상을 보여주는 기독교 전통은 파란색이 여성성, 특히 긍정적인 원형적 어머니라는 것과 관련해서 생긴 것이라 할 수 있다.

이러한 파란색과 어머니의 연결은 인간의 두려움에 대한 체험에 이르는 또 하나의 실마리를 부여한다. 켈로그는 파란색이 "개인이 전인격적으로 지원받고 보호받으며 수용되어지면서도 아무런 요구를 받지 않는 환상적인 어떤 장소"를 의미한다고 하였다(1977: 124).

우리는 출생하기 이전에 물 속에 사는 생물체로서 어머니의 동작에 따라 부드럽게 움직였고, 우리가 헤엄치고 있던 양수는 염분의 농도가 바닷물과 비슷한 생리식염수이다. 우리가 어머니의 모태에서 가장 최초로 경험했던 부드러운 리듬은 우리가 대양에서 경험하는 것을 예비하지나 않았을까? 그렇다면 이는 물의 색상인 파란색을 추종하는 것이고 동시에 어머니와 연관되는 것이다.

물의 상징으로서 파란색은 다른 의미도 가졌다. 물은 깨끗하게 씻어
주고, 양육하고, 뜨거운 것을 식혀주고, 물질을 용해시키는 것으로 물질
의 본질을 변화시키기도 한다. 연금술사들은 적절하게 혼합되지 않은
물질들을 액체상태로 용해하여 그들을 다시 혼합하려고 했다는 차원에
서 물, 즉 액체에 의존하였다고 할 수 있다. 그들은 이러한 변형과정을
용해과정(solutio)이라고 불렀다.

물은 세례의식에 사용되기도 한다. 세례의식은 기독교인들이 교회에
입문하는 의식으로서 죽음과 새로운 삶을 나타내는 상징성을 가지고 있
다. 여기에서 물은 세례받는 이를 성화하고 헌신적으로 그의 삶을 살아
가게 하기 위한 서비스라 할 수 있다.

성서 속에 나오는 요나와 고래 이야기는 우리에게 또 하나의 물밑세
계의 통로를 보여준다. 요나가 몸을 던져야 했던 노한 파도가 가지는 파
란색은 뭔가 위험한 것 혹은 어떤 예상할 수 없는 몸서리쳐지는 것을 나
타낸다. 그러한 맥락에서 파란색은 무의식 그 자체를 나타내는 좋은 상
징이 되며 물 속으로 빠진다는 것은 무의식에 의하여 자아가 일시적으
로 소실되는 현상을 비유적으로 나타내는 것이다. 그리고 이러한 사건
은 한 개인으로 하여금 변형이 일어나게 한다.

파란색에 전혀 다른 의미를 부여하는 사람들도 있다. 융 학파 분석학
자들은 사고의 기능이 자주 파란색으로 나타난다는 것을 발견했다고 보
고한다. 제코비는 파란색은 "맑게 개인 하늘의 색상으로서 사고의 색상
이다(1979:97)", "색상의 기본적인 기능들은 문화와 소속된 집단, 심지
어는 개인에 따라서도 달라질 수 있다"라고 말하면서 색상의 상호협응
성에 대해서도 고려할 것을 권고하였다. 융(1959c)도 그의 유형인 미스
X의 만다라를 통하여 연파란색은 정신기능 중 사고를 나타낸다고 보고
하고 있다.

루처(Luscher)는 파란색이 완벽한 고요를 나타내고 있는 듯하다고
하면서 파란색은 "자기보호를 위한 심리적인 기제가 발동되어 개체가

스스로 재충전하는 동안 혈압과 맥박, 호흡수 모두가 내려가게 되기 때문에 신경중추에 안정감을 주는 명상의 효과가 있다(1969: 54-55)"고 하였다. 루처에 의하면 파란색은 전통적인 것과 헌신적인 것, 그리고 변함없는 가치관을 대변한다고 한다. 루처는 그의 연구에서 파란색은 지난날을 영속적으로 지속하려는 욕구를 나타내고 있음을 발견했다고 하였다. 그의 발견은 우리에게 변함없는 친구를 "진정한 파란색(True blue)"이라고 표현하는 것을 상기시킨다.

점성술에서는 파란색을 목성(木星, Jupiter)과 연관시킨다(Birren, 1988). 목성은 인마궁(人馬宮, Sagittarius), 쌍어궁(雙魚宮, Pisces)의 영향 아래 태어난 것들을 관할한다. 목성의 영향은 개인을 정직하고 깊은 윤리적인 센스를 가지게 하며 개인이 열망하고 있는 것을 달성할 수 있게 하는 의지력을 부여한다는 측면에서 조심성 있고 의심이 많은 이에게 기여할 수 있다.

만다라 속에 나타나는 파란색은 자주 어머니와 같이 돌본다는 의미와 연관되는 것을 볼 수 있다. 연파란색은 조건없이 주는 사랑과 양육, 그리고 긍휼을 나타내는 듯하다. 짙은 파란색은 어머니같이 돌본다는 것에서 집어삼킨다, 혹은 초개인적인 모성과 연관지을 수가 있다. 켈로그는 만다라에 파란색이 압도적으로 나타난 한 여성의 경우 돌봄에 대하여 긍정적인 느낌을 가지게 되었다고 한 반면, 남성의 경우 수동성을 나타냄을 발견했다고 보고하고 있다(Kellogg, 1977).

짙은 파란색 특히 남색(indigo)은 밤하늘, 어둠 혹은 폭풍의 바다 등의 느낌을 내포한다. 이러한 이미지는 내면의 어두움의 표현이라 할 수 있는 무의식상태나 잠자고 있는 상태, 그리고 죽음을 은유적으로 나타낸다. 남빛은 모성의 원형적인 요소를 나타내며, 이는 인간 의식의 태초와 종말이자 처음과 끝이다. 여신 칼리(Kali), 원초적인 혼돈의 티아멧(Tiamat)은 어머니로서의 자연을 대변하는 동시에 자궁과 무덤을 나타내는 이미지이다. 켈로그는 "남색은 '모성'의 무시무시한 요소들을 대변한다. 이는 모성이라는 것 외에도 모든 것을 죽이고 먹어치우는, 그리고 파괴하는 막강한 힘을 가진 자연을 대변한다"고 하였다(Dileo, Graf, Kellogg, 1977:81-82 인용).

기독교의 성화에 애도하고 있는 모습의 마리아가 남색의 옷을 입고 나오는 것을 가끔 볼 수 있다. 그 성화에서 마리아는 삶의 증인으로서 그녀의 아들에게 안긴 채 고통스러운 삶을 살 것인지 죽을 것인지를 지켜보는 모습으로 나타난다. 죽음과 삶으로 이어지는 삶의 전체를 보는 그녀의 의식성과 자비심을 통하여 어둡고 막강한 힘을 가진 여성성이 완화되었다는 점에서 그녀는 인류에게 특별한 중재자가 되었다고 할 수 있다.

켈로그(1978)는 만다라 속에 있는 남색은 삶 속에서 위협적인 사건을 경험한 이들이나 유아기에 어려운 경험을 한 사람에게 나타나며, 어머니에 대한 불신감을 나타내고 있음을 발견하였다. 켈로그는 이러한 그녀의 임상경험을 통하여 남색이 만다라에 압도적으로 많이 나타났다는 것은 어머니와의 뿌리깊은 갈등을 나타내는 것이라고 주장하였다. 이러한 개인들에 있어서 어머니는 위협적인 존재로 느껴질 것이며 이러한 어머니를 가진 개인은 어머니로부터 양육받는다는 느낌을 박탈당하는 대신, 다른 사람들을 깊이 이해할 수 있는 특별한 능력을 가지게 되는 것을 보았다고 한다.

한국 후불탱화에서 원망과 원결을 풀어가고 큰 소망과 평화와 안정을 가져다주는 지장보살을 대변하는 색상이 파란색이라고 한다. 따라서 지장기도를 많이 하면 명상중에 파란색이 나타나고 모든 어려움이 풀린다고 하며 지장보살의 의복은 주로 푸른색이라고 한다. 또한 마음은 있으나 실천이 부족한 것을 도와주는 보현보살은 연하늘색으로 대변된다고 한다[동원 스님과의 면담: 역주].

남색이 당신의 만다라에 나타난다는 것은 당신의 직관력이 깨어나고 보다 지혜로워지고 있으며, 보다 깊고 의미있는 삶의 철학이 성장하고

있음을 나타낸다고 볼 수 있다. 또한 남색은 밤과 같은 어두운 영혼에서
나타나는 우울함과 상실감, 그리고 혼돈의 경험과 의미있는 연관을 하
려는 노력으로 볼 수도 있다. 이는 어두운 밤과 같은 정신이 깨달음의
여명에 이르기 위하여 인내하며 넘겨야 할 과제들을 나타내는 것이다.
만다라에 나타나는 남색은 심리적인 재탄생일 수도 있다. 그러므로 남
색은 죽음과 새로운 삶의 주기에서 가시적인 차원 너머에 있는 초월적
인 현실을 보기 위하여 개방해야 할 능력에 대하여 이야기한다고 할 수
있다.

노란색

노란색은 태양의 색이다. 노란색으로 상징되는 태양은 밝은 빛과 따
뜻함, 그리고 삼라만상에 삶을 가져다주는 힘을 가지고 있다. 괴테는 노
란색이 빛과 가장 가까운 색이라고 하면서, "노란색이 가지고 있는 순
수함의 극치는 언제나 밝음, 고요함, 즐거움, 부드럽게 흥분하는 성격"
을 지니고 있는 점이라고 하였다(1840; 1970:306-307).
빛의 근원인 태양과 연관시킨다는 점에서 노란색은 "볼 수 있는 것"
혹은 이해할 수 있는 어떤 것의 상징이 되었다. 이러한 상징성은 신성한
품격을 가지고 있는 의식성을 나타내며, 이는 보지 못한 것을 상상하고
계획하는 본능 이상의 능력으로 나타난다고 할 수 있다. 켈로그의 연구
에 따르면 노란색은 의식성의 성장 및 자기와 자신의 개별성에 대한 깨
달음이 생성되고 있다는 중요한 증거라고 하였다.

진화적인 측면에서 노란색은 개인이 집단과 동일시하는 경향이 사라지
고 개별적인 것을 지향하는 시기를 반영하는 듯하다. 이 무렵의 아이는
스스로의 존재에 대한 확실한 파악을 하게 됨으로써 개별적인 인간이 되
어가며, 이는 마치 부족사회에 살던 우리 조상들이 스스로가 다른 부족

구성원들과는 다르다는 느낌을 가지게 되었을 때와 별반 다르지 않다. 나는 의식성을 향한 도약을 원하는 사람들에 의하여 태양에 대한 인간의 내면화가 이루어졌다고 믿으며, 그들은 세속적인 것에 얽매여 살아가는 다른 사람들로부터 이방인 취급을 당하게 되었던 것을 알고 있다. 이러한 맥락에서 노란색은 개인적으로 소명감을 가진 영웅이 보유하고 있는 요소와 연관된다고 해석할 수 있다…(1978:78).

태양숭배는 가장 오래 가장 널리 시행되고 있는 봉헌의 형태이다. 노란색은 태양신인 아폴로, 이집트의 신 라(Ra), 고대 멕시코의 아즈텍, 잉카 원주민들의 태양의 신을 나타낸다. 이러한 제의식으로 모셔졌던 태양신들은 모두 지상의 모든 생물체들의 질서를 유지하고 인도한다는 영웅적이고 용기있는 힘을 상징하고 있다. 수많은 민담과 신화는 이러한 삶을 가져다주는 적극적인 신들과 영웅들의 이야기를 다루고 있다.

이집트의 신화에서는 태양이 가지고 있는 따스함과 침투하는 햇살을 그들의 신 라의 황금색의 정자(精子)라고 여겼다. 희랍 신화를 보면, 아름다운 처녀 다내(Danaë)는 손자의 손에 죽게 될 운명에 두려워하던 그녀의 아버지에 의하여 작은 방에 갇히게 된다. 유일한 출구는 지붕에 있었다. 그녀는 황금색의 햇살로 변신한 제우스 신과 밀애를 하게 되고 그들의 사랑의 결실로 영웅 페르세우스(Perseus)가 탄생하게 된다. 그는 자신의 할아버지를 죽이게 되며 그럼으로써 예언은 성취된다.

기독교에서도 삶의 근원이라는 빛의 이미지가 성령으로 잉태하는 마리아의 모습과 관련되어 나타나고 있다.

어느 날 마리아가 우물가에서 물을 퍼 올리고 있을 때, 주님의 천사가 나타나 그녀에게 말하기를 "축복할지니라 마리아여. 너의 자궁은 주님의 뜻을 예비하는 것으로 마련되었다. 보라, 하늘이 빛이 내려와 너희에게 거하리니, 너로 인하여 온 세상이 밝아지리라(Campbell, 1949:309 인용)".

　기독교에서 나타난 빛의 이미지는 초대 기독교인들에 의하여 노란색으로 상징되는 예수로 표현되었다. 성서적인 은유인 "세상의 빛 예수"와 같은 발음을 가지고 있는 태양(sun)과 아들(son)은 흥미로운 일치로서, 초대 기독교인들은 태양이 기독교를 더욱 풍요롭게 한다고 믿었다는 단서가 될 수도 있다. 확실히 예수는 로고스 즉 말씀을 가져다 주었고, 이는 기독교 이전의 태양신들에 의하여 육화된 영웅적 의식성의 궁극적인 성취로 볼 수 있다.

　태양의 영향력에 대해서는 점성술에서도 중요한 부분을 차지하고 있다. 노란색과 관련이 있는 사자궁(Leo)은 태양에 의하여 조종받는다고 알려져 있다(Birren, 1988). 사자궁의 영향 아래 태어난 사람들은 위대하고 지혜로우며 자유로운 생각과 행동을 한다고 한다. 고대 과학인 점성술에 의하면, 사자궁은 운명적으로 열정과 깊은 감응에 의하여 조정되며 당대의 위대한 사람에게 우호적이라고 여겨져 왔다.

　체로키 원주민들의 가르침에 의하면 노란색은 개인의 올바른 노력을 통하여 창조 신의 예정한 뜻을 실제화하는 역량과 연관되는 성스럽고 지혜로운 불이라고 한다(Ywahoo, 1987).

　노란색은 북미 원주민들의 〈치병의 바퀴〉에서 동쪽을 의미한다(Storm, 1972). 노란색에 대한 동양에서의 가르침은 관조와 계몽(illumination)이다. 동방의 지혜에서 노란색은 하늘 높이 떠 있는 독수리와 같이 사물을 선명하고 멀고 넓게 볼 수 있는 것과 연관되며 이는 마치 어두운 하늘에 빛나는 샛별과 같다고 하였다.

　융 학파 학자들은 노란색이 흩어져 있는 사실들과 거기에 대하여 느껴지는 것의 의미를 감지할 수 있는 능력을 상징한다는 것을 발견하였다. 그들은 이러한 능력을 네 가지의 심리적인 기능 중에 하나인 직관과 동일시하고 있다. 융(1973b)은 아름다운 만다라의 시리즈를 그린 미스

X의 작품 속에서 나타난 노란색이 직관을 상징한다고 언급하고 있다. 제코비는 그녀의 연구에서 다음과 같은 것을 발견하였다.

> 태양의 색 노란색은 칠흑 같은 어두움이나 어둠 속에 실종된 상황에서 사물의 근원과 그 경향에 대한 염려를 하는 동안 불현듯 계몽적인 생각을 떠올리는 직관력, 즉 빛을 나타내는 색상이다…(1979:97-98).

또한 노란색은 자주 만다라에서 아버지의 상징으로 나타나며, 남성성과 연관되는 결실을 맺는다는 원칙을 가진 적극적인 자연의 측면을 시사하기도 한다. 남녀 모두에 있어서 노란색은 자율성의 성장과 연관되며 특히 여성의 경우 노란색은 아니무스를 나타낸다고 볼 수 있다. 새로운 장을 여는 당신의 삶은 당신의 만다라에 나타난 노란색의 모습으로 그 사실을 선포한다고 할 수 있다.

루처는 노란색이 가지는 "희망적인 몸부림" 차원을 강조한다. 그는 노란색을 선호하는 것은 "보다 큰 행복에 대한 희망 혹은 기대"의 표현이라는 것을 발견하였다(1969:63). 그러면서도 그는 노란색은 갈등으로부터 놓여나야 할 필요성을 암시하기도 한다고 했다. 따라서 노란색을 좋아하는 사람은 새로운 미래나 현대적이면서도 보다 발전된 그러면서도 보이지 않는 무엇을 지향하고 있음을 시사한다.

만다라에 노란색이 압도적으로 많을 때 지나치게 밝아보이거나 형광 색상을 나타내는 것을 볼 수 있다. 켈로그는 이러한 노란색이 팽창의 증거라고 보았다. 그녀의 경험에서 "이러한 정신의 팽창 역시 그림자 내지 어두운 면을 숨기는 경향으로 볼 수 있다"고 하였다(1978:73). 그녀가 제시한 대로 노란색이 많이 들어 있는 만다라는 정신 속에 있는 빛과 그림자의 자성(磁性)을 대변한다고 할 수 있다. 그 예로서 짧은 시간 동안 행복감과 절망감이 교차되는 경험을 한 사람을 들 수가 있다.

만다라를 사용하여 미술치료를 한 켈로그는 다음과 같은 것을 발견하였다.

산뜻한 노란색은 남성이나 여성 모두에게 대개의 경우 선한 마음이나 호기심, 그리고 깨어 있음을 반영한다. 이는 마치 한 개인이 경애하는 아버지와 유지하고 있는 좋은 관계를 말해주는 색상이다(1977:124).

반대로 칙칙한 노란색은 부정적인 아버지에게 유착되어 있음을 상징한다. 이러한 점은 일상생활 속에서 권위에 대하여 부정적인 느낌을 가지고 있거나, 어떤 일을 기한 내에 마감해야 한다는 것이 부담스럽거나, 혹은 남자들과의 관계에서 문제점이 있다든지 하는 식으로 나타날 수있다.

노란색이 당신의 만다라에 나타난 경우, 당신의 기분은 아마 자기애가 잘 정립된 상태로서 당당하고 에너지가 넘치는 느낌을 가지고 있을 것이다. 당신의 만다라에 나타난 노란색은 당신이 사물을 정확하게 보고 현실적으로 가능한 목표를 세우며, 그 목표를 달성할 수 있는 능력이 있음을 시사한다. 따라서 노란색은 당신이 세상 속으로 들어가 새로운 일을 시작하고 새로운 것을 습득할 준비가 되어 있음을 보여준다. 그러면서도 만다라 속의 노란색은 당신이 변화를 위한 변화를 하고 있으므로 냉정하고 조용하게 일을 처리하여 균형을 맞추어야 할 것임을 시사하는 단서가 될 수도 있다. 아마도 당신은 가까운 친구들과 더불어 휴식을 취할 필요가 있는지도 모른다.

당신은 만다라 속에 있는 노란색이 당신에게 귀중한 황금과 같은 것을 대변한다는 것을 발견하게 되는 경우도 있을 것이다. 이것의 의미는 무엇일까? 황금은 풍요를 시사한다. 만다라에 있어서 풍요하다는 것은 정신적인 것으로, 마치 연금술사들이 황금을 만들기 위한 차원과 마찬가지이다. 가끔 당신의 무의식은 황금이라는 이미지를 통하여 총체성을 지향하는 당신 내부에 존재하는 잠재력, 즉 자기원형이 존재하고 있음을 당신에게 상기시켜주는 것이라 할 수 있다.

초록색

초록색은 자연의 색상으로서 자라는 것들과 신선한 냄새를 가진 모든 것과 연관된다. 초록색은 우리에게 겨울에 죽고 봄에 다시 살아나는 신선하고 잠재력에 찬 자연세계의 규칙적인 주기를 상기시켜주며 자연적이고 건강한 성장, 양육할 수 있는 능력의 원칙을 상징한다.

초록색은 북미 원주민들의 〈치병의 바퀴〉에서 남쪽에 해당한다 (Storm, 1972). 남쪽은 자연이나 신뢰에 익숙한 순진한 존재로서 따뜻한 마음을 알고 있다는 것을 대변한다. 남쪽에 해당하는 동물은 쥐로서, 쥐는 가까이 있는 물체들에 대한 분별력이 뛰어난 동물이다. 북미 원주민들의 남쪽에 해당하는 지혜는 사랑하는 이들을 자연스럽게 포용하고 아낄 줄 아는 역량이라고 한다.

자연과 연관시켜 확고한 현실을 나타내고 있다는 점에서 초록색은 감각기능을 가진 색상으로 선택된다. 제코비(Jacobi)는 초록색이 대지적인 것, 감지할 수 있는 것, 식물들과 직접적인 느낌을 나타낸다고 하면서 '감각'적인 기능을 대변한다고 설명하였다(1979:98). 융(1973b) 역시 내담자들의 그림 속에 나타난 초록색은 감각을 대변한다고 언급하였다.

성녀 힐데가드는 초록색에 중요한 의미를 부여하였다. 그녀에게 있어서 초록색은 인간 삶 속에 있는 여러 가지 일들을 "축축하게 적셔주는" 근원적인 것을 상징하는 색상이며 대지적인 차원의 신의 존재를 나타낸다고 하였다. 힐데가드의 신격에 대한 개념은 남성성과 여성성을 나타내는 모든 것을 포함한다. 그녀가 선택한 초록색은 신의 상징으로서, 이는 켈로그의 초록색은 조화를 이룬 원형적인 부모를 대변한다는 언급과 비슷하다.

신화적으로 볼 때 초록색은 어머니(파란색)와 아버지(노란색)의 혼합이다. 이는 양육할 수 있는 능력을 보여주며 스스로의 내면을 돌보는 것과 더불어 남들을 돌보는 것을 포함한다. 초록색은 한 개인이 어머니와 아버지의 의식성을 성공적으로 내사(introject)함으로써 심리적으로 성숙한 지점에 도달하게 된 것을 시사한다. 또한 이 지점에 도달하게 된 개인은 자신의 부모로서 스스로를 돌보기 시작한다(Kellogg, 1977:124).

써로트(Cirlot)는 유럽의 신화에 나타나는 기사들이 가지고 있는 색상들이 인간 의식의 성장단계를 상징하고 있다고 하였다. 그 예로서 영국의 민담인 〈가외인(Gawain) 경과 초록색의 기사〉에서 가외인 경이 초록색의 기사를 만나게 되는 것은 의식성장의 초기단계를 나타내고 있다고 하였다. 써로트에 의하면, "초록색의 기사는 기사의 아래 계급인 시골 지주로서 기사가 될 것을 서약한, 기사가 되기 전단계에 있는 사람을 나타낸다"고 하였다(1962:162). 바꾸어 말한다면 깨달음을 지향하는 통로에 입문한 학도이다.

아름다움의 여신 비너스가 떠오른 물의 색상이라는 점에서 초록색은 비너스와 모든 아름다운 것과 연관된다. 비너스는 금성(金星)의 이름이기도 하며, 점성학적으로 금우궁(金牛宮, Taurus)과 천칭궁(天秤宮, Libra)을 조정한다. 비너스는 "아름다움을 사랑하고, 호감이 가는 … 사람에게 믿음과 자신감을 가지게 하는 것에 영향을 미친다. 그러면서도 이러한 미덕은 그를 실속없고 성미가 급하며 어려움이 대하여 강력하게 대처하지 못하게 한다"고 알려져 있다(Birren, 1988:75).

초록색은 물의 정령과 숲속의 요정, 그리고 선녀의 색상이다(DeVries, 1976). 이러한 초월적인 생명체들은 고대 대지 중심의 종교 속에서 나타난 인물들이다. 예측을 불허하는 그들의 장난기는 권위에 도전하는 것으로 사용되는 것을 볼 수 있다. 자유로운 정신을 가진 사람들은 이러한 원칙에 의하여 인도되며, 이들은 가끔 로빈 훗과 같은 무법자의 모습으로 나타나며 특히 그의 의복 모두가 초록색이었다는 것은 주목할 만하다. 현대의 법률체계에서 보면 이상하게 들리지 모르지만 초록색의 생명체들은 보다 높은 권위라고 할 수 있는 자연의 법칙에 따르는 조화를 구현하기 위하여 기여한다.

초록색은 대부분의 사람들에게 기분좋은 느낌을 주는 색상으로 알려져 왔다. 괴테는 초록색이 가지는 조화로운 느낌은 초록색이 대극적인 색상인 검정과 흰색이 만나는 접합점에서 나타나는 색상이라는 그의 이론을 통하여 설명하고 있다. 괴테는 파란색은 검정색이 연해진 색상이고 노란색은 흰색이 진해진 결과로 생성된 색상이라고 했다. 파란색과 노란색의 혼합색인 초록색을 이러한 관점에서 보면 연해진 검정색과 진해진 흰색에 의하여 만들어졌다고 할 수도 있다(Goethe, 1840; 1970).

초록색이 때로는 부정적인 것을 상징하기도 한다. 독을 가진 뱀의 색상도 초록색이고, 민담에 흔히 등장하는 초록색의 깊은 숲은 위험한 장소를 대변한다. 식물들이 썩어갈 때 짙은 녹색으로 되듯이 인간의 몸 역시 자연적인 과정인 죽음과 썩어감(아마 초록색으로 변할 것)을 통과해야만 한다. 우리는 시기심으로 유쾌하지 못한 상태에 있음을 표현할 때 "시기심으로 초록색이 된 상태"라는 어휘를 쓰고 있음도 기억 할 수 있다.

만다라에 초록색을 많이 쓰는 사람들은 흔히 남을 도와주는 직업을 가진 사람들이라고 한다. 켈로그는 만다라에 나타난 초록색을 "부모와 같이 남을 잘 돌볼 수 있는 능력"을 반영한다는 사실을 발견하였다(1977:124). 이는 남들을 지원하고 돌보는 것과 더불어 자신을 돌보는 것을 포함한다. 그러면서도 만다라에 초록색이 압도적으로 나타난 경우 "부모에 의하여 내면화된 가치관에 지나치게 조종당하는 나머지 자율성을 잃게 되는…, 다른 이들을 지나치게 돌보려는 나머지 과잉보호적이고 소유적인 경향으로 경직되어 있는" 점도 있다는 것을 발견했다

(전게서).

켈로그는 만다라에 나타나는 짙고 옅은 초록색이 갖는 특별한 의미는 짙은 초록색에 대한 의미를 알게 되면 이해할 수 있다고 하였다.

> 짙은 초록색은 양육하는 자의 위협적인 요소와 "마녀가 살고 있는 어두운 숲"에 대한 기억들을 시사한다고 하겠다. 이를 분석적으로 표현한다면 우리 모두가 대면하고 해결해 나가야 하는 공공장소에 대한 두려움과 연관시킬 수 있다. … 보통 초록색과 일부 연한 초록색은 정신 속에 있는 성장과 수태를 지향하는 능동적이며 수용적인 힘들의 긍정적인 조화를 대변한다. 노란색이 많이 들어간 초록색은 지나치게 엄격한 초자아를 가진 독재자 같은 성격이나 성장과정에 있었던 갈등을 반영하고 있는 것을 발견하였다(1978:76-77).

어머니로서의 자연을 대변한다는 것이 초록색이 지니는 가장 중심점인 의미가 될 것이다. 이러한 신화적인 모성은 오늘날의 사고방식 속에서 삶에 있을 수 있는 기적 같은 것으로 지나간 시간의 흔적을 통하여 살아 있을 뿐이다. 당신이 그린 만다라 속에 나타난 초록색은 창조와 치유, 그리고 새롭게 변해야 할 삶의 힘을 상기시키고 있다. 이러한 힘을 안다는 것은 당신 역시 신성의 존재를 발견할 수 있다는 것을 의미하는지도 모른다.

주홍색

주홍색은 대보름달과 잘 익은 호박의 색상이자 단풍의 색이다. 괴테는 주홍색은 "강렬하게 타오르는 불꽃과 석양에 빛나는 해의 색인 만큼 기쁨과 따뜻한 느낌을 가져다주는 색상"이라고 하였다(1840; 1970:309). 주홍색은 원초적인 에너지가 그 근원에서 한 걸음 물러섰음을 시사한다. 만약 빨간색이 원초적인 에너지라고 한다면 주홍색은 빨간색이 노란색의 통찰과 이해와 사고로 조정된 기질을 나타낸다. 주홍색은 적절한 경계 속에 있는 불과 같은 것으로 마치 겨울밤에 사람들이 모닥불 주위에 둘러앉아 이야기꽃을 피우는 이미지를 연상시킨다.

주홍색은 서양의 전통적인 예배의식에서는 사용되지 않았으나 영성적인 중요한 상징성을 가지고 있었다. 주홍색은 욥과 같이 주위 사람들로부터 거부당하고 소외되는 등의 재난을 통하여 개인이 깊은 영성적인 경험을 하게 하는 것과 연관된다. 주홍색은 가끔 버림받은 하층계급의 사람들을 의미할 때도 있다. 연금술의 문헌에서 써로트는 주홍색에 관해 다음과 같은 발견을 했다.

주홍색 옷을 입은 남자와 여자가 파란 하늘색을 배경으로 나타나는 이미지는 그들이 원하는 것들을 이 세상에서 찾으려고 해서는 안된다는 것을 의미한다. 왜냐하면 주홍색은 절망을 의미하고 배경의 파란 하늘색은 하늘의 소망을 표상하기 때문이다(1962:54).

인도에서는 죄수가 사형장으로 갈 때 입었던 옷이 주홍색이었다고 한다. 또한 주홍색은 걸인 행세를 하는 수도자들이 스스로 일반 사회인과 구별하기 위하여 입은 옷의 색깔이기도 하다. 부처는 쾌적한 생활을 하던 왕자의 삶을 거부하는 의미로 주홍색의 로브를 입었다고 전해진다. 현대에도 해탈하기 위하여 수도생활을 시작하는 사람들이 부처의 본을 받아 주홍색의 옷을 입는 것을 볼 수 있다.

다른 관점으로 본다면 주홍색은 에너지(빨강)가 아버지(노랑)와 관계성에 투사되었다고 볼 수 있는 색상이다. 전통적으로 자녀가 살아가는데 필요한 기술을 가르치는 것은 아버지의 역할이었다. 이 작업의 시작은 당신 머리 속에서 들려오는 귀에 익은 "일 좀 똑바로 할 수 없느냐", "머리를 좀 써서 해라" 또는 "남들과 더불어 일해야만 일이 성사된다"

라는 식의 목소리를 듣게 되고 서서히 "그 목소리의" 아이디어가 "당신의" 아이디어로 되어간다고 할 수 있다. 이러한 측면에서 주홍색은 자기주장과 자존심, 야심을 나타낸다. 개인 스스로가 가지는 힘이나 스스로 무기력함을 염려하는 것이 만다라에 나타난 주홍색이 암시하고 있는 의미인 듯하다.

당신의 만다라 속에 있는 주홍색은 에너지로 충만한 노력과 강력한 정체감, 그리고 건전한 자기주장을 시사한다. 그러면서도 주홍색은 힘의 부정적인 사용, 즉 권위에 대한 적대적인 태도나 자제력의 부족을 나타낸다는 주장도 있다. 켈로그는 그녀의 연구에서 주홍색이 나타내는 의미에 대하여 아래와 같이 적고 있다.

만다라에 주홍색이 압도적으로 많이 보이면 남성성과 자아를 쟁취하는 것에 대하여 양가적인 감정을 가지고 있음을 나타낸다고 볼 수 있다. 한 여성의 만다라에 나타난 주홍색은 그녀가 남성 전반에 가지고 있는 태도에 대하여 많은 부분을 시사한다. 주홍색은 아버지에 대한 애착을 나타내는 동시에 강력한 자아존중감이나 열정을 반영하는 것이라고 볼 수도 있다(1977:124).

필자가 실시한 미술치료 워크숍에서 주홍색은 참여자들이 가장 좋아하지 않는 색상 중의 하나로 나타났으며, 따라서 주홍색이 만다라에 사용되는 경우는 별로 흔하지 않았다. 이러한 영속성을 가지고 나타나는 주홍색에 대한 거부감은 몹시 흥미로웠다. 아직 확고한 지점까지는 이르지 못했지만 이 점에 있어서 나름대로 어떤 생각에 도달하게 되었다. 내가 생각한 바로는 우리 중에 많은 사람들이 주홍색이 가지고 있다고 생각되어 온 강력한 상징성에 대하여 불편한 느낌을 가지고 있기 때문에 주홍색을 기피하는 것이 아닌가 하는 것이다.

주홍색이 불편하게 느껴지는 또 다른 이유라고 한다면, 색상 자체가 점진적인 혼돈(entropy)을 시사하고 있다는 점이다. 색상을 보고 느끼는 것에 대한 설문지에서 주홍색은 가을을 연상시키는 색깔로서 제일 자주 선택되었다. 주홍색은 괴테가 말했듯이 석양의 색상이기도 하다. 우리가 사는 문화권이 새로운 것과 젊은 것에 중점을 두기 때문에 젊음의 아름다움이 왔다가 떠나가는 것을 느끼기 어렵기 때문이라 하겠다. 이것이 아마 우리로 하여금 주홍색의 선택을 불편하게 느끼게 하는 이유일 것이다.

보라색

보라색은 고귀함과 짙은 포도주를 연상시키는 바다, 그리고 눈 속에 핀 패랭이꽃의 색상이다. 보라색 염료를 쉽게 구입할 수 없었던 시절에는 보라색은 자연스럽게 고귀한 사람 또는 부유층에서나 구입할 수 있는 색상이 되었다. 반면에 보라색은 이른 봄에 피는 패랭이꽃, 크로커스, 양난초 등의 갖가지 꽃들에서 풍부하게 나타나는 색상으로 자연 속에서는 누구나 보고 즐길 수 있는 색상이다. 이러한 아름다운 꽃들에서 볼 수 있는 보라색은 자체적으로 살아 있고 어디에서나 피어난다는 것에서 삶을 표상한다고 할 수 있다.

보라색은 에너지를 나타내는 빨강과 고요함을 나타내는 파랑의 혼합으로서 하나의 독자적인 색상이면서도 두가지 색을 보유한다. 루처는 보라색이 동일시 현상을 대변한다고 하였다.

이 동일시 현상은 신비로운 융합의 성격을 띠고 있으며 감수성이 강한 친밀감이 주체와 객체 사이를 완전하게 혼합하게 하는 현상이다. … 어떤 차원에서 이것은 꿈이 현실이 되는 듯한 마법에 걸린 상태로서 바라던 바가 성취되는 매혹적인 상황이다. 그러므로 보라색을 좋아하는 사람은 "마술적인" 관계를 성취하기를 원하는 사람이라 할 수 있다. 그는 자신이 멋있게 보이기를 원할 뿐만 아니라 다른 사람들을 황홀하게 함으로써 그들도 차밍해지고 즐거워하기를 원한다. … 보라색은 친밀함이나 에로틱하

게 서로 섞여짐을 나타내고 때로는 직관적이고 감각적인 이해를 나타내
는 색상으로 볼 수도 있다(1969:65-66).

보라색은 이상에 열거한 모든 것과 함께 고귀함과 연관된다. "보라색
으로 탄생함"이라는 표현은 고귀한 혈통으로 태어났다는 표현으로 사용
되기도 했다. 보라색은 대주교들이 보라색 옷을 입는 것에서 볼 수 있듯
이 기독교의 전통 속에 권위의 상징으로 사용되었다.

보라색이 가지는 영성적인 상징성은 파란색이 영성성을 상징한다는
것을 기억할 때 더욱 확실해진다. 그러면서도 보라색은 영성성(파랑)에
에너지(빨강)가 투사된 색상으로, 이는 희생과 영성적인 것에 봉사하기
위하여 개인적인 욕구가 승화되었다는 의미를 내포하고 있다. 이러한
맥락에서 보라색은 고행이나 금욕생활과 사순절의 예배의식을 나타내
는 색상이라고 볼 수 있다.

보라색이 기독교회에서 높은 지위를 가진 사람들의 색상이 된 이유
는 그것이 성스러움과 세속적인 것 둘 다를 가지고 있기 때문이며 이는
영성성에 대한 개인적인 헌신을 시사하는 것이다. 동시에 보라색은 "신
성한 권위"에 의하여 조종되는 사람들이 가지는 권위를 의미한다. 이것
과 관련하여 대주교의 보라색 의복에 대하여 괴테는 "추기경의 복장인
빨간색에 끊임없이 영감을 주는 색"으로 보라색이 끊임없이 추구하는
품격을 가지고 있다는 결론을 내리고 있다([1840]1970: 313).

기독교가 생기기 이전에 포도를 재배하고 포도주를 만드는 것은 희
랍의 신 디오니소스의 영역이었다. 그는 언제나 고귀함을 나타내는 보
라색의 로브를 입고 포도주잔을 손에 든 모습으로 나타났다. 디오니소
스는 관대하고 유쾌하면서 황홀한 풍요함을 가지고 있는 신인 동시에
과실의 열매를 맺게 도와주는 신으로서, 매년 죽어서 다시 태어나는 식
물과 같이 인간의 죽음과 새로운 삶의 상징으로 간주되었다.

그를 숭배하는 사람들은 성스러운 포도주를 마음껏 마시면서 봄을

경축하는 쾌락적인 축제에 참여한다. 이러한 축제는 너무 퇴폐적이라는 이유로 결국 정치가들에 의하여 폐지되었다. 로버트 존슨(1987)은 디오니소스 신의 축제를 폐지시킨 사건이 서양 사람들의 정신 속에 느낌에 대한 기능을 억압하는 계기가 되었다고 보았다. 당신의 만다라에 보라색이 나타났다면 당신 자신의 정신 속에 느낌의 기능이 솟아나고 있다는 표현이라고 생각해야 한다.

포도주는 기독교 전통에서도 성찬에 이용된다. 포도주가 가지고 있는 취하게 하는 위력은 성령의 경험과 일면 상통한다고 하겠다. 포도를 으깨어서 그리스도의 피와 죽음, 그리고 부활을 기념하는 포도주(정신, spirit)라는 물질을 만드는 과정 자체도 변화한다는 점에서 강력한 은유적인 의미를 가지고 있다고 하겠다.

보라색은 또한 개인적인 성장을 나타낸다. 이는 뭔가 새로운 차원의 존재로서 자유를 지향하며, 끊임없는 동기의 에너지를 제시하는 것이다. 켈로그는 보라색은 모성적인 모형(maternal matrix)으로부터 자아가 솟아나기 전단계에 우리 모두가 거쳐야 하는 원형적인 어머니의 경험으로부터 오는 심리적인 조화를 말하고 있다고 하였다. 어머니로부터 심리적으로 분리되는 것은 보라색이 있던 곳에 빨간색이 나타나는 것으로 표출된다. "보라색은 빨간색을 명료화하기 위하여 먼저 나타나는 것으로 이는 마치 개인이 자신의 목표를 달성시키기 위하여 그 에너지를 자유롭게 하는 것을 상징한다고 볼 수 있다(1977:123)."

보라색은 일차적인 분리가 일어난 후에 만다라에 다시 나타날 수가 있다. 어떤 개인이 일시적으로 독립하기를 원하거나 정신의 심층에 도달하여 영감을 얻기를 원하는 경우를 그 예로 들 수 있다. 이런 모습으로 보라색이 만다라에 다시 등장할 때는 개인적인 영성성을 위한 것보다 진정한 성장을 지원하고 있다고 볼 수 있다. 반면에 보라색은 감정적으로 보다 많은 지원을 받을 필요를 나타내기도 한다.

또한 만다라에 나타난 보라색은 선연한 상상력을 제시하기도 한다.

이러한 상상력은 창조적인 일을 하는 데 유용하다. 보라색을 좋아하는 사람들은 흥분된 감정을 조장하고 남의 관심을 끄는 능력이 있는 것같다. 이러한 점에서 그들은 가족 내에서나 지역사회 속에서 특수한 위치를 확보하게 된다. 이는 "자신 속에 흡수되는 스스로에 대한 비전이 인간 조건의 너머에 있는 것이거나 높은 곳에 있다(전게서)"는 것을 포함하고 있다. 켈로그는 어떤 사람들에게 보라색은 핍박을 받고 있다는 느낌과 강박 내지 피해망상증 등의 부정적인 의미를 나타내고 있다는 것도 발견하였다고 했다.

관용적으로 우리는 보라색의 열정을 경험한다거나 보라색의 글귀를 읽는다고 말한다. 이는 보라색이 가지는 특수성을 단적으로 보여주는 표현이다. 당신의 만다라에 살짝 곁들인 보라색은 살아 있음에 대한 환희, 또는 만다라의 초점을 강화할 수도 있다. 보라색을 압도적으로 많이 사용한 경우, 자기중심적이고 권위적 혹은 비현실적임을 나타낸다고 할 수도 있다. 보라색에 대하여 한 가지 분명하게 말할 수 있는 것은 일상적이 아닌 것을 나타내는 색상이라는 것이다.

연보라색

연보라색은 연하지만 강렬한 색상이다. 이 색상의 이름은 라벤더꽃으로부터 유래되었으며, 이 꽃은 로마시대 이전부터 그 독특한 향기의 가치를 인정받아 왔다고 한다. 연보라색은 미덕과 생산성, 그리고 감사하는 마음 등과 연관되어 왔다(DeVries, 1976). 그러면서도 연보라색은 불신과 경고의 의미도 가지고 있는 이율배반성을 보여주고 있다. 점성술에서 연보라색은 수성(水星, Mercury)과 연관이 있으며 이는 특출한 기억력이 있는 사람들과 과학적이고 창조적인 소질을 선물로 받은 사람들에게 영향을 준다고 한다. 희랍 신화의 수성 신인 머큐리는 올림포스 산에 살던 희랍 신들의 심부름꾼으로서 신경계통을 관할한다고 알려져 왔다. 그 이유는 "신경계통이 생물학적인 영역에서 심부름꾼 역할을 하고 있다는 것 때문"이다(Cirlot, 1962:198). 머큐리 신과 연관을 가지고 있다는 점에서 연보라색은 신경계통의 기능과 어떤 차원의 연결을 가지고 있다고 볼 수 있다.

연보라색은 흰색(영성)을 보라색(고귀함)에 추가한 색상이다. 연보라색은 에너지가 매우 세련된 상태의 영성성 속에 있는 것을 상징한다고 볼 수 있다. 또한 연보라색은 연하늘색(긍정적인 어머니)과 분홍색(육신)의 혼합으로 만들어진다고도 할 수 있다. 연보라색이 이러한 색상의 혼합으로 만들어진다는 것은 아빌라의 성 테레사(St. Teresa, 1961)의 모든 것이 녹아서 혼합된 낙원과 같은 황홀한 경험을 의미한다는 것을 시사한다.

만다라에 나타난 연보라색은 신비로운 경험에 대한 경향의 표현과 함께 심리적인 재탄생을 생성하게 하는 영성성의 깨어남을 축하하는 것을 대변한다. 그러나 연보라색과 연관되는 경험에는 여러 함정이 대기하고 있을 수 있다. 푸른 색조를 띤 연보라색의 경우 신체로부터 해리되는 느낌을 내포하고 있으며 특히 만다라에 연보라색이 압도적으로 많이 나타났을 경우는 더욱 그러하다. 켈로그는 연보라색이 많이 사용되었을 경우 "환상세계에 의존하여 현실로부터 도피하게 됨으로써 신체적 것으로부터 해리됨을 나타낸다"고 하였다(1977: 125).

연보라색을 만다라에 선택한다는 것은 산소결핍증이 인간 신체에 가져다 줄 수 있는 증상을 시사한다고 볼 수도 있다. 켈로그는 이러한 현상을 호흡기 질환을 앓고 있는 사람들의 만다라에서 관찰하였다고 한다. 그녀에 의하면 연보라색은 삶을 위협하는 질병에 걸린 사람들의 만다라에서 볼 수 있었고, 아마도 출생시 경험했던 산소결핍증의 기억을 대변하고 있는지도 모른다고 하였다. 그러면서도 그녀는 연보라색이 영성적인 면도 가지고 있다고 강조한다.

연보라색으로 그려진 만다라를 대할 때 어느 정도 확신을 가지고 말할 수 있는 것은, 제작자가 매우 신비로운 인물이라는 것과, 이 색상을 사용하는 것이 그에게 필요한 긍정적이며 영성적인 성장을 대변한다는 것이다(전게서).

분홍색

분홍색은 육신(flesh)를 나타내는 색상으로 흰색과 빨간색의 혼합으로 만들어진 색상이다. 흰색(영성)이 빨간색(에너지)에 섞인다는 것은 마치 건강한 유아와 같이 강건한 순진함을 시사한다. 데브리스(DeVries, 1974)는 분홍색이 전통적으로 감각, 감성, 또는 젊음을 의미하는 것을 발견했다고 했다. 육신의 색깔인 분홍색을 신지학자(Gnostics)들도 신체와 관계되는 부활을 상징하는 색상이라고 본 것은 흥미롭다(Cirlot, 1962).

분홍색은 인간 신체와 연관되는 색상이다. 만다라 속에 나타난 분홍색은 흔히 신체를 가진 개체가 느끼는 쾌감과 고통을 나타낸다. 켈로그는 "인간 존재들은 … 분홍색은 인간의 감정상태와 스트레스에 가장 예민하다고 할 수 있는 신체 내부 장기들과 힘살, 그리고 그것을 연결하는 다른 신체 조직들과 동일시되는 색상"이라고 하였다(1977: 124). 그녀는 만다라에 압도적으로 분홍색이 많이 나타났을 때, "무방비 상태의 연약함을 인정하고, 그것을 노출하는 것에 따르는 공포, 그리고 보호받아야 할 필요성"을 시사한다는 것을 발견하였다(전게서). 분홍색은 아마도 신체적인 질병이나 스트레스를 경험하고 있는 사람들(비록 그들이 스스로의 증상을 깨닫지 못하고 있다 하더라도)이 선택하는 듯하다. 그 예로서 켈로그는 생리를 하는 여성들이 분홍색을 사용하는 것을 흔히 보았다고 한다.

여성들은 그들의 생물학적인 상태에 따라서 분홍색에 깊은 영향을 받는 듯하다. 그리고 그들은 그들의 신체 기저에 무엇이 일어나고 있는지 알고 있는 듯하다. 비록 그들이 몸에 대하여 항상 의식적으로 생각하지 않더라도 생리를 하는 동안 분홍색을 사용하는 경향이 짙다(전게서).

만약 당신의 만다라에 분홍색이 나타났다면 당신 건강에 신경을 써야 함을 말해주고 있다고 볼 수도 있다.

분홍색은 여성적인 색상으로 여아가 태어나면 입혀주는 의복의 색상이다. 최근에 이러한 규범이 분홍색의 셔츠와 스웨터를 입고 넥타이 등을 매는 남성들에 의하여 도전을 받고 있기는 하지만 분홍색은 오랫동안 어린 소녀의 색상으로 여겨졌다. 이러한 규범이 깨지고 있는 현상은 아마도 현대 남성들에 의하여 여성성이 합일이 되어가고 있음을 말하는 것이라고 볼 수도 있다.

남성이나 여성이 그린 만다라에 나타난 분홍색은 젊은 여성성과 연관시킬 수가 있으며, 여성의 경우 그녀의 내면에 있는 작은 아이와, 남성의 경우는 아니마와 연관시켜 볼 수 있다.

많은 문화권에서 흰색과 빨간색은 대극성을 대변하고 있다는 측면에서 분홍색은 대극성의 합일을 나타내는 색상이라고 볼 수도 있다. 연금술의 전통에서 그 예를 찾아보자.

연금술의 상징에서는 빨간색을 적극성 즉 남성성의 원칙으로, 흰색은 수동성 즉 여성성의 원칙으로 보았다. 이러한 양극성이 가져다주는 초월성은 두 가지 색깔의 결혼이라는 것에 의하여 가능하게 된다. 이러한 결합에서 오는 소모는 빨간색과 흰색의 혼합이 분홍색으로 나타난다는 것으로 대변된다.

칼 융(1973b)은 내담자인 미스 X가 그린 만다라를 연구하는 동안 그녀가 그린 만다라에 나타난 분홍색이 느낌의 기능을 한다는 것을 발견했다고 한다. 당신의 만다라에 나타난 분홍색의 긍정적인 의미는, 당신이 인간의 조건을 수용한다는 것과 육체가 가져다 줄 수 있는 쾌락을 즐기는 감성적인 삶을 나타낸다. 부정적인 의미는 신체적인 것에 너무 집착하여 내면에 있는 당신의 아이가 필요로 하는 것을 너무 억압하거나 실제로 신체적인 질병을 나타낼 수가 있다는 것이다.

당신의 만다라에 나타난 분홍색은 당신으로 하여금 새로운 무엇을 찾아야 할 것과 당신 스스로를 보호해야 할 필요성을 촉구한다고 하겠다.

복숭아색

복숭아색(peach)은 복숭아뿐만 아니라 망고나 칸타로프 등 열대과일의 색상으로 잘 익은 과일을 베어 물 때 흘러내리는 달콤한 주스에서 느끼게 되는 감각적인 것을 연상시키는 색상이다. 이 색상은 약간의 노란색(의식성)과 분홍색(육신)의 혼합으로 만들어졌다. 복숭아색도 분홍색같이 감각적인 것을 나타낸다고 하지만, 이는 유아적이라기보다는 성숙한 성인의 책임감 있는 감각적 성성(sexuality)을 나타낸다.

복숭아색은 중국의 도교에서 나타나는 성적인 신비의 상징으로부터 유래되었다(Walker, 1988). 복숭아색은 삶을 실제로 창출하는 여성의 성기를 상징한다. 성스러운 정원에서 자라는 복숭아는 신들의 불로약제로 쓰였다고 알려진다. 복숭아가 죽을 수밖에 없는 인간들을 불로장수하게 한다는 중국인들의 민간신앙의 배경은 "인간 장수의 상징인 샤우루(Shou Lu)는 언제나 교활한 그의 손가락을 갈라진 복숭아 속에 넣고 있는 모습으로 나타난다. 그것이 그의 장수의 비결이었다"라는 데에서 왔다(Walker, 1988:493).

유럽에 나타나는 복숭아색은 여성성의 근원인 음부와 결혼을 상징한다(DeVries, 1976). 복숭아색은 처녀의 색상이며 점성술에서는 금성(金星)과 연관이 된다. 이는 화성(火星)이 가져다주는 부정적인 것을 중재한다고 전해온다. 확실히 복숭아색은 여성의 색상이고 환락의 정원으로부터 생성된 것이라 할 수 있다.

복숭아색이 당신의 만다라에 나타났다는 것은 풍부하고 의미있는 성관계를 가질 준비가 되어 있음을 의미한다. 긍정적인 의미의 복숭아색은 성숙한 여성성이나 정신세계 속에 생성된 잠재력의 표출을 나타낸다. 복숭아색이 가지는 부정적인 의미는 무절제하고 강박적으로 성적인 쾌락이나 로맨스에 치우친 성성이 당신의 삶을 지배한다는 것이다. 필자의 만다라에 나타난 복숭아색에 대한 경험은 한 인간 존재가 깊이 숨어 있던 여성성의 존재를 선포하게 하였고, 그러한 경험은 마치 여신의 꽃다발을 받는 것과 같이 자신의 에너지를 다른 사람들에게 자유롭게 나누어주는 것으로 나타났다.

마젠타색

마젠타(magenta)는 붉은 색조를 띤 보라색으로 수령초(fuchsia) 꽃의 색상으로도 불리운다. 마젠타의 염료는 1859년 북부 이탈리아 지방에 있는 도시인 마젠타 근처에서 치러진 전쟁중에 발견되었다고 전해지고 있다.

마젠타는 비교적 새로운 색상으로서 생동감과 흥분, 그리고 감정적으로 들떠 있는 것을 표현한다. 마젠타는 현대 여성들의 대담하고 극적인 개성연출을 위한 의복의 색상으로 선호받는다. '마젠타'라는 색의 이름이 주어진 당시에 '여성운동'이 시작되었다는 것도 흥미있는 일이다.

마젠타색은 빨간색(에너지)에 약간의 푸른색(여성성)이 혼합되어 만들어진 색상이다. 그런 의미에서 마젠타색은 어머니 중심의 전통적인 여성의 에너지 또는 여성성의 모습으로 나타나는 에너지로부터 자유로워지는 것이다. 필자는 이 색상을 자율성을 확보하고 자신에게 주어진 소명감을 알아보고, 그들의 세계관을 넓히려고 하는 여성들의 만다라에서 발견하였다. 그리고 이러한 여성들이 그들의 여성성에 굳게 서서 그들의 의지를 실행하는 것을 보았다.

마젠타색이 쥬디 시카고(Judy Chicago)의 설치작품 만찬(Dinner Party, 1979)에서 여신 칼리의 접시 색상이었다는 것 역시 의미가 있어 보인다. 설치작가 시카고의 괄목한 만한 이 작품은 여성들에 의하여 대물림한 저녁만찬상을 여성성의 상징으로 표현하였다. 아름답고 정교한 접시들과 손으로 만든 상보가 역사 속에 알려진 여성들과 역사가들에게 무시되었던 수많은 여성들의 공적을 기리는 빛나는 상패와 함께 진열되었다. 대부분의 접시가 특정한 역사적인 인물을 기리는 것이었으나 칼리를 위한 접시는 원초적인 에너지의 근원인 여성성을 기념하는 것이었다. 그녀는 끊임없이 닥치는 대로 창조와 파괴를 하는 자연의 위력의 회오리를 대변하고 있다.

당신의 만다라에 나타난 마젠타색은 창조적인 프로젝트 또는 자신의 견해를 밝히는 데 필요한 제반 연구를 할 준비가 되어 있음을 나타낸다고 하겠다. 마젠타색의 긍정적인 의미는 개인에게 초점을 맞추게 하고 동기를 가지게 하며, 살아 있다는 느낌을 가지도록 한다는 것이라 하겠다. 또한 마젠타색이 가져다 줄 수 있는 이러한 에너지는 인생여로에 있을 수 있는 함정에 내재한 관계성의 상실에 재개입할 수 있도록 한다. 마젠타색이 가지는 부정적인 가능성은 참을성이 없다는 것과 이기주의적이거나 감정적이고 산만하여 집중을 못한다는 것이다. 그러나 많은 경우 만다라에 나타난 마젠타색은 개인적인 세계의 테두리를 벗어난 개인의 경우 생산적인 시간이 도달했음을 공포한다고 볼 수 있다.

갈색

갈색은 씨뿌리고 거두어들이는 풍요로운 들판과 대지를 연상시키는 색상이다. 아마도 추수를 한 후 빈 들은 뭔가가 거기에 있다가 사라졌다는 이유 때문에 가을을 연상시키는 갈색이 포기와 슬픔, 또는 회개를 의미한다고 하는 사람들도 있다. 데브리스(DeVries, 1976)는 추방당했던 연인을 변함없이 사랑하는 순수한 모습의 "밤갈색 소녀"가 시구에 자주 나타난다고 하면서 갈색은 이 소녀와 같은 소박한 신뢰감을 의미한다고 하였다.

갈색은 리비도를 의미하는 빨간색과 조정을 의미하는 초록이 혼합된 색상이다. 이런 경우에 갈색은 충동과 억제의 사이에 끼어 있는 느낌을 표현한다고 할 수 있다. 갈색은 또한 오렌지색(자율적으로 되기 위하여 노력하는 색)과 파란색(여성성)을 혼합하여 만들 수 있는 색상이다. 이러한 혼합은 어머니와의 갈등관계를 시사한다고 할 수도 있다.

루처(1969)는 갈색을 어두운 빨간색으로 보았다. 그는 갈색이 적극적인 생명력을 나타내는 빨간색을 침잠하게 함으로써 신체적인 감각을 수동적으로 받아들이고 있음을 나타내는 색상이라고 하였다. 융(1973b) 역시 그의 환자 미스 X의 만다라를 해석하면서 갈색은 감각기능을 나타낸다고 하였다. 루처는 갈색에 보다 특정한 의미를 부여하고 있으나 이는 융의 갈색에 대한 해석과 상반되지는 않는다.

루처는 갈색이 신체적인 증상에서 오는 불편한 경험에 대하여 감정적인 안정이 필요함을 나타낸다고 했다. 그는 제2차 세계대전으로 인하여 집을 잃은 사람들을 대상으로 한 색상검사에서 흔히 갈색이 가장 두드러진 위치에 놓여 있는 것을 발견하였다. 이러한 것을 바탕으로 루처는 "갈색은 … 난로나 가정, 그리고 비슷한 또래들과의 교우관계 등 익숙한 것에서 느끼는 근원적인 안정감에 대한 중요성을 나타낸다"고 결론내렸다(1969:68). 루처는 갈색을 선호하는 것은 다음과 같은 필요성을 시사한다고 하였다.

불편한 느낌을 가져다주는 어떤 상황으로부터 놓여나야 할 필요성을 시사한다. 이러한 상황은 불안정한 감정차원일 수도 있고 신체적인 질병

일 수도 있다. 이는 한 개인이 어떤 갈등적인 분위기 또는 스스로 해결할
수 없다고 생각되는 문제에 봉착해 있는 경우이다(전게서).

갈색이 대변의 색깔이라는 것도 배제할 수 없다. 대변이 남은 찌꺼기
의 배설이라는 점에서 갈색의 의미와 연관된다. 그 예로서 켈로그는 갈
색이 특히 만다라의 중심부에 사용되었을 경우 "제작자는 낮은 자존감
을 보이거나 자신이 무가치하다고 생각하거나 더럽다고 생각하는 것"을
자주 보았다고 한다(1977:124). 여기에서 우리는 이러한 배설물은 풍
성한 비료가 된다는 것과 거름더미가 연금술사들이 황금을 만들기 위하
여 찾고 있던 첫번째 물질의 근원이 되었다는 사실을 기억해야 한다. 대
변은 우리 내면에서 거부당한 배설물이지만 우리에게 가장 진솔한 품격
을 가져다줄 수도 있다.

갈색은 빨간색과 짙은 자주색의 혼합으로 말라붙은 혈액의 색깔과도
비슷하다. 켈로그는 이 색이 만다라에 가지는 특별한 의미를 발견하였
다. 그녀는 붉은 색조를 띤 갈색은 성적 정체감과 연관되는 느낌을 표출
한다는 것을 발견하였다. 그녀가 관찰한 한 남성의 만다라에 나타난 이
색상에 대한 언급은 주목할 만하다.

> 갈색은 근친상간의 욕망 등 금기를 나타내고 있다. 한 여성의 만다라
> 작업에서는 여성으로서 가지는 신체에 대한 선입견 때문에 스스로 무가
> 치하게 느끼게 되고 심한 경우 부인병까지 유발하게 될 수도 있다는 것을
> 발견하였다(1978:61).

적갈색(maroon)이 당신의 만다라에 나타났다면, 이는 아마도 당신의
무의식에 아직 치유되지 않은 지난날의 상처에 관심과 재점검을 요구하
는 메시지인지도 모른다.

갈색은 빈 들판의 색상이기 때문에 가을을 주제로 한 미술작품에서

많이 사용된다. 만다라가 한 해의 마지막으로 향하는 가을에 제작되었
다든지 삶을 마감하는 단계, 또는 치유과정이 마감에 가까워질 때도 갈
색이 나타나는 것을 본다. 당신의 만다라에 갈색이 나타났을 때 긍정적
인 의미라고 할 수 있는 대지지향적, 풍요한 생산지향, 그리고 새로운
시작을 할 수 있는 기회들을 시사한다고 생각해도 무방하다. 갈색이 여
러 가지 색상의 혼합인 만큼 이는 "묻혀 있거나 묶여 있는 에너지를 지
향해야 한다"고 볼 수 있다(Kellogg, 1978:63). 또한 만다라에 나타난
갈색이 당신의 에너지를 차단하고 안주하는 방식으로 자신을 부당하게
비하하고 있는지의 여부를 점검해보는 것도 좋을 것이다.

청록색

터코이즈(turquoise)색은 초록빛을 띤 파란색으로 이 색상의 이름은
청록색의 돌 이름에서 비롯되었다. 이 색상은 지난 수백년 동안 치유성
이 있는 색상으로 알려져 왔다. 이 색은 고대 이집트의 여신 아이시스의
지위가 "터코이즈 숙녀(Lady of Turquoise)"였다는 점에서 아이시스와
연관되는 색이라 할 수 있다(DeVries, 1976). 이란 사람들은 이 청록색
의 돌은 악귀를 퇴치하고 건강을 가져다 준다고 믿었다. 유럽에서는 말
타는 사람이 떨어지지 않게 하거나 떨어져도 다치지 않게 하기 위하여
이 돌로 만든 말 장식을 사용했다고 한다(Walker, 1988).
　미국의 남서부에 살고 있는 원주민들에게 이 돌은 그들이 숭배하는
신들에게 바치는 개인적인 헌물로서, 때로는 그것을 가루로 만들어 모
래그림을 그리는 데 사용하기도 하였다(Bahti, 1966). 멕시코계 미국인
들의 집 창문과 문의 가장자리가 청록색으로 칠해진 것을 볼 수 있다.
이와 같은 전통이 아프리카의 영향을 많이 받은 미국의 동부지방에서도
나타난다. 청록색은 또한 반갑지 않은 귀신 등이 들어오는 것을 방지하
는 색상인 듯 보인다〔한국 사찰의 문에 칠한 짙은 옥색도 비슷한 기능을 하

고 있는 듯하다―역주].

켈로그(1983)는 청록색을 묘사하기 위하여 미국 원주민의 전통에 나타나는 터코이즈 부인에 대한 이야기를 소개하였다. 터코이즈 부인이라는 지위는 사랑하는 자녀나 남편을 사별하여 극심한 상실감에 고통받는 여성에게 부락사회에서 부여하는 일시적인 명예직이다. 그녀는 지난날의 가정적인 존재로부터 새로운 존재인 부족의 여성감독(matron)이 되기 위하여 제의적인 활동에 참여하게 된다.

터코이즈 부인의 지위는 2년 동안 누리게 되며 그녀의 의무는 외부의 방문객이 부락을 방문했을 때 지켜야 할 규범을 점검하는 것과, 부족의 모임에서 중요한 인물들이 적절한 장소에 배정되었는가 확인하는 것이다. 그녀가 새로운 책임을 수행하는 데 신경을 쓰다 보면 개인적으로 처연한 기분에서 벗어날 수 있게 된다.

터코이즈 부인의 지위는 한 여인으로 하여금 부족 내에 그녀가 설 땅을 마련한다는 데 의의가 있다. 바쁘게 살아감으로써 시간이 빨리 지나가게 되고 자연히 그녀의 슬픔도 덜어지게 된다. 2년이 지나면 그녀는 터코이즈 부인의 지위를 그만두고 새로운 삶을 시작하게 된다.

필자의 만다라에서 사용된 청록색은 어떤 차원에서 보면 마치 이 터코이즈 부인이 되는 것을 나타내는 듯하였다. 청록색은 당신의 삶을 본 궤도에 올려놓기 위하여 필요한 치유가 필요한 때에 이루어지고 있다는 것을 나타내는 듯하다.

위협감을 느끼고 있는 당신의 자아가 현실과 대처함으로써 오는 아픔이나 상실감을 억제하기 위하여 그 상황으로부터 일시적으로 멀리 있고 싶을 것이다. 그리고 지난날과 결별을 시도함으로써 지난날에 있었던 일들을 생각하지 않으려 할 수 있다. 당신의 만다라에 청록색이 나타나는 것은 당신의 정신이 아직도 아픈 기억의 흐름을 조정하려고 한다는 증거라 볼 수 있다.

청록색은 연파란색(긍정적인 어머니의 돌봄)과 초록색(양육, 조정)의 혼합이다. 따라서 청록색은 남을 위하여 헌신하는 전통적인 어머니의 돌봄에서 서서히 스스로를 돌보는 것을 지향할 때 나타나는 색상이다. 당신이 청록색을 만다라 제작에 선택했다면 당신이 알지 못하고 이해할 수 없는 정신의 부분을 스스로 치유할 수 있는 역량이 있다는 것을 기억하기 바란다. 청록색이 가져다주는 부정적인 측면은 깊은 무의식 속의 이미지가 솟아오를 가능성에 대한 두려움으로 감정적인 것을 거부하려고 하는 경향이라고 할 수 있다.

회색

회색은 중성적인 색상이다. 자연 속에서 회색은 돌, 재, 안개와 연관시킬 수 있다. 회색은 사죄하기 위하여 찢어진 옷을 입고 잿더미 위에서 죄인임을 고백하는 참회의 색상이다. 써로트(1962)는 회색이나 재는 우울, 무기력, 무관심의 상징일 수도 있다고 하였다. 반면에 "회색머리의 노년기"라는 표현은 회고 또는 상대적인 지혜를 시사하기도 한다(DeVries, 1976).

회색은 검은색과 흰색의 혼합으로 만들어졌기 때문에 대극의 합일을 대변한다고 할 수 있지만, 회색이 지니고 있는 특징은 다른 색상을 포함하고 있지 않다는 것이다. 색상이 감정과 관계된다는 관점에서 볼 때 회색은 무채색이기 때문에 느낌의 부재를 뜻한다고 할 수 있다. 이것을 심리적인 언어로 표현한다면 감정이 부재한 우울증을 대변한다. 이것을 인간의 연륜과 경륜에 관련시켜서 볼 때, 회색 같은 중성이라는 뜻은 개인이 더 이상 감정에 의하여 좌우되지 않음을 뜻하기도 한다.

켈로그는 모든 긍정적 또는 부정적인 감각을 소멸하게 한다는 마약(헤로인) 중독환자의 만다라에 회색이 나타나는 것을 발견하였다. 그녀는 이것을 아마도 약물중독에 빠져 있는 그들이 어떤 차원에서 "한 인간으로서 누릴 권리와 희망이 없는데 따른 우울증과 연관되는" 죄책감

을 마비시키든지 또는 그 증상을 경감시키기 위하여 사용하는 듯하다고
말했다(1978:70). 회색은 마약중독 환자 이외에도 자신의 존재에 대해
죄책감을 가진 사람에게도 나타난다고 한다. 켈로그는 그러한 느낌의
근원은 모태 속에서 살아남기 위하여 몸부림치던 것에 관계가 있을 수
도 있다는 점을 제시하였다. 또한 이러한 느낌들은 "정신적으로 어머니
에게 아픔을 준 것에 대한 책임감을 느끼도록 입력된" 사람들에게 나타
날 수 있다고 했다(전게서).

나의 만다라의 작업에서 회색은 가끔 '돌'을 나타냈다. 바위는 오랜
세월 동안 성스러운 물체로서 숭배되어 오고 있으며 켈트족(Celtic),
북미 원주민, 일본인을 위시한 수많은 다른 종족들에 의하여 성스러운
물체로서 투사를 받아오고 있다는 점에서 만다라 자체가 가지는 상징
성과 연관된다. 바위가 여러 문화 전통 속에서 성소를 정의하기 위하
여 사용되어져 왔다는 측면에서 당신의 만다라 속에 나타난 회색이 당
신 스스로의 성소에 경의를 표명해야 할 것을 제안하고 있는지도 모른
다.

당신의 만다라에 회색이 나타날 때 당신은 인간 존재의 이율배반성
에 대한 어떤 성찰을 하게 되고, 총체적인 인격이 될 수 있는 가능성과
윤리적으로 편안한 자리를 발견하고 있는지 자문해 볼 수도 있다. 또는
당신이 당신 자신의 느낌으로부터 어떤 차원으로든 단절되었거나 스스
로의 모습대로 사는 것이 잘못된 것이라는 죄책감을 경험한다거나, 혹
은 삶의 순례자로서 모두가 지나쳐야만 하는 우울증이라는 장소에 거하
고 있는지도 모른다.

당신의 만다라에 나타나는 색상을 이해하는 데 도움을 주기 위해서
여러 색상에 대한 의미를 논의하였다. 여기에 제공된 정보들은 필자 한
사람이 수집했다는 점에서 색상의 이해에 관한 다른 모든 가능성들을
포함시키지 못한 한계가 있을 수도 있다. 필자는 이 장에서 논의된 색상

에 대한 정보가 당신 스스로의 탐구를 위한 도구로 사용되기를 바랄 뿐
이다. 색상에 대한 의미를 논하는 것이 만다라에 나타나는 색상을 이해
하는 유일한 방편이라고 할 수는 없기 때문이다.

　색상들이 가지는 관계성 역시 만다라를 고찰할 때 생각해야 할 부분이
다. 색상들은 마치 춤을 추듯이 서로 화합하고 공명한다. 전통적으로 특
정한 색상들의 공존은 특정한 의미를 가져다준다고 하며, 심리학에서도
어떤 색상들이 함께 나타나는 것에 특정한 의미를 부여하고 있다. 다음
장에서는 만다라에 나타난 색상들의 관계성에 대하여 논의하려고 한다.

만다라에 나타나는
색상의 체계

색상도 인간관계와 마찬가지로 관계성을 가지고 있다. 만다라에 조화로운 색상들이 나타난다는 것은 내면의 균형이 이루어지고 있으며 마음의 평화 혹은 치유가 되고 있다는 메시지를 내포하고 있다. 반면에 어떤 색깔들은 같이 있을 경우 조화롭지 못하고 서로 부딪치는 것을 본다. 만다라 속의 색상들이 서로 부딪치는 것같이 보일 경우는 제작자의 내면의 갈등이나 생동하는 활력, 혹은 어떤 차원의 부조화 등을 시사하고 있다고 볼 수 있다. 따라서 여러 색깔의 상호관계를 이해하는 것은 만다라 속에 나타난 색상들의 메시지를 이해하는 데 도움이 된다.

색상의 체계 중 어떤 것은 자연 속에서 관찰된 것에 의하여 만들어진 것들도 있다. 무지개는 언제나 빨강, 주홍, 노랑, 초록, 파랑, 남색, 보라의 같은 색깔로 나타난다는 점에서 좋은 예가 될 수 있다. 무지개는 여러 문화의 전통 속에서 신의 축복을 나타내는 표징이나 바라던 무엇을 기대하는 흥분된 감정이나 기쁨을 가져다 준다고 여겨져 오고 있다. 이러한 들뜬 기분을 대변하는 밝은 무지개의 색상은 동시에 우리로 하여금 비바람이 가까이 있었음을 상기시킨다.

계절의 변화 속에서 나타나는 색상들은 또 하나의 색상체계를 마련하게 하였다. 대부분의 문화권에서 연분홍색과 보라색, 그리고 노란색은 봄, 풍성한 초록과 황금색은 여름, 대지를 연상시키는 어두운 색상들은 가을, 그리고 짙은 회색이나 검정과 흰색은 겨울로 이어진다는 것이 사계절의 색상체계이다. 이러한 사계절의 색상을 합한 것은 한 해의 성장주기의 마감을 의미하며 이러한 색상은 동시에 한 인간의 삶의 계절을 은유적으로 나타내는 것과 비슷하다.

고대인들의 생활 속에서 중요한 부분을 차지했던 도자기 만드는 일과 금속을 다루는 일, 그리고 술을 빚는 작업에도 색상의 변환체계를 사용했다고 한다. 가마 속에서 진흙이 굳어지는 것이나, 금속에 열이 가해지고 그리고 술이 익어가는 동안 고대인들은 시시각각으로 변해가는 색상을 그들의 작업과정을 알아내는 중요한 지침으로 삼았다고 한다. 예를 들어서 도기를 구워내는 도공은 밝은 앵두빛이 나는 빨간색이 될 때까지 열을 가한 후 냉각시키면 원하는 도자기를 만들 수 있다는 것을 알고 있었고, 인간 내면세계를 상징적으로 정련하는 공예인이라 할 수 있는 연금술사들의 경우에도 작업과정에 나타나는 색상을 통하여 금속의 변화과정을 가늠했다.

화가가 빨간색과 노란색을 섞으면 주홍색이 된다는 것을 아는 것으로 미루어볼 때 각 색상이 가지는 관계성에 염두를 두고 색상들을 혼합한다고 할 수 있다. 주홍색은 독자적인 색상이지만 화가의 눈은 그 속에 있는 빨간색과 노란색을 볼 수 있으며 주홍색, 빨간색, 노란색 모두가 따뜻함, 에너지, 생동하는 주체적인 힘을 나타낸다.

〈색상의 바퀴(Color wheel: 그림2)〉는 예술가들이나 공예인들에 의하여 우리에게 전승되어 오고 있는 전통적인 색상의 체계이다. 자연과 가까이 살았던 고대 사람들은 그들이 자연스럽게 관찰한 자연의 색상을 철학, 윤리, 경영에 통합시켰던 것을 볼 수 있다. 우리도 이러한 고대의 예술가, 공예가, 철학자들과 자연적인 주위의 색상에 따라 다른 반응을 보였던 다른 시대에 살았던 사람과 별로 다른 점이 없다. 우리가 만다라에 대하여 잘 이해하려면 이러한 색상의 체계를 이해하는 것이 필요하다. 이 장에서는 이러한 색상의 관계성에 대한 이해를 촉구하는 여러 접근방법에 대하여 논의하려고 한다. 이러한 이해는 만다라를 이용한 필자의 경험에서 볼 때 많은 도움이 되었다

색상의 체계와 내용을 설명하기 위하여 다루려고 하는 내용은 다음과 같다. ① 일차색과 이차색, 그리고 만다라 작업과 관련하여 사계절을 나타내는 색상의 바퀴에 대하여 논의한다. ② 북미 원주민들의 치병의 바퀴에 대하여 알아본다. ③ 만다라의 이해를 도울 수 있는 쿤달리니 요가에서 나타나는 색상을 소개한다. ④ 서양의 전통과 연금술에 나타나는 색상의 상징성에 기반을 두고 있다고 볼 수 있는 괴테의 색상체계를 소개한다. ⑤ 조안 켈로그가 관찰한 만다라에 나타나는 특정한 색상들의 공존이 의미하는 것에 대하여 논의한다.

이러한 색상의 체계가 나에게 도움이 되었던 것처럼 당신에게도 도움이 될 것이다. 필자가 색상들에 대하여 다 알지는 못하므로 색상을 다른 방식으로 볼 수 있음을 인정한다. 여기에 소개된 방식이 적절하지 않다고 생각하면 당신의 작업에 적절하다고 여겨지는 다른 방법을 선택할 수 있다. 여기에 논의하는 내용의 요지는 만다라에 나타난 색상의 관계성 이해를 돕기 위하여 제시하는 몇 개의 접근방식일 뿐이며 색상의 이해를 위한 어떤 규제된 틀을 만들려는 것이 아님을 밝혀둔다.

〈색상의 바퀴〉는 유럽의 미술가들이 작품의 색상의 조화를 돕기 위하여 만들었다. 이것은 빨간색, 파란색, 노란색, 초록색, 주홍색, 보라색으로 이루어진 동그라미이다. 이 동그라미는 두 개의 삼각형에 의하여 분할되어 있다. 삼각형의 뾰족한 부분과 동그라미가 닿는 부분에 삼원색이 자리하고 있다. 이 세 가지 색상이 어느 정도의 양으로 혼합되느냐에 따라서 여러 가지 다른 색상이 만들어질 수가 있다. 이러한 모든 색상의 기본이 되기 때문에 그것을 일차색이라고 불렀다.

이차색은 두 가지의 일차색을 동일한 양을 사용하여 만든 색상이다.

예를 들면 보라색은 빨간색과 파란색의 혼합으로 만들어지는 색상이고 주홍은 빨간색과 노란색, 초록색은 파란색과 노란색의 혼합이다. 색상의 바퀴에서 이러한 이차색은 마치 그들이 어떤 색상으로 만들어졌는가를 보여주듯이 해당되는 일차색의 사이에 위치한다. 이차색은 두번째의 삼각형의 각진 부분이 바퀴의 둘레에 닿는 부분에 위치한다.

만다라에서 일차색은 인간의 기본적인 욕구를 반영하는 듯하다. 빨간색은 한 개체의 존재를 가능하게 하는 데 요구되는 리비도 혹은 삶의 힘으로 볼 수 있고, 파란색은 양육함으로써 관계성 구축을 가능하게 하는 능력과 관련이 있는 듯 보이며, 노란색은 의식성을 구축할 수 있는 역량을 나타내는 듯이 보인다. 이러한 삼원색이 만다라의 시리즈에 나타날 경우, 제작자의 기능이 일차적이고 인간적인 충동성을 지향한다고 일단 생각해 볼 수 있다.

만다라에 나타난 이차색을 고찰할 때 우리는 이차색을 구성하고 있는 일차색과 그 색상들의 상징적인 의미를 이차색 자체가 가지는 의미와 더불어 고려해야 한다. 즉, 보라색은 빨간색과 파란색의 혼합이라는 것과 함께 보라색 그 자체라는 것을 고려해야 한다는 것이다. 이렇듯 만다라에 나타난 이차색의 의미를 가늠하기 위해서는 이 세 가지 색상에 대한 연상도 종합해야 한다. 예를 들어서 이차색인 보라색의 궁극적인 의미는 빨강, 파랑, 그리고 보라색에 관련된 연상이 혼합이 되어야 한다는 것이다.

당신의 만다라에 나타난 보라색의 의미를 풀기 위하여 이러한 방법을 고려해보자. 나의 보라색에 대한 연상이 "존귀함, 권위, 높은 산들의 정상"이고, 빨간색은 "여과되지 않은 에너지와 충동, 분노"를 말하고 있으며, 파란색은 "고요함과 정의로움, 양육함"일 경우 나의 만다라에 보라색이 나타났다면 아마도 "차갑고 권위적인 외형을 갖춘 나의 모습 뒤에는 스스로 연관을 가질 수 있는 표현을 찾기 위하여 여과되지 않은 에너지를 불태우고 있다"는 메시지일 것이다. 또 다른 가능성은 "나의 특별하다는 느낌은 나의 분노를 묻어두고 남을 양육해야 하는 역할을 맡아온 것의 결과인 듯하다"는 것이다. 이것을 또 다르게 적용시킨다면 "나는 나의 삶 속의 한 여성과 어려운 관계를 유지하려는 노력을 통하여 고상함을 성취한다"고도 할 수 있을 것이다. 이러한 여러 가지 표현이 지금의 나의 상황에 적절한 듯한 정보를 제공한다면 바로 그것이 적절한 해석이다.

색상의 바퀴에서 반대쪽에 위치한 색상을 보색이라고 한다. 보색관계에 있는 색상이 나란히 놓였을 때 그들은 매우 구별되는 듯한 느낌을 가져다준다. 어떤 관찰자들에 의하면 그들이 함께 있을 때 떨리는 것이 보이기도 했다고 한다. 인상파 화가들은 실제로 그들의 작품에 생동감을 더하기 위하여 이러한 시각적 효과를 사용하였다. 보색관계에 있는 색상들은 빨강-초록, 노랑-보라, 파랑-주홍이다.

이러한 대칭적인 색상이 만다라 속에 나란히 나타났다면, 그들은 대극의 긴장을 시사한다고 볼 수 있다. 예를 들어서 빨간색(에너지)이 초록색(조절)과 경쟁하고, 노란색(자율성)은 보라색(어머니와의 연결)으로부터 독립하고자 하는 욕망과 습관적으로 부모에게 의존적인 것 사이에서 갈등하는 것을 시사하며, 주홍색(노력) 곁에 있는 파란색(양육)은 관계성을 가지고자 하는 욕망과 성취지향적인 노력의 마찰을 상징한다고 할 수 있다.

색상의 바퀴는 만다라에 나타나는 색상의 관계성을 이해하는 데 유용한 지침이 될 수 있다. 나는 이것이 이차색을 구성하고 있는 일차색의 의미를 관찰하는 데 매우 도움이 된다는 것을 발견하였다. 색상의 바퀴에서 보색관계에 있는 색상의 부딪침은 우리가 경험하고 있는 갈등을 이해할 수 있는 단서를 제공한다. 여기에서 우리는 어느 정도의 갈등은 삶의 과정에서 정상적으로 발생하는 것임을 기억해야만 한다. 이는 마치 만다라에 나타난 대칭되는 색상의 부딪침이 우리의 눈을 즐겁게 하는 생명력을 보여주는 것과 마찬가지이다.

우리는 우리 조상들같이 자연적인 리듬과 밀접하게 관계를 맺으면서 살아가지는 않는다. 우리는 비록 우리 주위의 자연환경을 의식하지 않고 살아갈 때도 있지만 어느 정도는 인식하고 있다. 자연환경에 대한 우리의 감수성을 보여주는 예로서 계절에 따라서 나타나는 정서장애를 들 수 있다.

사계절은 각각 특이한 색상을 지니고 있다.* 순서적으로 배열되어 있는 계절을 의미하는 색상들이 때로는 우리의 심리적인 성숙의 과정에서 나타나는 상징적인 색상과 동일한 것을 볼 수 있다. 계절을 반영하고 있는 자연적인 리듬이 인간의 심리적인 투사와 마음의 걱정 그리고 인간관계의 질에 그대로 나타나는 것을 볼 수 있다. 따라서 당신의 만다라에 나타난 색상을 계절에 따라서 이해하는 것은 당신의 색상선택을 이해할 수 있는 또 하나의 방법이 될 수 있다.

봄은 밝고 시원한 느낌을 주는 파스텔 색상으로 대변되는데 노란색과 분홍색, 그리고 연보라색이 대표적인 색상이다. 연초록색 역시 봄의 색상이다. 보라색도 가끔 봄을 나타내는 색상이기도 하다. 당신의 만다라에 나타난 이러한 색상들은 뭔가 새롭고 부드러운 것, 그리고 당신의 삶 속에 팽배해 있는 잠재력 등을 지향하고 있음을 나타낸다.

여름은 초록색, 황금색, 주홍색, 빨간색, 복숭아색, 하늘색을 포함하고 있다. 여름의 색상은 풍만하고 따뜻하며 활기에 넘치는 품격이 있다. 이는 여름을 대변하는 모든 색상들 속에 이 계절을 압도하는 태양의 색상인 황금색을 그 속에 함유하고 있어서인 듯하다. 이러한 여름의 색상이 당신의 만다라에 나타날 때, 그들이 어떤 차원의 성취나 풍요함 그리고 성숙함에 적용되는가를 고려해 볼 수가 있다.

가을의 색상은 고동색, 주홍색, 황금색, 적갈색(maroon)으로 집약된

---

* 계절에 관계된 색상들은 1988년과 1989년 종교와 심리학회에서 "온전함을 향한 여로(Journey into Wholeness)"라는 주제의 프로그램에서 294명을 대상으로 실시한 색상에 관한 설문지의 결과에 그 기반을 두고 있다.

다. 이러한 색상들은 추수와 관계되는 느낌을 나타내고 있으며, 풍성하게 익은 곡식을 거두어 들인다는 데서 오는 성취감과 함께 성수기가 지나갔다는 데서 오는 슬픈 느낌을 자아내기도 한다. 가을을 나타내는 색상들이 당신의 만다라에 나타난 경우 그들은 아마도 당신이 개인적인 성장을 위하여 뿌린 것을 거두고 있음을 시사한다고 할 수 있다. 또한 이러한 색상들은 죽음을 애도하는 과정, 즉 자연적인 삶 속에서 익숙해 있던 존재로부터 지나친다는 것, 과업의 완성 혹은 맡은 바 의무를 완수하고 있다는 것을 상기시키기도 한다.

겨울의 색상은 검은색, 흰색, 그리고 회색이다. 이러한 색상들은 추운 겨울과 긴 겨울밤의 회색빛 하늘과 흰색으로 빛나는 눈을 시사한다. 당신의 만다라 속에 나타난 겨울색상은 당신에게 내면적인 성장을 위한 휴식이 필요하다는 것을 나타낸다. 비록 만다라 속에 나타난 겨울색상이 차갑고 멀게 느껴지는 색상이기는 하지만 그들은 마치 겨울눈 아래 숨어 있는 봄을 재촉하는 메시지를 지니고 있다.

색상의 체계를 이해하는 데 도움이 되는 시간과 장소에 관한 문헌은 별로 없다. 자연 속에 나타나는 색상의 패턴은 민속심리학의 성찰을 구조화하는 기틀을 마련하였다. 많은 경우 노란색, 초록색, 검정색 그리고 흰색은 북미 원주민들의 치병의 바퀴의 네 방위를 대변하는 색상이다 (Storm, 1973). 아마도 북미 원주민들의 지도자들이 이 사방위를 나타내는 색상을 사계절과 연관시켜 사계절을 나타내는 색상으로 각 방위를 나타냈을 것이다.

치병의 바퀴는 삶, 윤리, 그리고 지역사회 속에 위치한 개인의 장소를 가리키는 도구로 사용되어 왔다. 이는 네 방위가 컴퍼스의 동서남북과 같이 원상의 형태로 만들어져 있기 때문이다. 각 방위는 특정한 색상을 가지고 있다. 북쪽은 흰색, 동쪽은 노란색, 남쪽은 초록 색, 서쪽은 검은색이다. 각 방위는 특정한 품성을 가지고 있으며 이는 터득해야 할 내용이나 깨달음, 그리고 기술을 나타내고 있다.

북미 원주민들의 전통에서 각 방위는 다음과 같이 다른 세계관을 나타낸다. 동쪽(노랑)은 계몽(illumination)을 나타내는 방위로서 마치 한 해를 여는 봄이나 하루를 시작하는 새벽, 그리고 새로운 지식을 발견하는 것과 연관된다. 남쪽(초록)은 신뢰할 수 있는 순진무구한 장소라고 한다. 이는 마치 초목들이 무럭무럭 자라는 여름 한나절과 같은 성장의 시간과 같다. 서쪽(검정)은 내향지향적인 방위라고 한다. 지난날에 뿌린 결실을 거두어들이는 계절인 가을, 또는 하루중 오후 혹은 인생의 중년기에 해당하는 방위로서 지난날을 되돌아보고 흘려보내는 자연적인 삶의 일부를 나타낸다. 북쪽(흰색)은 지혜의 장소로서 겨울에 내리는 흰눈을 시사한다. 긴 겨울밤의 어둠이 밝은 달빛에 은은하게 비치는 것과 풍성한 보물인 지혜를 시사한다.

북미 원주민들의 치병의 바퀴에 의하면 인간은 태어날 때 적어도 하나의 방향에 대한 이해를 가지고 태어난다고 한다. 삶을 살아가는 동안 다른 알지 못했던 방위를 이해하고 그 방면을 마스터하는 것이 그들이 도전해야 하는 목표이다. 스톰(Hyemeyohsts Storm)은 다음과 같이 설명하고 있다.

누구든지 이 위대한 사방위 중에 한 방위에 대한 것을 알고 있는 사람은 부분적인 인간이라고 할 수 있다. 예를 들어 북쪽에 대한 이해를 가지고 태어난 남자는 지혜롭기는 하지만 감정이 결여된 차가운 사람일 수가 있다. 동쪽에 대한 이해만을 가지고 살아가는 남자의 경우, 먼 곳을 꿰뚫어보는 독수리의 시력과 같이 확실하고 명쾌한 비전을 가지고 있다. 그러나 그는 결코 어떤 대상에 가까워질 수가 없는 나머지 스스로 분리되어 있다는 느낌을 가지며 삶의 현장으로부터 먼 창공을 맴돌면서 다른 사람들과 접촉하는 것을 꺼리는 사람이 될 것이다.

서쪽에 대한 이해만을 가지고 있는 어떤 사람들은 그들 마음속에 되풀이되고 있는 생각에 대하여 결정을 내리지 못한다. 남쪽에 대한 이해만을 가지고 있는 사람은 모든 것을 수염에 닿는 것에만 집착하는 쥐처럼 가까운 땅에 밀착시키고 목전의 일에만 집착하는 근시안적인 견해를 가지고

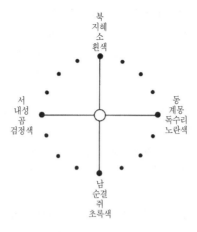

북미 원주민들의 〈치병의 바퀴〉(Storm, 1972, 6)

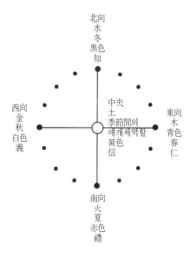

한국 민간치료에서 사용된 오방위에 대한 개념: 역주

있다(1973, 6).

사방위를 균형잡히게 합일시킨다는 것은 자연과 조화를 이룬 전인적
인 개인이 되는 것이다. 스톰의 언어를 빌려보자.

우리는 치병의 바퀴 중 우리에게 이미 주어진 선물에 해당되는 하나의 방위에 관한 법도를 배운 후 다른 세 가지의 방위가 가지는 법도를 추구해야만 한다. 오직 이 길이 우리로 하여금 해야 할 일들을 추진하는 결단을 내리게 하며 완전하고 균형잡힌 삶을 살 수 있게 한다(전게서: 6-7).

당신의 만다라에 흰색, 초록, 노랑 혹은 검정이 나타났을 때 당신은 치병의 바퀴에서 이러한 각 색상이 의미하는 가르침을 기억해야 할 것이다. 이러한 차원으로 색상을 이해한다는 것은 당신에게 북미 원주민들의 색상의 가르침을 보다 더 깊은 차원으로 이르게 하는 통로가 될 것이다.

이제 우리는 색상의 관계성에 관련된 또 다른 체계를 살펴보고자 한다. 이 체계는 영성성과 심리적인 사고가 얽혀 있는 인도의 민속심리학에 기본을 둔 것으로 서방에서는 익숙치 않은 사고의 체계이다. 그들의 사고의 체계는 인류역사의 여명기에 생성된 매우 오래 전의 형태로서 이러한 아이디어는 아마도 그들의 조심스러운 내면성찰에 그 기본을 두고 있는 듯하다. 홍미로운 것은 전통적인 인도인들의 사고라고 할 수 있는 인간 내면의 요구에 서열이 있다는 것과 별로 다르지 않은 개념이 현대 심리학자들에 의하여 이론화되었다는 점이다. 이러한 이론적인 맥락에서 색상의 체계에 대한 이해를 위하여 먼저 쿤달리니 요가로 알려져 있는 인도 민속심리치료의 체계를 간단히 소개하려고 한다.

쿤달리니 요가는 보이지 않는 에너지가 신체의 특정한 통로를 통하여 흐르고 있다는 것에 기초한다. 여기에서 특히 중요한 것은 이러한 에너지의 흐름이 척추를 통하여 아래에서 위로 향한다는 것이다. 이러한 에너지는 특정한 채널을 통과하며, 이것이 '챠크라(chakras)'라고 하는 에너지를 농축시키거나 변형시키는 기능을 하는 특정한 신체의 지점에 의하여 느껴진다고 한다.

각 챠크라는 특정한 발달적인 과제를 가지고 있다. 이러한 각 챠크라가 가지고 있는 과제가 마스터되고 성취되면, 쿤달리니 에너지가 자유

롭게 위로 솟아오르게 되고 다음 단계에 있는 챠크라에 도달하는 느낌
을 가지게 된다고 한다. 모두 일곱 개의 챠크라들이 척추를 따라서 몇
인치 간격을 두고 있으며 가장 위의 것은 머리 꼭대기에 있다고 한다.
제일 낮은 곳에 있는 챠크라는 생존하는 데 기본적으로 요구되는 요소
들과 관계가 있고, 가장 위에 있는 챠크라는 정신적인 깨달음과 연관이
있다고 한다. 그리고 윗부분에 있는 챠크라는 아랫부분의 챠크라가 완
전히 정리되고 맑아지기 전까지는 완전히 개방되지 않는다고 한다.

모든 챠크라는 각자의 색상을 가지고 있으며 적용되는 색상의 척추
아래에서부터 시작하여 빨간색, 주홍색, 노란색, 초록색, 파란색, 남색
(indigo) 그리고 보라색으로 나타난다고 한다. 첫번째의 챠크라를 나타
내는 빨간색은 "어두운 열정을 의미하는 피의 색깔"이라고 하였다
(Jung, 1976b:11). 배꼽에서 몇 인치 아래에 위치한 그 다음의 챠크라
는 주홍색으로 나타나고 있으며 이는 "하루를 여는 아침 노을이나 하루
를 마감하는 마지막 햇살인 저녁 노을"을 나타낸다고 하였다(전게서:
11). 그 다음 챠크라는 위로 올라가 명치 끝에 해당하는 태양총(solar
plexus)으로 노란색에 해당하며, 융은 이곳을 "해뜨는 장소"라고 서술
하고 있다(전게서: 23).

다음 챠크라는 심장 근처에 위치하며 초록색이 여기에 해당된다. 조
금 더 올라가서 목부분에 다섯번째 챠크라를 발견할 수 있으며 여기는
파란색이 주어졌다. 여섯번째 챠크라는 눈 사이 약간 위에 있고 색상은
남색이다. 일곱번째 마지막 챠크라는 머리 꼭대기에 있으며 보라색(가
끔 연보라로 나타난다)으로 나타난다고 한다.

첫번째 챠크라에 연관된 에너지에 대한 작업을 하고 있는 사람의 관
심은 생존을 위한 기본적인 요구와 신체의 건강에 대한 것이다. 이는 마
치 한 개인이 유아기의 경험을 연상하는 것과 같다. 당신의 만다라에 빨
간색이 나타났다면 건강에 대한 경고로 보고 고려해보아야 한다. 어쩌
면 당신에게 조심해야 하고 치료해야 할 질병이 있을지도 모르고, 또는

당신이 느끼고 있는 스트레스가 당신의 신체적인 건강에 영향을 미치기 시작했다고 볼 수도 있다. 나는 생리를 하는 여성들이 평소보다 빨간색을 많이 사용하는 것을 관찰하였다. 또한 빨간색은 당신이 안정감을 가지기 위하여 요구되는 기본적인 여건들이 충족되지 못했을 때의 기억들을 상징할 수도 있다.

두번째 챠크라에 연관된 과제는 자율성의 성장이고 색상은 주홍색으로 나타난다고 한다. 켈로그(1978)는 우리의 유아시절의 경험이 여기에 해당된다고 하였다. 우리들이 스스로의 존재가치, 우리의 판단이 주위에 영향을 미친다는 것으로, 이러한 상황의 발달상과 성별에 따른 정체감과 연관된 두려움 등이 포함된다고 하겠다. 당신의 만다라에 주홍색이 나타났다는 것은 이러한 이슈의 계속적인 등장을 뜻하며, 또한 성장 초기의 과제와 연관되는 새로운 작업에 진입하는 것으로 볼 수 있다.

세번째 챠크라는 명치 끝에 위치하고 자기의식(self-consciousness) 혹은 자아의 분출과 연관된다고 한다. 이 챠크라를 나타내는 색상은 모두 노란색으로, 이 챠크라는 우리에게 아동이 집을 떠나 학교로 가는 것에 따르는 두려움을 상기시킨다. 여기에서 나타나는 이슈는 자율적인 동시에 새로운 것을 배울 수 있는 능력, 사고력, 계획성 등이 포함된다. 주위환경과의 효과적인 연관이 여기에 해당되는 에너지에 대한 작업을 하는 개인에게 중요하다고 볼 수 있다. 당신의 만다라에 나타난 노란색은 당신이 배우려는 자세를 확립하였다는 것, 혹은 어떤 것에 대한 앎이 시작되고 있다는 의미, 혹은 당신이 고유한 견해를 보유하기를 자청하는 것을 나타낸다고 볼 수 있다. 또한 노란색은 우리가 어린시절에 독립하기 위하여 취했던 사건들과 연관이 있다고 볼 수도 있다.

네번째 챠크라는 심장 가까이 있으며 남들을 위하는 마음과 연관된다고 한다. 주어진 색상은 초록색이고 사춘기와 청소년기의 도전성이 이 챠크라와 연관되는 듯하다. 자신의 부모에 대한 무의식적인 요구를 포기하고 자신과 남들을 돌볼 수 있는 능력, 그리고 다른 사람들과 성적

으로 친밀한 관계를 가질 수 있게 되는 것 등의 보다 성장한 형태의 이
슈가 여기에 포함된다. 당신의 만다라에 나타난 초록색은 당신이 성숙
한 성인이 되어가는 것을 공포하고 있는지도 모른다. 혹은 어린시절의
경험을 재정비하여 현재의 인성발달에 연관을 시키고 있는 것인지도 모
른다(Dileo, Graf, & Kellogg, 1977).

다섯번째 챠크라는 목에 위치하고 있으며 파란색으로 나타난다고 한
다. 아무런 보상도 요구하지 않고 사랑할 수 있는 능력을 개발하기 위하
여 필요한 도전 그리고 아무런 보상 없이 당신이 선물로 받은 재능과 능
력을 나누어 가지는 것과 관련된다. 요가의 전통에서 이 다섯번째 챠크
라는 개인이 보다 큰 자신이라고 할 수 있는 아트만(Atman)과 재결합
되어 돌아오는 통로인 만큼 정신적인 깨달음의 성장과 연관된다. 당신
의 만다라에 나타난 파란색은 아마도 당신의 정신적인 품격이 깨달음으
로 깨어남을 시사한다고 하겠다.

정신적인 차원과 깊은 관련을 가지고 있는 여섯번째 챠크라는 양눈
사이에서 약간 위쪽에 위치하고 색상은 남색이다. 이 챠크라가 지니고
있는 에너지는 직관력의 성장과 관련되는 듯이 보이며 가끔 제삼의 눈
이라고 불리기도 한다. 이 챠크라에 도달한다는 것은 우리가 개인적인
차원에 제한된 자아의식(ego-consciousness)과 함께 일상적인 사건들의
배후에 있는 초월적인 질서와 합일하는 느낌을 가지는 경지에 이르게
됨을 의미한다. 남색이 당신의 만다라에 나타날 때 당신은 일상적인 사
건의 배후에 있는 보다 깊은 차원의 초월적인 현실을 경험하고 있는지
도 모른다.

일곱번째 챠크라는 머리 꼭대기에 있으며 보라색 내지 연보라색으로
나타난다고 한다. 요가의 전통에서 이 챠크라는 분리된 개인의 존재와
신비로운 우주와 연결하는 신성력적인 경험을 할 수 있는 능력과 연관
시키고 있다. 또한 연보라색은 쉼과 치유와 영감이 일어나게 하는 장소
로서 마치 영아기의 경험, 즉 낙원과 같은 안락함과 행복감을 연상시킨

다.

챠크라 체계에 나타나는 색상은 무지개색이다. 어떤 사람들은 무지
개색에 들어 있는 모든 색상을 동원하여 만다라를 제작하기도 한다. 이
러한 무지개색을 포함하고 있는 만다라에는 특별히 빛나는 무엇이 있어
보인다. 켈로그는 이러한 만다라에는 치유를 가능하게 하는 강렬한 힘
이 있다는 것을 발견하였고 이러한 현상을 "무지개의 경험"이라고 불렀
다(1977:125). 켈로그는 무지개 색상의 상징성은 비가 생물의 풍요를
돕는다는 것과 둥그런 무지개의 형태가 우주적인 자궁(vagina)이라는
것을 알게 되면 이해할 수 있다고 서술하면서, 무지개는 "마술적인 환
경 속에서 나타나는 새로운 탄생"을 의미한다고 하였다(1978:81). 당신
이 무지개색 모두를 사용한 만다라를 그렸을 경우, 이것은 마치 당신이
일곱 개의 챠크라를 모두 활성화한 것과 같다. 무지개색상을 가진 만다
라는 아마도 당신에게 지난날의 사고방식에 새로운 질서를 확립함으로
써 심오한 느낌을 경험하고, 다시 태어난 느낌을 가져다 줄지도 모른다.

색상의 바퀴와 빛이 프리즘을 통과하면서 나타나는 색상은 우리의
색상의 체계에 대한 이해를 돕는다. 그러나 여기에는 검정색과 흰색이
빠져 있다. 검정색에 대하여 어떤 이들은 아무 색상이 없는 무채색이라
고 하는 반면 어떤 이들은 검정색 속에 모든 색상이 들어 있다고 보았
다. 이는 흰색의 경우도 마찬가지이다. 당신의 만다라에 나타난 검정색
과 흰색이 지니는 특수한 의미는 무엇일까?

어떻게 보면 검은색과 흰색은 대칭되는 색상으로 또 서로 보완하는
색상으로 볼 수도 있다. 그 중 하나의 존재가 나머지 하나의 존재를 암
시하는 것은 마치 어둠이 그에 반대되는 빛을 암시하는 것과 마찬가지
이다. 검정색과 흰색은 전통적으로 양극을 대변하는 어둠과 빛으로 상
징되어 오고 있으며 다른 여러 가지의 양극성을 호소력있게 나타내는
비유로 사용되어 오고 있다.

당신의 만다라에 검정색과 흰색이 함께 나타났다면 이는 당신이 어

떤 차원의 양극성에서 오는 갈등을 경험하고 있다는 뜻일 것이다. 검정
색과 흰색으로만 그려진 만다라는 제작자가 세상을 지성적이고 차가운
언어차원으로 보고 있음을 뜻한다. 일반적으로 말해서 색상은 감정을
대변한다고 한다. 그러므로 색상이 존재하지 않는다는 것은 감정적인
것이 지하 어둠 속에 일시적으로 잠적했음을 시사한다고 하겠다. 심리
적인 갈등이 강력한 느낌을 유발하여 신체가 그것으로부터 회복하기 위
하여 일시적으로 움츠러들었을 때 이런 현상이 일어날 수 있다.

마치 여러 문화권의 창세신화가 혼돈 속에서 빛과 어둠의 분리로 시
작되는 것과 같이 만다라 속에 나타난 검은색과 흰색은 새로운 시작을
의미할 수도 있다. 이러한 만다라는 뼈만 남은 듯한 간결함을 시사하며
이는 모든 지나친 것을 태워버리거나 배제한 상태이다. 이러한 성취를
하기 위해서는 아픈 경험을 해야 하지만 이러한 간결함은 새로운 것이
거하는 장소를 만들기 위해서는 반드시 필요하다. 당신이 그린 만다라
속에 나타난 검은색과 흰색은 아마도 혼돈이 사라져 정신이 씨를 뿌릴
수 있고 거기에 새로운 생성이 개입하여 성숙한 삶으로 진입하고 있다
는 표징이라고 볼 수도 있다.

검은색과 흰색은 괴테의 색상에 관한 이론에서 중심적으로 다루어지
고 있는 색상이다. 괴테의 철학적 로맨티시즘은 고전적인 전통에 기반
을 둔다. 그는 자연에 대하여 깊은 애정을 가지고 자연 속의 색상을 조
심스럽게 관찰한 사람이다. 그는 색상에 대한 연구를 위하여 특정한 조
건을 갖춘 실험적인 상황 속에서 색상에 대한 그의 견해를 피력하고 있
다.

괴테의 색상에 관한 이론은 빛과 어둠이 색상에 미치는 영향에 기반
을 두고 있다. 괴테는 모든 색상들이 완전한 어두움(검은색)과 순수한
빛(흰색)의 사이에 포함된다고 보았다. 그는 "빛과 어두움, 명확한 것과
불명확한 것, 혹은 만약이라는 표현보다 일반적인 표현이 선호된다면,
빛이 있음과 없음이 색상을 창출하는 데 필수적인 요소"라고 저술하고

있다(1840; 1970:lvi). 괴테는 색상은 유기적으로 빛과 어둠의 비율에 의하여 이 색상으로부터 저 색상으로 흐르며 또한 검은색은 물질을 상징한다고 생각했다. 그에 의하면 물질이 정신(spirit)으로 꽉 차게 되면 변화한다고 한다. 빛이 어둠을 비추는 것은 괴테가 말하는 정신이 물질에 침투하는 과정이라고 볼 수 있다.

어두운 밤이 지나가고 아침햇살이 퍼지게 되면 어둠에 빛이 첨가되면서 검은색은 파란색으로 변하게 된다. 괴테는 검은색이 빛으로 옅어지면서 푸른색으로 변하는 것은 물질이 정신화(spiritualization)되는 것을 은유적으로 표현하는 것이라고 하였다. 말하자면 정신이 물질 속에 하강하게 되는 것은 마치 흰색이 어두워지는 것과 마찬가지이며, 흰색이 노란색으로 변하는 것을 설명하는 방식이라고 하였다. 이러한 측면에서 괴테는 파란색과 노란색은 인간의 영혼을 대변한다고 보았다.

초록색은 동일한 양의 파란색과 노란색의 혼합으로 만들어진 색상이다. 이렇게 같은 양의 파란색과 노란색의 혼합으로 생산된다는 사실이 괴테에게는 신체와 영혼의 균형으로 인간이 성취할 수 있는 조화로운 상태에 대한 확실한 보증이라고 보게 하였다. 노란색과 파란색이 검정색과 흰색으로부터 유래되었다는 것에서 초록 역시 빛과 어둠의 대극 사이의 화합을 대변한다. 괴테는 초록색이 색상의 계열 중에서 중심을 차지하는 것은 그 색이 가지는 조화로운 느낌 때문이라고 했다.

괴테는 계속적으로 많은 노란색 염료를 첨가했을 때 노란색이 짙어지고 파란색이 옅어지면서 빨간색이 나타난다고 하였다. 또한 "가장 강렬하고 순수한 빨간색이 … 두 개의 반대되는 색상이라고 할 수 있는 노란빨간색과 파란빨간색이 합해졌을 때 생산된다"고 기술하고 있다(1840; 1970:lvi-lvii).

괴테의 색상 순위는 우리로 하여금 파란색(모성)과 검정색(존재의 바탕)이 밀접한 관계가 있다는 것을 이해하는 데 도움을 준다. 이는 역시 노란색(부성)과 흰색(무형 혹은 무색의 공백)이 연관을 가지고 있다는 것을 시사한다. 당신의 만다라 시리즈에서 검정색과 흰색이 파란색과 노란색을 뒤따라 나타날 때 특정한 양극성이 화합하는 것이라고 할 수 있다. 이러한 움직임을 괴테의 이론에 의거하여 이해한다면, 어떤 중심 내지 화합을 향하여 일보 전진하고 있는 것이다. 파란색과 노란색은 인간적인 차원의 양극, 즉 여성성과 남성성을 표현하고 있다. 남성성과 여성성의 대극에 대한 개념을 정립한다는 것은 우리로 하여금 초록색으로 상징되어 나타나는 새로운 결합, 혹은 성스러운 내면의 결혼과정에서 나타날 수 있는 대극합일의 가능성이 열리게 된다는 것을 의미한다.

괴테의 색상에 대한 이론은 자연의 역동적인 리듬과 연관되어 있으며 그의 이론적인 체계가 어둠과 빛으로 상징될 수 있는 이원론적인 자연을 개념화한 것으로 볼 수 있다. 괴테는 모든 것을 통합된 것으로부터 떨어져 나가거나 반대로 통합의 상태를 지향하는 것으로 보았다.

> 통합된 것을 나누는 것과 나누어진 것을 통합하는 것은 자연이 지니고 있는 삶의 원칙이다. 이는 우리가 움직이며 살고 있는 이 외부 세상의 영원한 긴장과 이완, 수축과 팽창, 들이마시는 숨과 내쉬는 숨으로 나타난다(전게서, 293-294).

괴테의 색상에 대한 이론은 만다라에 투사된 당신의 정신세계의 역동적인 움직임을 보는 데 도움을 준다. 이는 당신이 검정색과 흰색을 분별하는 것으로부터 파란색과 노란색을 통하여 초록이라는 통합체에 이른다는 사실과, 그것이 다시 검정색과 흰색으로 되돌아간다는 것을 알게 할 것이다.

이제부터 괴테 이전에 있었던 색상에 대한 체계를 논하려 한다. 이러한 색상의 체계는 오랫동안 비과학적이라는 이유로 외면당해 온 연금술의 상징에 나타나는 것으로써 융은 여기에 특별한 의미를 부여하고 있다.

일반적인 물질을 가지고 귀금속을 만드는 연금술의 작업과정에 요구되는 것은 밀폐된 용기 속에서 물질을 태우는 것, 용해시키는 것, 건조시키는 것으로 구성되어 있다. 융은 이러한 연금술사들의 활동이 개성화라고 부르는 개인의 성숙을 지향하는 심리적인 경험의 투사라고 믿었다. 따라서 연금술의 결과로 나타나는 귀금속은 총체적인 인성을 지향하기 위하여 열리는 정신을 비유적으로 나타낸다. 융 학파 학자인 에스터 하딩의 언어를 빌려 보자.

> 연금술의 밀봉된 용기는 개인 자체이다. 그 속에 흩어져 있는 많은 정신세계의 조각들은 모아져야 하고 새로운 창조를 위해서 용해되어 하나가 되어야 한다. 이 속에서는 연금술사들이 신비로운 융합(coniunctio) 혹은 결혼이라고 부르는 대극합일이 일어나야 한다(1973:431).

연금술에 관련되는 문헌에 정련과정이 언급되고 있다. 에딘저 (1990)는 연금술의 과정을 심리적인 성장의 비유로 보는 차원에서 연금술에 나타나는 숫자 넷은 특별한 정보를 제공하고 있다고 지적하였다. 이 네 가지는 태우는 과정(calcinatio), 용해과정(solutio), 응고/건조과정(coagulatio), 증발/상승과정(sublimatio)이다. 각 단계는 〈제1의 물질 (Prima Materia)〉을 시작으로 하여 네 가지의 요소들(불, 물, 대지, 공기)에 의거한 작전을 시작하게 된다. 각 단계의 작전은 심리적인 내면의 변형을 상징한다. 이러한 네 단계는 각각 특정한 색상과 연관되어 있다. 이러한 연금술의 단계에서 나타나는 색상을 당신의 만다라에 나타난 색상과 대조해보는 것으로 제작 당시 당신의 내면의 경험을 만들고 있는 에너지에 대한 단서를 잡을 수도 있을 것이다.

연금술의 과정이 시작되는 단계에 있는 〈제1의 물질〉은 표현하기 어려운 어두운 색상을 띤다고 한다. 연금술의 첫 단계는 〈제1의 물질〉을 용기에 넣어 밀봉하는 것이다. 하딩은 일부 연금술의 문헌에 이러한 밀봉된 용기 안에 남자와 여자가 함께 들어 있는 것을 보여주고 있다고 하였다. 심리학적으로 볼 때 이는 변형을 위해서는 남성성적인 요소와 여성성적 요소가 더불어 작업을 하는 것이 중요하다는 것을 보여주고 있다. 빨간색(남자)과 흰색(여자)은 이 커플과 연관된다.

만다라에 빨간색과 흰색이 함께 나타났다는 것은 연금술적인 용기가 조성되고 있다는 것을 공포하는 것이다. 이것을 심리학적인 언어로 표현한다면 욕망에 장애를 받아 욕구불만을 경험하는 것이라고 할 수 있다. 〈제1의 물질〉을 연금술의 밀폐된 용기에 넣는 것이 변형을 향한 첫걸음이며, 개성화를 지향하는 개인은 먼저 욕구불만의 상황에 머무르는 경험을 해야 한다는 것을 의미한다. 이러한 답답한 상황에서 거기에 갇혀 있는 물질들은 어두운 색깔을 띠게 되고 결국 검은색으로 변한다. 이 상태를 연금술에서는 '검은색의 과정(nigredo)'이라고 부른다. 개인의 심리적인 성장에 있어서 이러한 상황은 개인이 자신의 어두운 면을 대면하는 것에 비교될 수 있다. 이는 마치 한 개인이 내면에 대면하고 싶지 않지만 대면해야만 하는 그림자와의 만남을 의미한다. 만약 당신이 매우 어두운 색상으로 그려진 만다라를 대하게 될 때 이러한 어두움이 제작자의 개성화 과정에서 반드시 거쳐야 할 과정인지에 대해서는 고려해 볼 필요가 있다. 이러한 과정에 있는 사람에게 흔히 자아가 상처를 받았다고 느끼고 자존감이 낮아지고 우울해지는 현상을 볼 수 있다.

태우는 단계(calcinatio)가 연금술에 나타나는 다음 단계라고 한다. 이 단계에서 밀폐된 용기에 담긴 〈제1의 물질〉을 빨갛고 뜨거운 불에 태우는 것이다. 태우는 동안 검던 〈제1의 물질〉이 밝은 빨간색으로 되었다가 보라색으로 옅어지게 된다. 어떤 문헌에서는 열이 가해짐에 따라서 공작의 꼬리에서 볼 수 있는 영롱한 색상이 나타난다고 기술하기도 한다. 당신의 만다라에 만약 이러한 색상이 나타난다면 강렬하게 수용된 감정에 의한 일종의 심리적인 요리라고 할 수 있는 정신세계의 변형이 나타나고 있다고 볼 수 있다. 당신의 만다라에 나타난 빨간색이 어떤 격렬한 품격을 가지고 있다면 그것은 변형을 가능하게 하는 정신세계의 불꽃이 빨간색의 인도로 이루어지고 있을 가능성을 고려해 볼 수가 있다.

불꽃이 사그라지고 나면 흰 재를 남기는데 연금술사들은 이것을 "얇게 벗겨진 대지(white foliated earth)"라고 불렀다. 그리고 그들은 이러한 흰 재에는 태워버린 물질의 핵이 들어 있고 연금술의 정련과정을 계속하는 데 필요한 모든 요소들을 지니고 있다고 믿었다. 만다라에 나타난 흰색은 자아가 무의식의 원형적인 에너지의 시련으로부터 생존하고 있음을 나타낸다. 이는 영혼의 어두운 밤이 새롭고 얽매이지 않는 어떤 것으로 서서히 솟아오르고 있으며 우리가 알 수 없는 어떤 신비로운 길을 제시한다고 할 수 있다.

연금술의 정련과정의 다음 단계에서 연금술사들은 재를 물과 함께 섞어 처방한다. 그들은 이것을 용해(solutio)라고 불렀다. 이 과정에서는 더 이상 축소할 수 없었던 고형물질을 상호침투가 가능한 액체로 변화시킨다. 이러한 과정은 물질을 초기의 형태로 되돌리는 것으로, 일시적인 퇴행이 의식성의 내용을 재정비하는 데 도움이 된다는 것과 일치한다고 할 수 있다. 물의 색깔인 파란색이 압도적으로 나타난 만다라는 제작자의 정신 속에 용해과정의 작업이 진행되고 있다는 것을 나타내고 있는지도 모른다.

연금술사들은 새로운 물질을 창출하기 위하여 액체상태로 있는 물질을 응고시키는데 이러한 과정을 응고(coagulatio)라고 불렀다. 이 작업을 가능하게 하기 위하여 그들은 유황(sulphur)을 사용한다. 유황은 노란색의 인화성을 가진 물질로서 태양과 같은 특성을 가졌다. 심리적인 상징성에서 유황은 우리에게 태양이 의식성을 대변한다는 것을 연상시킨다. 이 두 가지의 이미지를 연결하면서 융은 "유황은 태양을 연상시키는 능동적인 물질로서 심리학적인 언어로 말한다면 의식성에 동기를 부여하는 요소"라고 저술하고 있다(1976a: 151).

노란색이 당신의 만다라에 나타났을 경우 의식성의 역동력, 의지력이 능동적으로 약조되어 있음을 나타낸다고 할 수 있다. 정신 속에 뭔가 불확실하고 미해결 과제로 남아 있던 것이 확실해지고 의미를 가지게 되며 보다 풍부해지게 된다. 상처받고 어둠에 갇혀 검은색의 과정(nigredo)에 있던 자아가 확장된 의식을 보유하고 다시금 그 빛을 발하게 된다.

상승단계(sublimatio)는 고형물질이 가스형태 속으로 직접 통과하는 작업이다. 에딘저는 이 과정의 작업은 양극 사이에서 나타나는 역동적인 동작을 비유적으로 나타내고 있다고 하였다. 어떤 개인이 스스로 상반되는 요소들을 반복하여 대면하면서 거기에 대한 깨달음을 얻게 되었을 때 중심점에 대한 연관성을 얻게 된다. 에딘저는 이러한 점을 다음과 같이 설명하고 있다.

　　한 개인의 존재에서 나타나는 모든 요소들이 특정한 코스로 통하는 일반적인 동작의 반복으로 갈등요소들을 합일하게 되고, 서서히 초개인적인 중심에 대한 성찰을 하게 된다. 번갈아 가면서 계속적으로 경험하게 되는 양극 사이의 교류는 결국 그들로 하여금 화해를 향하게 한다 (1990:143).

대극으로 대칭되는 빨강/파랑, 주홍색/보라색, 파랑/노랑, 검정/흰색의 쌍들은 양극 사이의 왕래를 표현한다. 이러한 쌍으로 나타나는 색상들이 만다라에 나타나는 것은 당신의 정신 속에 상반되는 요소에 대한 의식성이 솟아나고 있다는 것을 나타낸다. 당신에게 이율배반적인 품성이 조성되는 것과 함께 인성이 여러 배출구를 통하여 보다 완성된 해결을 하게 되며 그럼으로써 어떤 다른 가능성이 도래하게 된다. 당신의 만다라에 나타난 색상은 당신의 정신적인 패턴의 변화를 반영할 뿐만 아니라 때로는 당신이 이해할 수 있는 능력을 앞질러가는 경우도 있다는 것을 덧붙인다.

연금술의 작품은 대극의 신비스러운 융합(coniunctio)에서 완성된다. 이러한 융합이 가져다주는 조화는 연금술사들이 오랫동안 기다려 오던 귀금속으로 나타난다. 이러한 융합은 양극(정신/물질, 의식/무의식, 선/악)을 성공적으로 분리한 결과로서 성취된다. 그렇게 되면 양극이 가지는 고유한 존재를 유지하는 한도 내에서 만남 속에 다시 결합하게 된다. 그러면서도 이율배반적이기보다는 큰 것의 한 부분이 되고, 전체성을 보다 많이 포함하게 된다. 연금술사들의 관점에서 보면, 작업이 시작될 때는 밀폐된 용기 속에 있던 보통 남자와 여자가 마지막에 가서는 고귀한 한 쌍의 결혼으로 마감된다.

하딩은 이러한 쌍의 결혼은 연금술의 작업을 성공적으로 완성시키는 중심적인 과제라고 서술하고 있다.

… 왕, 그것이 황금이든지 정신이든지 여러 번 정화되어야만 한다.… 그녀 자신[왕비, 혹은 신체] 역시 씻는 것과 목욕하는 것으로 대변되는 정화과정을 거쳐야만 한다. 그렇게 함으로써 그녀는 검은 대지, [연금술의] 검은색의 과정(nigredo)의 상태에서 흰 대지나 은으로 변하게 될 것이다. 또 다른 문헌은 이러한 결혼 또는 수태에 대하여 "당신의 황금 씨앗을 흰 대지 위에 뿌리라"고 적고 있다(1973:451-452).

그리고 그녀는 신비로운 결혼의 의미를 개인적인 성장의 차원에서 확실하게 보여주고 있다.

심리학적으로 이것은 확실히 신체와 정신, 의식적인 것과 무의식적인 것의 합일과 연관된다. 이러한 합일은 양극 모두가 어느 정도의 분석과정을 거침으로써 정화되었을 때 비로소 안전하게 시도될 수 있다는 사실과 연관시킬 수가 있으며 그렇게 함으로써 의식적인 성격과 개인적인 무의식이 재점검되고 질서가 잡히게 된다(1973:452).

바꾸어 말한다면 우리는 신비로운 내면의 결혼이 가져다주는 지참금을 차지하기 위하여 우리 내면의 작업에 조심스럽게 참여해야만 한다는 것이다.

대극 합일에 관련되는 색상들은 연금술에 관한 분석심리학의 문헌에서 언급되고 있다. 분석심리학자들(Jung, 1976a, 1974; Harding, 1973; Edinger, 1990)에 의하면 빨간색, 빨간빛을 가진 노랑, 혹은 빨강과 흰색의 화합으로 만들어지는 크림색이나 분홍색이 대극합일을 시사하는 색상이라고 말하고 있다. 이러한 계열의 색상이 당신의 만다라에 나타났을 경우, 당신은 아마도 이른 성장단계를 통하여 양극 사이의 갈등을 소유함으로써 의식의 확장으로 힘들게 얻은 수확을 거두어 들이고 있다고 볼 수 있다. 이것은 은혜를 경험하는 상태이다. 이는 결코 오래 가지는 않지만 우리는 이러한 기억을 〈제1의 물질〉 속에서 거두어 들인 씨앗으로서, 우리가 새로운 주기의 작업을 시작하게 만들 것이다.

만다라에 나타나는 형태에 대하여 논하게 될 다음 장으로 넘어가기 전에 색상에 관하여 조금 더 언급하고 싶다. 이것은 조안 켈로그가 그녀의 임상에서 발견한 특기할 만한 색상의 배열에 기반을 둔 것이다. 만다라에 대한 우리의 관심이 임상적인 정보를 위한 것이기보다는 개인적인 성장에 보다 많은 관심을 부여하고 있는 이상, 켈로그의 관찰은 우리 스스로 만다라를 탐구하는 것에 대한 부가적인 정보를 제공한다고 할 수 있다. 당신의 만다라에 특정한 색상들이 함께 나타날 경우 켈로그가 색상에 부여하는 의미를 생각해보면서 그러한 체계가 가져다주는 의미가 적절한지 검토해보는 것이 좋을 것이다.

조안 켈로그(1978)에 의하면 검은색과 분홍색이 함께 있을 때는 스스로에 대한 부정적인 느낌을 나타낸다고 하였다. 이러한 색상들이 당신의 만다라에 나타났다면 이는 아마도 신체적 감정적인 차원을 포함한 당신의 건강과 안녕에 신경을 써야 한다는 경고일 수 있다. 예를 들면

어떤 위험한 장소나 사건들로부터 자신을 보호할 것과, 당신과 당신이
사랑하는 이들과 서로 지지적인 관계를 확인하거나 재확립하고, 스스로
비하하는 생각들을 대면하고 거기에 대한 생각을 정리할 것 등이다. 이
러한 색상의 배열은 당신에게 부정적인 것이 있다는 것을 알아차리기
전에 나타날 수 있으므로 미리 예방대책을 세우게 되면 불필요한 고통
을 제거할 수도 있다.

켈로그에 의하면 만다라에 검정색과 빨간색이 함께 나타난 경우 우
울증과 분노를 동시에 경험하고 있음을 나타낸다고 하였다. 이 두 가지
색상이 함께 나타난 만다라를 제작한 경우 감정적인 느낌이 폭발적인
행동으로 나타날 수도 있다는 것을 시사한다. 만다라가 당신의 개인적
인 성장을 위하여 제작된 경우라면 당신의 언짢은 기분이나 분노 또는
남을 정죄하려는 등 남을 해칠 수 있는 행동들이 이러한 색상들을 통하
여 만족스럽게 표출될 수 있다.

만다라에 파란색과 빨간색이 함께 나타나는 것은 제작자의 마음이
갈등상태에 있다는 것을 알려주는 경종이다. 켈로그는 이 두 색상간의
갈등을 젊은 영웅이 용에게 도전하여 이김으로써 원하던 바를 성취한다
는 신화적인 용들의 싸움과 연관을 짓고 있다. 이러한 싸움은 개인이 어
린시절 부모로부터 분리되어 스스로의 의식성과 정체감을 가지고 자유
롭게 살아가기 위하여 싸워야 하는 일종의 우주적인 전투이다. 켈로그
는 이러한 한 인간의 내면의 갈등이 만다라 시리즈를 그리는 동안 보라
색이 진파란색이나 빨간색으로 대치되어 노란색으로 향하게 될 때 해결
의 여지를 보여준다고 하였다.

빨간색과 남색은 단순히 적대자가 되기 위하여 고유한 짙은 보라색으
로부터 분리되어 나왔다. 이러한 갈등은 결국 자아와 자기의식성이 자기
의 태양인 노란색으로 태어날 때 해소된다(1978:58).

만다라에서 검정색이나 짙은 파란색과 함께 사용된 노란색은 자아팽창과 낮은 자존감이 번갈아가면서 나타나는 것에 무방비 상태임을 시사한다. "개인이 모두 가지고 있든지 … 혹은 아무것도 가지고 있지 않든지 팽창적인 포즈를 취하고 있는 자아는 계속적으로 양극의 위협을 받고 있다(전게서: 75)." 또한 노란색이 검정색이나 짙은 파란색과 함께 나타나는 것은 무아의 상태와 거부당한 우울함의 사이에서 나타나는 굴곡이 심한 정동반응을 상징한다. 이러한 색상의 배열이 당신의 만다라에 나타났을 때 당신은 당신의 진정한 모습과 스스로가 가진 내면의 힘을 발견하기 위하여 진지한 내면의 작업을 해야 할 필요성을 고려해보는 것도 좋을 것이다.

켈로그는 빨간색과 초록색이 함께 나타나는 만다라는 갈등을 지적할 수 있다는 것을 발견하였다. 빨간색은 욕구를 상징하고 초록색은 이러한 아이의 요구를 억제하는 부모라는 것이 그 이유가 아닐까 생각한다. 빨간색과 초록색은 많은 사람들에게 크리스마스를 연상시킨다. 우리는 명절에 가끔 강력한 이율배반적인 감정을 경험하게 된다. 이는 아마도 빨간색과 초록색이 지니는 이율배반성 때문이 아닌가 생각해 볼 수 있다. 이 색상의 배열은 당신 내면의 아이에게 배려를 해주어야 한다는 경고일 수도 있다.

이 장에서는 색상의 관계성에 대한 다양한 체계를 소개하였다. 만다라에 나타나는 또 한 측면의 의미를 탐구하기 위한 의도로 색상이 가지는 의미를 논의할 때 언급한 바와 같이 색상의 관계성에 있어서도 여기에서 논의된 것이 전부라고 말하지는 않겠으며, 다만 당신의 만다라의 의미를 이해하는 데 참고하기를 바랄 뿐이다. 이 문제에 있어서 가장 진실된 실험대는 여기에서 논의된 색상의 체계가 당신의 성숙과정에 얼마만큼의 영양분을 제공할 수 있는가 하는 것이다. 만다라가 서서히 그 진실된 모습을 드러내면서 당신 앞에 나타날 때 여기에서 터득한 성찰을

확인할 수 있게 될 것이며 색상에 대한 당신 어휘의 심도 또한 깊어질
것이다.

만다라에 나타나는
숫자와 형태

생물학자가 단세포 생물의 생태를 연구하기 위하여 현미경을 통하여 그들의 형태를 관찰하는 일은 그들이 어떤 생물체인가를 알기 위해서는 필수적인 작업이다. 우리가 만다라 속에 나타나는 어떤 형태를 관찰한다는 것도 이러한 생물학자의 작업과 같으며, 우리의 끊임없는 노력과 경험만이 만다라에 나타나는 형태의 의미를 이해할 수 있게 할 것이다.

형태는 선과 색으로 구성된다(제3장과 제4장에 논의된 색상에 대한 정보를 참조할 것). 당신이 그린 선의 품격은 신체 근육의 긴장감의 반영이라고 할 수 있다. 당신이 감정적으로 격해 있을 때는 신체적으로 강하게 눌린다는 점에서 보다 무거운 선을 그리게 된다고 할 수 있다. 반대로 당신이 병이 들어 피곤하거나 허약하고 우울한 상태에 있을 때는 약하고 희미한 선을 그리게 된다. 선의 두께는 사용하는 재료에 따라서 달라질 수 있으며 부드럽게 펴지는 물감을 쓰는 경우에 선을 두껍게 그릴 확률이 더 높다고 하겠다.

만다라에 곡선이나 직선만 나타날 수도 있고 곡선과 직선이 함께 나타날 수도 있을 것이다. 켈로그는 곡선은 여성이 그린 만다라에 주로 나

타나고 직선은 남성이 그린 만다라에 주로 나타나는 듯하다고 하면서
다음과 같이 언급하였다.

> 곡선은 많은 경우 비이성적인 삶을 영위하고 또한 상황을 감정적인 방
> 법으로 해결해나가는 것을 반영한다. 곡선이 이러한 여성성과 관계되는
> 요소를 나타낸다는 것은 특기할 만하다. 반면에 직선은 대부분의 경우 이
> 성적으로 문제를 처리하는 남성성적인 요소를 대변하는 것으로 보인다…
> (1977:125).

직선과 곡선은 그들이 묘사하고 있는 형태에서도 그 성격이 나타난
다. 예를 들어 직선으로 구성된 삼각형은 이지적인 "남성성"을 나타내
고 곡선으로 만들어진 꽃은 감정적인 "여성성"을 나타낸다.

만다라 둘레의 경계선은 제작자 자신과 주위환경 혹은 다른 사람들
과의 관계를 나타내는 심리적인 경계이다. 융은 이 경계가 두껍게 그려
진 경우 "외부세계를 차단하거나 경직된 태도를 나타낸다"고 보았다
(1973b:44). 켈로그는 융의 관점에 동의하면서 경계가 두꺼운 선으로
그려진 경우는 저항적인 자세의 반영이면서 동시에 "깊은 내향지향성"
을 대변하는 것일 수도 있다는 것을 발견하였다(1977:126). 연하게 그
려졌거나 거의 보이지 않는 경계는 제작자가 다른 사람들에게 개방적이
라는 것과 자신의 환경 속에 있는 요소들에 대하여 감수성이 강하든지
혹은 개인의 정체감이 확산된 상태를 나타낸다고 하였다. 따라서 지나
치게 진하지 않고 그저 보일 정도의 경계선은 자신과 남들과의 사이에
확실한 심리적인 경계의 설립과 적절하게 정의된 자아정체감을 나타낸
다.

대부분의 만다라는 몇 가지 형태로 구성되는 것이 보통이다. 이러한
여러 형태들은 겹쳐져 있거나 입체감을 내기 위하여 사용된 여러 층의
형태들을 암시하는 것들로 구성되어 있다. 이러한 형태들은 생각없이

나열될 수도 있고 혹은 질서정연하게 배열된 형태로 나타날 수도 있다. 당신의 만다라에 나타난 형태들에 대하여 적어보라. 이는 아마도 지금의 당신에게 특별히 중요할 것이다. 만다라의 아랫부분에 나타난 형태는 일반적으로 무의식의 반영이고 윗부분에 나타난 것은 의식성에 가까운 내용을 반영한다. 이러한 이유로 이 부분의 내용은 비교적 쉽게 감지할 수 있다(64 쪽에 논의된 만다라의 위치에 대한 정보 참조). 만다라 속에 나타나는 각종의 형태들은 이루 헤아릴 수 없이 많으며 어떤 것이 잘된 것이고 잘못된 것이라고 분류할 수는 없다. 그것은 단순히 만다라 제작 당시의 현상일 뿐이기 때문이다.

　당신의 만다라에 있는 형태를 분석할 때는 반드시 그 숫자를 고려해야 한다. 때로는 생각없이 그린 그림에서 숫자 9를 발견하게 되는 경우처럼 무의식적으로 디자인된 그래픽 형태의 특정한 숫자를 포함시킬 수도 있다. 그러나 숫자는 보통 특정한 형태들이 가지는 한 요소로 나타나는 것이 대부분이다. 예를 들어 여섯 개의 꽃잎이 있는 꽃송이가 나타난 경우 꽃에 대한 상징성과 더불어 숫자 6이 중요한 상징으로 떠오르게 된다.

　만다라에 나타난 숫자를 파악하고 그것의 의미를 풀어나가는 것은 만다라의 의미를 이해하는 데 도움이 된다. 별이 가진 각의 개수, "분홍색 물방울"의 숫자 또는 직관적으로 선택한 색상의 숫자 등을 세부적으로 적어보는 것은 숫자의 의미분석에 도움이 된다. 또한 특정한 숫자의 나이 시절에 당신의 삶이 어떠했는지를 점검해보는 것도 좋을 것이다.

　당신의 만다라에 나타난 모든 선, 숫자, 형태 등 모두가 중요한 의미를 가지고 있으며 때에 맞추어 온전하고 적절한 정보를 제공할 것이다. 당신은 만다라를 제작하면서 온전하고 적절한 형태들을 보는 것만으로도 깊은 의미를 부여하고 지금의 상태에 만족하면서 더 이상 작업을 하려 하지 않을 수도 있다. 그러나 당신의 만다라가 시사하고 있는 의미를

깊이 파헤치는 것이 만다라의 제작경험보다 어쩌면 더 보람있는 작업일
지도 모른다.

　만다라 속에 나타난 형태의 상징적인 의미는 제2장에 논의한 바대로
간단한 저널을 쓰는 방법으로도 자주 사용되고 있다. 만다라에 대하여
보다 폭넓은 이해를 도모하기 위하여 이 장에서는 만다라에 자주 나타
나는 숫자와 형태에 대해서 논의하려고 한다. 필자는 종교적인 제의와
심리학, 그리고 신화에서 나타난 전통적인 상징성 등을 베를 짜는 듯한
느낌으로 엮어가려고 한다. 이러한 폭넓은 정보는 만다라의 의미를 이
해하는 데 요구되는 확충에 도움이 될 것이다.

하나

　숫자 하나는 한 개체, 조화로운 단위 그리고 시작을 나타내며 어떤 과
정의 입문식이다. 마치 작은 도토리 하나로부터 거대한 떡갈나무가 시작
되듯이 하나는 훨씬 더 큰 것 많은 것이 될 수 있다는 잠재력을 시사한
다. 만다라가 하나의 형태 내지 디자인으로 만들어졌을 때 어떤 잠재력
이 정신과 더불어 확장되고 있다는 것을 제시한다고 할 수 있다.

　첫번째 번호로서 하나는 어떤 차원에서 모든 숫자를 대변하기도 한
다. 그 자체와 영원성을 가진 다른 숫자들을 시사하고 있는 이상 숫자
하나는 단위의 상징이라고 할 수 있다. 융은 하나를 "한 단위(unity),
유일한 것(one), 모든 것은 하나(all-oneness), 개인적인 것, 이원성이
아닌 것, 즉 단순한 숫자가 아닌 철학적인 개념, 단자(monad)로서의
신성력에 의하여 생겨난 하나의 원형을 나타내는 숫자"라고 하였다
(1965:287).

　하나는 마음의 상태를 대변하기도 한다. 이는 대립되는 양극성이 없
는 사고력을 가진 마음상태이다. 모든 것(all)은 어떤 카테고리에 의하
여 방해받지 않은 이음새가 없는 단위로서 이러한 단위적인 의식성은

신비주의자들에 의하여 언급되어졌다. 융은 우리에게 낯설게 느껴질 수도 있는 이 조화로운 한 단위의 심리학적인 경험은 우리 모두가 영아로서 체험했다고 보았다(1976b). 우리의 정체성은 세상을 경험하기 전에는 하나의 단위였다. 한 개인은 성장하면서 사고, 느낌, 감각, 직관의 기능이 분화되고 이것이 개인의 의식 속에 자리잡게 된다. 이러한 과정에서 네 가지의 기능 중에 하나만 의식화된 사람은 어딘가 서투른 초보자의 정신상태에 가깝다. 융이 서술하였듯이 이러한 시기는 "인간이 그의 환경에 대하여 비판성이 없는 무의식 상태로 순진하게 참여하는 시기로서 모든 것들을 있는 대로 베푸는 시기"이다(Von Franz, 1986: 124).

당신이 만든 만다라에 오직 하나의 형태만 나타났거나 형태가 없이 그저 색깔로만 채워넣었다면 당신은 아마 융이 말했던 어린시절의 순진무구한 의식성의 상태와 비슷한 것을 경험하고 있는지도 모른다. 그러한 경험은 당신으로 하여금 어린시절의 일들을 상기시킴으로써 안락한 분위기에서 수동적으로 사랑을 받는다는 느낌을 준다. 성인으로서 당신은 이러한 기분은 초개인적인 상태에서 느낄 수 있다는 것도 확인했을 것이다.

하나는 우리에게 특별한 어떤 태도를 시사하기도 한다. "내가 제일이야"라는 어휘는 개인성이 가지는 중추라는 의미를 내포하고 있다고 여겨지는 자신을 안다는 고도의 표현으로서 어쩌면 신비주의자의 현실에 대한 경험과는 매우 다른 이기주의적인 표현이라고 할 수 있다. 그렇다면 이는 우리 모두가 알고 있는 진실 즉 우리 각자가 고유한 개체라는 표현일 수도 있다. 하나는 각 존재가 가지고 있는 고유한 잠재성과 어울리는 개체됨을 나타내는 상징이라고 할 수도 있다. 따라서 숫자 하나는 총체적인 인간을 상징한다고 하겠다.

또한 만다라가 일원상에 그려진다는 것도 숫자 "하나"와 연관됨을 기억해야 한다. 숫자 하나는 단위와 전체, 그리고 개인적인 차원을 표현

하는 것으로서 당신이 만든 만다라는 당신 존재를 나타내는 이미지라고
할 수 있으며, 이것이 우리가 만다라를 그릴 때 편안함을 느끼는 한 가
지 이유이다. 이는 당신 스스로의 존재와 인격, 그리고 전체성에 대한
가능성의 사실들을 거울을 통해서 보듯 확연하게 보여준다.

둘

숫자 둘은 "반으로 나눔과 반복, 그리고 대칭"을 나타낸다(Von
Franz, 1986:74). 연금술사인 게하르 돈(Gerhard Dorn)은 숫자 둘은
땅과 바다가 분리되는 창세신화의 둘째 날에 해당된다고 믿었다. 돈이
이러한 발언을 하기 이전 피타고라스 시절에도 숫자 둘은 물질의 상징
으로 사용되었다고 한다(Von Franz, 1986).

땅과 바다의 분리는 원초적인 하나의 단위로부터 떨어져 나온 시작
으로서 숫자 둘은 한 단위가 대극으로 분리되는 첫번째 단계를 나타내
는 상징이다. 이러한 대극적인 분리는 화합에서 분쟁으로 향하는 여러
가지 차원의 역동을 나타내는 상징으로 사용되어 왔다. 돈은 이러한 맥
락에서 숫자 둘을 "모든 혼돈과 분리, 그리고 분쟁 등의 시작"이라고 보
았다(Von Franz, 1986:90).

숫자 둘은 성서에 나타난 제2의 인간인 이브와도 연관시킬 수 있다.
시간이 지남에 따라 숫자 둘은 "모든 것들의 양성성(bisexuality)이나
이원성"을 의미하게 되었다(Cirlot, 1962:222). 또한 숫자 둘은 양성이
만나는 결혼을 상징하기도 한다. 이것을 세부적으로 볼 때 숫자 둘은 대
극의 충돌에서 조화로운 해결, 혹은 대립되는 힘들의 평형상태를 시사
한다.

어떤 문헌에는 숫자 둘을 두번째라는 것에서 개인의 하위기능이자
막강한 위력을 가진 그림자와 동일하게 취급하고 있다. 반사되어 둘로
나타나는 이미지도 숫자 둘과 연관이 있다. 그 예로서 탄생과 함께 분리

되어 아주 다른 환경에 살다가 나중에 행복하게 다시 만난다는 쌍둥이들에 관련된 민담, 악마가 된 루시퍼(Lucifer)가 실은 천상에서 거부당하여 암흑 속으로 추방된 천사의 형제라는 전설 등을 들 수 있다.

당신의 만다라에서 당신은 원형적인 그림자를 나타내는 이미지인 숫자 둘을 발견할 수도 있을 것이다. 두 개의 똑같은 형태가 나타났을 경우 일단 두 개의 다른 것을 시사하고 있다고 봐도 무방하다. 융은 쌍으로 나타나는 모티브는 "내용물이 어떤 순간 두 개로 쪼개져서 의식과 무의식으로 갈라지게 되고 그것이 분리된 무의식으로부터 솟아오르는 것을 의미하는 이상, 숫자 둘은 의식적인 깨달음에 적용된다(1973b, 86)"고 하였다. 예를 들면 똑같은 두 개의 꽃, 사람, 혹은 중복되어 나타나는 기하학적 형태들은 무의식의 내용이 솟아오르고 있음을 나타낸다고 할 수 있다. 이러한 형태들이 개인적인 연상을 통하여 어떤 의미를 가지고 있는지 알게 되면 우리에게 부여된 정보를 분석하는 데 도움이 된다.

숫자 둘은 인간 신체에도 나타나고 있다. 많은 신체 장기들은 쌍으로 되어 있다. 두 눈으로 세상을 보고 두 손으로 외부세계를 접한다. 그러나 가끔 오른손이 하는 것을 왼손이 모르는 때가 있다. 이러한 좌우를 조절하지 못하는 결함은 뇌의 기능에까지 확대해서 생각해야 할 차원이다.

숫자 둘은 우리의 인간관계 속에도 존재한다. 연인은 쌍이라는 형태를 지닌다. 결혼이라는 의식은 연인들을 남편과 아내로 변형시킨다. 부모라는 새로운 존재가 되면서 어머니와 아이의 관계 속으로 빠져들게 된다. 이러한 두 사람의 관계는 친밀함을 시사한다.

융은 그의 네 가지 기능에 대한 작업에서 두 가지의 기능만 의식화하고 나머지 두 가지는 무의식 속에 남아 있는 경우에는 특정한 마음상태를 경험하게 된다고 하였다. 이는 이원적인 세계와 신의 이미지로 나타나는 것이 갈등과 의혹, 그리고 신·삶·자연·자신에 대한 비판적인 생각이 일어나게 하는 것으로 나타나는 것이 보통이라고 하였다(Von Franz, 1986:125).

하나의 단위에서 떨어져 나온 숫자 둘은 긴장, 분리, 갈등을 내포한다. 대극이 합일하는 신성한 결혼을 고려한다면 둘은 조화가 되돌아옴을 알린다는 것에서 치유를 위한 연결을 의미한다. 당신의 만다라에 나타난 숫자 둘은 이 두 가지 중에 하나를 나타낸다. 연상 등을 통하여 현재 당신의 경험을 반영해보는 것도 좋을 것이다.

셋

숫자 셋은 생명력, 에너지, 무드를 시사한다. 폰 프란츠는 숫자 셋은 "신체적인 동작이 지적인 원칙과 연결되어 있음을 나타내는 숫자"라고 하였다(1986:101). 중국의 전통에 의하면 셋이나 셋보다 많은 모든 홀수는 양(陽)의 에너지를 나타내며 남성성적 원칙을 나타내는 숫자라고 한다. 많은 민담에서 보이는 세 번의 모험은 민담의 내용을 보다 흥미있게 이끌어가는 흔히 볼 수 있는 모티브이다.

일반적으로 숫자 셋은 모든 역동적인 과정을 나타낸다. 숫자 셋의 생명력은 새로운 것을 창출함으로써 두 개로 나타나는 이원성의 난국을 해결하려는 결과로 생겨난다. 피타고라스는 숫자 셋이 완성을 의미한다고 했다. 그는 숫자 셋을 시작, 중간, 그리고 끝을 대변하는 것으로 보았다.

숫자 셋은 삶의 과정에서 가족이 형성되는 것을 나타내는 숫자로서 부모와 아이를 상징한다. 또한 숫자 셋은 한 개인이 부모의 영향으로부터 분리되어 독립된 정체감을 가지려는 것을 대변하고 있다. 우리는 흔히 유아나 사춘기에 있는 아동이 독립하려고 하는 것을 볼 수 있다. 그러나 숫자 셋이라는 것은 이러한 특수한 성장과정뿐만 아니라 독립된 생각이나 행동이 나타나기 시작할 때 솟아오르는 에너지라고 할 수 있다.

네 가지의 정신적인 기능 중에 세 가지의 기능이 무의식으로부터 분리되어 의식세계에 자리하게 되었을 때, 개인은 특수한 마음상태를 경험하게 된다. 융은 숫자 셋이 "성찰과 의식성의 솟아남, 그리고 보다 높은 차원의 조화를 재발견하려는 마음의 상태를 나타낸다"고 했다(Von Franz 인용, 1986:128). 다른 문헌에서 융은 "숫자 셋은 압도적으로 나타나는 생각과 의지를 시사한다"라고 기술하고 있다(Jung, 1974:267). 폰 프란츠는 숫자 셋으로 나타나는 의식성은 자아의식성의 경향을 가진다고 하였다. 그것이 바로 "순전히 이 세상의 기준으로 상상하고 있는 것"에 기반을 둔 지적인 경향으로 알려져 있는 것이다(Von Franz, 1986:128). 이는 네 가지의 기능 중에 세 가지 기능이 자아의식성을 위하여 존재한다는 사실에 의거하여 고려되었다고 할 수 있다. 나머지 네 번째 기능은 무의식의 신비 속에 싸여 있다. 원만하게 조화를 이룬 지혜로운 견해는 모든 네 가지 기능을 통하여 무의식과 연관을 맺는다.

숫자 셋은 역사의 여명기로부터 성스러운 의미를 부여하고 있다. 예를 들면 기독교의 절대신은 삼위가 일체인 존재라는 것이다. 다른 종교들도 이러한 삼위의 개념을 그들의 신에게 적용시키고 있다. 이교도의 여신들은 기독교가 탄생하기 훨씬 이전부터 성스러운 처녀, 어머니, 지혜로운 노부인이라는 세 가지 형태를 지니고 있었으며 그들은 삼각형이라는 상징으로 나타났다. 따라서 숫자 셋은 이교도들에게 여성성을 나타내는 숫자라고 할 수 있다.

사흘 동안의 어두운 날 혹은 지하세계에서 사흘 밤을 보낸다는 것은 신성함에 관계된 문헌이나 신화 그리고 민담에서 자주 나타나는 주제이다. 예수는 무덤 속에서 사흘만에 부활하였고, 요나도 고래 뱃속에서 비슷한 과정을 거쳤다. 이러한 주제가 달의 여신이 그믐달 이후 사흘 동안 은둔한다는 전설로 나타나고 있기도 하다. 이러한 전설은 남태평양 군도로부터 섬나라 영국에 이르기까지 많은 문화권에서 볼 수 있는 주제라 하겠다.

융은 사흘 낮과 밤이라는 모티브는 영웅설화에 나타나는 "밤바다의 여행"의 전형적인 표현이라고 하였다(1976b:331). 이 기간은 영웅에게 는 변환에 필요한 부화의 기간이라 하겠다. 이는 위협적이면서도 변화 하기 위하여 요구되는 무의식의 대면을 비유적으로 나타내고 있다고 볼 수 있다. 이러한 이야기들이 제시하는 것은 개인이 아직 분리되지 않고 숨어 있는 네번째의 경험을 통하여 무의식의 세계와 연관을 가짐 으로써 자기구현 과정을 촉구하기 위한 개념적인 틀을 제공하고 있다 는 것이다.

만약 당신의 만다라가 이러한 세 가지와 연관되는 것을 나타냈다면 당신은 아마도 활력과 고조된 감정, 그리고 독립하고자 하는 욕구를 경 험하고 있을 수도 있고, 어떤 영성적인 차원이나 개인적으로 믿고 있는 바를 표현하고 있다고 볼 수 있다. 숫자 셋은 영웅의 여로라고 할 수 있 는 어둠 속에서 꿈, 민담 혹은 당신 자신에 대하여 놀라운 발견을 하게 되고 지혜가 시작되는 것을 나타내는 숫자일 수도 있다.

넷

숫자 넷은 균형과 전체성과 완성을 시사하는 숫자로서 경계의 지정 과 확실한 제한, 공간을 구조화한다. 이러한 숫자 넷의 특징은 계절이 넷으로 나누어져 있고, 사방위를 통하여 우리가 거하고 있는 장소를 확 인하게 하고, 도시를 설계할 때 네 개의 면을 가지고 있는 네모난 광장 의 면적을 측정하게 된다는 것에서 찾아볼 수 있다.

자연 속에서 숫자 넷은 꽃이나 수정, 그리고 네 발을 가진 짐승들을 통하여 볼 수 있다. 고대 희랍인들은 자연에 대한 연구를 통하여 네 가 지의 기본적인 물질인 대지, 공기, 불과 물을 확인하였다. 기독교인이자 연금술사였던 파라셀서스(Paracelsus)는 네 가지로 접혀 있는 인간 마

음은 선각자들이 발견한 자연적인 질서에서 나타난 숫자 넷과 연관이
있다고 하였다(Jung, 1983). 융은 인간이 대뇌를 통하여 정보를 수집하
고 정리하는 것에 인간의 네 가지 정신적인 기능이 관여를 한다는 것을
자신의 임상연구에서 확인하였고 이것을 통하여 파라셀서스의 직관적
인 성찰을 확인하게 되었다고 한다.

직선적이고 논리적인 측면을 가지고 있는 사각형은 전형적인 남성성
과 연관지을 수 있는 형태이다. 그러면서도 숫자 넷은 전통적으로 모든
것의 핵심이 되는 여성성을 대변해 왔다. 중국인들은 숫자 넷을 어둡고
습하며 수용적인 여성성 즉, 음(陰)과 연관시켜 왔다. 유럽의 연금술사
들 역시 숫자 넷을 여성성을 나타내는 숫자라고 보았다. 완전한 연금술
의 과정은 그들의 마리아가 지니는 원리(Axiom of Maria), 즉 3＋1 혹
은 숫자 넷으로 나타나는 수학적인 언급으로 표현된다고 할 수 있다
(Jung, 1983:151).

우주가 존재로 들어옴에 따르는 리듬은 어떤 문화권에서는 네 개로
접혀진 품격을 가진 마음이라고 생각되기도 했다. "진언(mantra)의 모
체"라고 할 수 있는 신성을 의미하는 '옴'은 인도 사람들에게 모든 창
조의 씨앗이 되는 소리라고 여겨져 오고 있다. 이것은 세 가지 소리인
"아" "오" "우"와 고요하게 쉬는 숨을 반복하는 것으로 이 소리(chant)
역시 네 가지의 요소에 의하여 이루어졌다. 우리가 살아가고 있는 시간
도 과거, 현재 그리고 미래가 어떤 정체된 공간에서 완성됨으로써 새로
운 시작을 가능하게 한다는 네번째 공간을 언급한 융(1979)의 견해도
이와 비슷하다.

넷은 성화와 성전 등의 건축물, 그리고 신화에서 우주적인 것과 연관
하는 작업을 시사하는 것에 사용되어 오고 있다는 점에서 인간의 한계
너머에 있는 현실과 관계성을 정의하기 위하여 사용되어 온 상징인 듯
보인다(Von Franz, 1986). 불교의 사원들은 네 개의 문으로 진입할 수
있는 사각의 벽으로 둘러싸여 있다. 이러한 구도는 성스러운 우주의 질

서를 반영한다고 여겨진다. 예를 들어보면, 북미 원주민들의 소우주라
고 할 수 있는 〈치병의 바퀴〉 역시 사각으로 나뉘어진 공간에 디자인되
었고, 이집트 신화에서 호루스의 네 아들이 마치 하늘을 받치고 있는 기
둥들과 같이 서 있으며, 네 명의 초대 기독교의 사도들의 모습이 구약성
서의 선지자 에스겔의 환상에 나타난 투명한 하늘을 들어올린 네 명의
아기 천사[Cherubim, 9품 천사 중 제2위로서 지식의 천사라고 알려져 있음:
역주]를 연상시킨다는 것에서 보여진다.

숫자 넷은 개인들이 그리는 만다라에 흔히 나타나는 상징적인 숫자
이다. 만약 우리가 융이 말하고 있는 네 가지의 인간 정신의 품격에 동
의한다면 만다라에 나타나는 숫자 넷은 이 네 기능의 활성화를 나타낸
다고 할 수 있다. 이것이 달성되는 과정은 어둠 속에 숨겨진 무의식(혹
은 가장 미발달한 기능)이 의식성(세 개의 보다 분화된 기능들)과 관계를 가
짐으로써 가능해진다. 네 개 중의 하나의 기능은 언제나 무의식의 영역
에 남아 있고 나머지 세 가지 기능들은 의식세계에 거한다.

무의식과 의식 사이가 열린 상태가 되면 새로운 상태의 마음을 체험
하게 된다. 폰 프란츠는 "우리의 정신적인 과정들이 지적으로 이론에
얽매이지 않고 창조적인 모험이라는 행동으로 변해간다는 것을 깨닫게
된다"고 하였다(1986:131). 점진적으로 "관찰자가 참여자의 차원에서
사고하고 존재하는 것에 대하여 경험"하게 되는 보다 깊은 차원의 깨달
음에 이르게 된다고 한다(전게서, 128).

숫자 넷은 우리의 정체감이 자기를 나타내는 원형과 일치하게 될 때
나타난다. 이는 우리가 매우 강한 느낌이나 영웅적인 에너지로 팽창한
다는 느낌을 가질 때 일어난다고 한다. 자기의 영향력은 이상스럽게도
우리가 보편적인 자아기능에 도전을 받거나 침해를 받아서 침체된 느낌
에 처해 있을 때 보다 확실하게 드러난다. 그런 상황에서는 네 개로 접
혀진 패턴으로 나타나는 자기는 만다라를 통하여 그 빛을 발하면서 자
아의 기저를 지원하는 기능을 나타낸다고 하겠다. 자기는 우리가 새로

운 존재로 살아가는 데 가교 역할을 하며 때로는 우리의 삶의 여로에서 지원이 필요할 때 만다라를 그리게 하는 것으로 보상받게 한다.

숫자 넷은 심리학적인 전체성 너머에 있는 우주 속에 자신의 위치를 알기 위한 직관적인 시도를 보인다. 융(1973b)은 숫자 넷이 나타난 만다라는 궁극적인 현실을 성취하기 위해, 상징적인 구조 설립을 통하여 나타나는 정신의 자율적인 노력이라고 보았다. 만다라를 제작한다는 것은 개인으로 하여금 인간의 필수적인 구성요소인 정신이 우주와의 동질적인 평형성을 달성하게 하는 것이다. 폰 프란츠(1986)는 숫자 넷이 갖는 특정한 박자나 형태는 이러한 과정에 특별히 중요한 요소라고 보았다.

숫자 넷을 중심으로 한 만다라를 제작할 때 당신의 손은 균형과 조화 그리고 질서를 정립해야 할 필요성에 의하여 움직여진다. 숫자 넷의 배열을 통하여 서로 대칭되는 양극은 합쳐져서 전체를 나타내는 패턴이 될 것이다. 이것은 당신의 정신이 스스로 펼쳐보이고 치유하며 스스로 새로운 것을 창출하게 하는 자기를 향하는 우리의 내면의 과정을 그대로 보여주고 있는 것이다. 숫자 넷으로 이루어진 만다라는 당신으로 하여금 태고의 상징을 통하여 당신 자신과 우주, 그리고 당신이 있는 장소를 직관적으로 이해하게 해줄 것이다. 숫자 넷이 지니는 의미를 보충하기를 원한다면 십자가의 형태가 가지는 의미(185쪽)와 사각형의 형태가 가지는 의미(205쪽)를 참고하는 것도 좋을 것이다.

다섯

숫자 다섯은 자연적인 전체성을 나타내는 숫자로서 자연 속에서 볼 수 있는 꽃잎, 불가사리 혹은 사과 속의 씨방 등에서 흔히 나타난다. 또한 숫자 다섯은 인간 몸이 가지는 신체적인 현실과 연관되는 숫자로서 우리가 다섯 개의 손가락과 다섯 개의 발가락을 가지고 있다는 것 외에

도, 땅에 발을 벌리고 서서 양손을 옆으로 펴면 머리, 다리, 팔이 다섯
개의 각으로 나타나는 것을 볼 수 있다.

이와 같은 두 발로 선다는 것, 즉 무게를 아래에 두고 있다는 것과 쫙
펴고 있는 상황은 숫자 다섯이 가지는 전통적인 의미와 연관된다. 이는
한 개인이 현실과 관계를 맺기 위하여 바깥을 향한다는 것을 시사한다.
융이 말했듯이 "숫자 다섯은 다섯 개의 부속물이 몸통으로부터 뻗어나
간 '자연'적인 인간을 나타낸다"고 할 수 있다(1973b: 89). 여기에서
숫자 다섯으로 나타나는 자연적인 인간은 기독교에서 인간의 몸을 가졌
던 신성인 예수가 십자가에 못박혔을 때 다섯 개의 상처를 받게 되었다
는 것과 결부될 수가 있다.

소우주로서의 사람(Cirlot, 1962:188)

숫자 다섯은 초목의 형태에서 흔히 볼 수 있다는 이유 때문에 새순이 돋
아나는 새봄을 시사한다고 보았다. 써로트는 숫자 다섯은 "경직된 죽음과
상반되는 유기적으로 풍만한 삶을 나타낸다"고 하였다 (1962:225). 이것
과 관련해서 볼 때 숫자 다섯은 인간의 건강과 사랑, 그리고 성적인 것도
상징한다고 볼 수 있다

중국에서는 숫자 다섯을 유럽 사람들이 숫자 넷이 가지고 있는 개념과 같은 전체를 나타내는 상징으로 사용하였다. 폰 프란츠가 설명하고 있듯이 숫자 다섯은 "중심을 가진 숫자 넷 ∴ (1986:120)"이다. 중국인들에게 숫자 다섯은 대지의 요소를 나타내는 것으로 삼라만상을 보존하고 초점을 맞춘다는 점에서 "존재의 기저에 있는 중심"이라고 본다(전게서: 123). 숫자 다섯에 관련된 이와 비슷한 아이디어가 중세기 서양의 자연주의 철학에서 발견된다. 이는 숫자 다섯이 가지는 정화된 요체라는 개념은 quinta essentia로서 철인의 돌(the Philosopher's Stone)이 가지는 개념과의 연관을 보여주는 것이다. 폰 프란츠에 의하면 "정화된 요체는 네 가지의 요소에 추가된 다섯번째의 요소로서 가장 정교하고 영성적인 상상력이 풍부한 네 가지의 요소들이 단위를 대변하고 있다"고 하였다(전게서, 120-121).

숫자 다섯으로 특정지워진 만다라는 당신 자신의 비전을 현실 속에 실현하는 것으로 현실에 능동적으로 대처하는 것을 나타낸다. 이 숫자가 당신에게 주는 영감은 선정한 목표에 능동적이고 에너지에 찬 접근을 하라는 것이다. 당신 내면의 충동은 무엇을 달성할 수 있으며 어떻게 이것을 달성할 것인지가 확실한 당신의 능력에 의하여 조절될 것이다. 숫자 다섯을 중심으로 만들어진 디자인이 당신의 만다라에 나타났을 때 그 의미가 유기적으로 풍만한 당신의 몸과 그것을 수용할 수 있는 능력이 있음을 나타내는 것인지, 아니면 당신 자신의 어떤 부분이 이 세상을 향하고 싶다는 간절한 욕구가 있는 것인지를 고려해야 할 것이다.

여섯

숫자 여섯은 창조성과 완전함, 그리고 평형적인 조화의 숫자이다. 성서에 나오는 창세신화에서 창조주가 여섯째 날 남자와 여자를 만들고 그들에게 "결실을 맺고 번성하라(창세기 1장 28절)"고 축복한다. 희랍에서도 숫자 여섯을 생산과 적절히 맞아떨어지는 숫자라고 보았다(Jung, 1983:266). 그들의 철학에서 숫자 여섯은 숫자 둘과 셋이 합쳐져서 이루어졌고 여기에 성적인 정체성을 결부시켰기 때문이라 할 수 있다. 숫자 둘은 여성성을 셋은 남성성을 나타내며 숫자 여섯은 이 두 숫자가 합쳐진 것의 결과이므로 양성의 화합을 의미한다. 융이 설명했던 대로 "···숫자 여섯이 둘(짝수, 여성)과 셋(홀수, 남성)의 합일(coniunctio)을 나타내고 있는 이상 숫자 여섯의 의미는 창조와 진화(1973b:88)"라고 볼 수 있다.

숫자 여섯은 성적으로 양극의 화합으로 전체성을 상징한다. 이러한 개념이 매우 아름답게 도안된 것으로서 얀트라(Sri Yantra)라고 하는 만다라가 있다. 이는 힌두교에서 숭배하는 이미지로서 두 개의 삼각형이 겹쳐져서 상호 침투하는 형태로 구성되어 있다. 아래로 향한 삼각형은 수용적인 여성성의 원칙을 대변하고 위로 향한 삼각형은 능동적인 남성성의 원칙을 대변한다. 이러한 두 개의 삼각형이 겹쳐지면서 여섯

얀트라(Sri Yantra)라고 부르는 만다라

모를 가지고 있는 별이 만들어진다. 힌두교도들은 얀트라가 삶 속에 있는 모든 형태들의 상호관계를 시사한다고 믿었다.

숫자 여섯은 고대인들의 전통 속에 여성성을 상징하는 숫자였다. 피타고라스는 숫자 여섯을 "어머니"의 숫자라고 하였다. 또한 숫자 여섯은 중국인들에도 수동적이고 수용적인 여성성을 나타내는 숫자로서 음(陰)의 품격을 가진 숫자라고 하였다. 숫자 여섯은 여신 아프로디테의 성성을 암시하는 신성한 이미지로 사용되었다. 이는 워커(Walker)가 제시한 대로 신성한 여성성의 성적인 요소와 연결된다는 점에서 기독교의 지도자들이 "죄를 나타내는 숫자"라고 지적했던 것과 연관된다고 볼 수 있다(1988:68).

또한 숫자 여섯은 창세신화의 제6일과 같이 창조의 사이클이 완결되었음을 대변한다. 마음껏 활짝 피운 꽃, 혹은 무르익은 과일과 같이 숫자 여섯은 성숙과 활동, 혹은 창조적인 욕구가 절정에 달한 것을 의미한다. 이는 풍요함의 아름다운 조화, 그리고 성취의 순간이면서도 곧 소멸되어 갈 것임을 전제로 하고 있기 때문에 창조적인 활동이 완성된 후에 있을 휴식을 의미하는 것이다.

숫자 여섯이 당신의 만다라에 나타났다면 당신이 많은 노력과 시간을 투자해 오던 프로젝트를 완성해간다고 볼 수도 있고 당신이 성취한 것에 만족하고 자존감 등의 느낌을 즐기는 동안 잠시 공허함을 경험하게 될지도 모른다. 당신의 성취는 감정적인 차원에서도 마찬가지로 적용이 된다. 당신은 당신 내면에 있는 신체적·정신적·영성적인 여러 가지 요소들이 조화로운 패턴을 만들면서 투명해지는 것을 느끼게 될 것이다. 그러므로 당신의 만다라 속에 있는 숫자 여섯은 목표의 달성으로 창조적인 활동이 늦추어지는 것이거나 혹은 영성적인 체험으로 보다 깊은 차원의 느낌을 가지게 되었음을 나타낸다.

일곱

숫자 일곱은 고대인의 숫자에 대한 신비주의에 그 근본을 두고 있다. 일곱 개의 위성들은 신으로 숭배되었고 어떤 경이로운 모든 것은 숫자 일곱으로 표현되었다〔한국의 무속에 나타나는 칠성신은 북두칠성을 대변하는 신이다:역주〕. 각 신들에게는 각자의 날이 주어졌고, 한 주일을 이루고 있는 일곱 개의 날이 선정되었다. 무지개의 색이 일곱색상이라는 것이 확인되었고, 이러한 무지개는 천상과 인간 세상을 연결하는 다리라고 여겨졌다. 또한 우리가 사용하는 음계는 천상의 조화로부터 유래되었으며 한때는 각 음이 일곱 개의 위성 모습으로 나타나는 일곱 신에 의하여 만들어졌다고 생각하던 때도 있었다.

숫자 일곱은 상황파악을 하는 방법과 신성한 장소를 지정하는 방법과도 연관이 된다. 북미 원주민들의 전통 속에서는 일곱 개의 방위가 있다. 기존의 사방위 외에도 위쪽, 아래쪽, 그리고 중심 혹은 자신이 있는 곳을 합하여 나온 숫자이다. 북미 원주민들은 제의식을 행할 때 이러한 각 방위들에 대하여 소개한다. 이것은 어떤 제의절차의 시작에서 빼놓을 수 없는 부분이었다.

고대의 문헌에도 숫자 일곱은 일정한 시간의 주기가 마감되는 것을 의미한다. 성서에 나타난 창세신화에 하느님께서 모든 만물을 창조하시고 일곱째 날 쉬시면서 그의 위업을 마감한 그 날을 축복하였다는 것과 욥의 친구들이 고통을 받고 있는 그를 위로하기 위하여 찾아와 "그와 함께 땅에 앉아서 일곱 날과 일곱 밤을 지냈다(욥기 2:13)"는 구절이 보인다.

숫자 일곱은 유대교와 기독교의 문헌 중에 자주 등장하고 있다. 야곱은 그의 형에게 일곱 번 절을 함으로써 그의 겸손함을 나타냈다고 하며 다른 문헌에도 성령의 일곱 가지 선물, 일곱 가지의 죽을 죄, 그리고 성 처녀의 일곱 가지의 희열과 슬픔에 대하여 언급되고 있다. 이렇듯 자주 나타나는 숫자 일곱은 유럽 문화권에서 그 자체가 가지는 신성력을 증명하고 있다. 이러한 전통이 현재까지 계속되고 있어서 숫자 일곱은 행운의 숫자라고 알려지고 있다.

고대의 이교도들도 숫자 셋과 넷을 통합한 숫자라는 이유로 숫자 일곱을 숭배하였다. 여신을 숭배하던 전통에서는 숫자 셋이 3면을 가지고 있는 삼각형과 연관이 된다는 점에서 여성성, 즉 원초적인 성스러운 어머니의 이미지라고 하였다. 반면에 숫자 넷은 남성성이라고 보았다. 그래서 숫자 일곱을 여성성과 남성성의 결합을 의미하는 신성한 전체성이라고 보았다.

〈제1의 물질〉을 무한한 가능성을 가진 것으로 변형시키는 데는 일곱 단계가 요구된다는 것에서 연금술의 전통에서는 숫자 일곱을 중요한 위치에 두고 있다(Jung, 1983). 연금술사들이 서술하고 있는 화학적인 방법은 그들의 내면과정, 즉 무지에서 해탈에 이르는 과정에 영감을 주는 것과 동일하다. 그런 의미에서 숫자 일곱은 이러한 어려운 변형과정의 마지막 단계를 나타낸다고 할 수 있다. 융은 숫자 "일곱은 가장 높은 깨달음의 단계이며 모든 욕구가 원하고 있는 목표"라고 하였다 (1974:137).

당신의 만다라에 숫자 일곱이 나타났다면 당신 내면에 자연적인 리듬의 시간과 그것을 언제나 거룩한 것이라고 생각하며 살아온 우리 조상들을 존중하고 고대의 신성한 전통에의 관심을 촉구하는 것으로 볼 수 있다. 또한 숫자 일곱은 우리 삶 속에서 어떤 단계의 완성이나 어떤 사건이 마무리되고, 혹은 열심히 구하던 것이 성취되는 것을 시사할 수도 있다. 우리가 가지고 있는 남성성과 여성성의 요소들이 조화를 이룬다는 것은 숫자 일곱이 가지는 가장 빛나는 부분임을 아는 것도 중요하다. 숫자 일곱은 그 자체가 지니고 있는 신성한 내력을 만다라에 이끌어 들임으로써 우리에게 스스로를 발견하게 하는 행운을 가져다주는 숫자라고 하겠다.

여덟

숫자 여덟은 안정감과 조화, 그리고 새로운 탄생을 의미한다. 숫자 여덟은 기독교의 전통에서 예수가 예루살렘에 입성한 제8일에 부활했기 때문에 부활과 연관을 짓는다. 그리스도의 부활을 기념하고 새로운 탄생으로 간주되는 세례의식이 중세기에는 숫자 여덟으로 상징되었다고 한다. 퍼거슨(Ferguson, 1961)은 세례의식에 사용되었던 대부분의 세례반은 부활의 상징인 팔각형을 나타내는 형태로 만들어져 있다고 하였다.

숫자 여덟이 가지는 형태적인 것은 숫자 여덟의 의미와는 별 관계가 없다고 할 수 있다. 그 예로서 숫자 여덟의 형태는 영원을 나타내는 표시인 제한됨이 없이 끊임없이 나선형으로 돌아가는 우주의 동작과 비슷하다는 것을 들 수 있다. 그의 형태적 특수성으로 숫자 여덟은 또한 서로 얽혀 있는 카두세우스(Caduceus) 혹은 치료자의 상징과 비슷하다고 볼 수 있다(Cirlot, 1962). 이는 마치 대극의 힘에 균형을 맞추려고 하는 카두세우스 같은 의미를 나타내고 있다고 볼 수 있다. 왜냐하면 숫자 여덟이 가지고 있는 두 개의 만곡선의 고리가 겹쳐지는 모습이 마치 연인들이나 어머니와 아이, 그리고 남편과 아내의 쌍과 같이 보일 수도 있기 때문이다.

또한 숫자 여덟은 여덟 개의 축을 가진 바퀴로 나타나는 끊임없는 변화를 가능하게 하는 성스러운 태양의 상징이다(Cirlot, 1962). 이러한 바퀴가 돌아가면서 그 절반은 위로 올라가고 나머지 절반은 아래로 내려오게 되며 때에 따라서 올라가 있던 것이 내려오고 내려가 있던 것이 올라가는 것으로써 이어지게 된다. 그러므로 이러한 바퀴는 개인의 삶 속에 양극적인 것이 함께 춤추면서 변형을 창출하는 것을 나타내는 확실한 상징이라고 할 수 있다. 그러므로 숫자 여덟은 끊임없이 돌아가는 삶을 나타낸다.

융은 두 개의 숫자 넷(자기를 나타내는 강력한 상징)이 합해진 것이라는 점에서 숫자 여덟을 전체성을 나타내는 상징이라고 했다. 융은 그의 내담자들의 만다라에서 넷을 나타내는 것이 흔히 여덟 혹은 더 많은 요소들로 확장되는 것을 관찰했다고 하면서 "만다라의 중심에 나타난 숫자 넷(quaternity)이 바깥쪽으로 확장되면서 가끔 8, 16, 32 혹은 더 많은 숫자가 되는 것을 보았다(1974:279)"고 진술하고 있다.

당신의 만다라에 숫자 여덟이 나타났을 경우라면 자기원형(Self Archetype)의 강한 영향이 나타남을 시사하고 있다고 볼 수 있다. 이러한 모습으로 나타나는 자기는 당신의 내면세계에 중심적인 초점을 제공할 것이다. 그러나 이러한 것은 당신이 이해할 수 있는 능력 너머의 것이다. 갑작스런 변동은 자기가 가져다주는 선물인 동시에 신성력적인 조화라고 하겠다. 당신의 만다라 속에 나타난 숫자 여덟은 양극적인 아이디어 혹은 개인들과 더불어 섬세한 균형을 이룬 조직성을 대변하고 있으며 당신의 삶 속에 특기할 만한 변화를 가져다 줄 수 있는 요소이다.

아홉

숫자 아홉은 천사들의 집단, 조심스러운 합성(synthesis), 그리고 인간 존재의 불가해함을 나타내는 숫자이다. 융은 고대의 전통에서 숫자 아홉은 "신들의 집단(Company of Gods)"을 대변한다고 하였다(1974:139). 성서는 일곱 천사의 무리에 대하여 언급하고 있다. 가장 신비스러운 것으로는 성령으로 나타나는 삼위로서 중세기 기독교에서는 이것이 숫자 아홉으로 상징되었지만 전통적으로 숫자 아홉은 자비롭고 영성적인 존재의 상징이다.

유럽의 비의(祕義)에 기여한 철학에서 숫자 아홉은 세 가지 차원의 존재성에 기반을 둔 우주론(cosmology)을 상징한다. 이러한 신비주의적인 아이디어의 추종자들은 우주와 거기에 소속된 삼라만상은 신체적·이지적·정신적인 현실 속에 존재함을 믿었다. 그리고 숫자 아홉은 이러한 세 가지 현실을 완성하는 숫자로 간주되었다. 이 세 가지 차원이 고유하고 서로 분리된 만큼 어떤 상황에서는 그러한 요소들이 틀린 차원의 요소들과 혼합되게 되고 이러한 것이 치유적인 효과를 가져올 수 있다고 보는 것이다. 이러한 것은 특별히 치유를 위한 준비작업을 할 때 더욱 잘 나타난다. 반복적인 혼합과 정화는 약효를 더욱 증진시킨다. 가장 좋은 방법은 세 가지 차원의 요소들을 세 번 혼합하는 것이다. 써로트는 "치병을 위한 제의에 나타나는 숫자 아홉은 최선의 상징적 치유방법인 신체적·이지적·정신적인 차원의 세 번의 합성을 대변한다"고 하였다(1962:223).

현대인들의 숫자체계에서 숫자 아홉은 단일 숫자로는 마지막 숫자라는 점에서 보다 간단하고 새로운 것으로 분별되어 가는 것을 제시한다고 하였다. 융은 이러한 분별력 있고 간결해지는 것으로 진행되는 주기는 민담 속에서 나타나고 있는 숨겨진 보물에 대한 이야기와 숫자 아홉의 연관에서 비롯된다고 하였다. 융은 "보물은 … 9년 9개월 아홉 밤이 지나야 찾을 수 있고, 마지막 밤에 찾지 못하면 다시 가라앉게 되어 처음부터 다시 시작해야 된다"는 점을 주목하였다(1974:158).

숫자 아홉에 연관된 상징성은 인간 존재의 신비로운 현실을 표현하는 것이다. 우리는 여러 차원으로 구성된 피조물로서의 신체를 가지고 있으면서도 생각하는 정신과 영혼까지도 가지고 있다. 우리의 만다라에 나타난 숫자 아홉은 우리가 이 모든 신체적·정신적·영성적 차원을 통합하게 될 때 보다 완전한 존재가 된다는 사실을 대변하고 있는지도 모른다. 숫자 아홉은 신비주의를 신봉하고 있던 히브리인들의 전통에 의하면 진리를 상징한다고 한다. 숫자 아홉이 만다라에 나타난다는 것이 우리로 하여금 우리 자체의 진실된 모습을 기억하게 하기 위한 것일지도 모른다.

당신의 만다라에 나타난 숫자 아홉은 당신의 삶 속에서 합성을 해야 할 기회를 나타낸다고 볼 수도 있고, 개인적인 성장을 향한 당신의 노력을 강화시키는 자비로운 영성적인 에너지의 존재를 공포하는 것으로 볼 수도 있다. 숫자 아홉은 삼위일체의 숫자를 세 번 곱한 것으로 당신의 존재가 요구하고 있는 신체적 · 정신적 · 영성적인 요소의 조화를 상기시킨다고 할 수도 있다. 그러므로 당신은 숫자 셋이 가지는 강력한 메시지를 반추해보는 것도 좋을 것이다. 숫자 아홉으로 만다라를 디자인한다는 것이 흔치 않은 일인 만큼 이는 에너지, 흥분, 영성성에 의하여 생성된 전능한 상태를 반영하고 있는 듯하다.

열

숫자 열은 전통적으로 완성이나 완벽한 윤리성, 그리고 현실성을 나타내는 숫자이다. 유럽의 신비주의에서 숫자 열은 한 단위로 되돌아오는 것을 상징하였다고 한다. 유대교에서는 숫자 열을 열 가지의 성스러운 일을 관할한다는 신의 상징으로 사용해 왔으며, 열 사람의 나이 많은 지도자가 참여해야만 종교적인 의식을 치를 수 있다는 그들의 관습에서도 찾아볼 수가 있다.

숫자 열은 유대-기독교의 전통에서 그들의 윤리적인 강령이자 우리에게도 잘 알려진 십계명에 포함되어 있다. 십계명은 개인의 행실을 인도해 나간다는 교훈적인 차원 이상으로 유익을 제시해주고 있으나 그들은 숫자 열이 윤리적인 강령을 상징한다는 것에 익숙해져 있다. 이러한 전통이 숫자 열을 완벽함을 대변하는 숫자로 만들게 한 듯하다.

숫자 열은 정신적인 차원이 아닌 것에서도 그 뿌리를 두고 있다. 숫자 열은 우리 손가락의 숫자로서 우리는 손가락을 통하여 만지고, 집어들고, 쓰다듬을 수가 있다. 숫자 열은 숫자체계의 기본으로서 우리가 숫자를 헤아릴 수 있는 한 방편이었다. 수학은 매우 추상적인 학문이면서도 우리에게 실제적으로 느껴지는 까닭은 그것이 아득한 옛날부터 손가락을 헤아리는 것에서 시작되었다는 사실 때문인지도 모른다. 숫자 열은 괄목할 만한 우리의 손가락들과 강력한 힘을 가진 양손을 통하여 우리에게 주어진 현실에 실제로 접근할 수 있다는 점을 상징한다.

형태적인 측면에서 숫자 열은 가끔 결혼을 상징한다(Cirlot, 1962). 숫자 하나(1)가 남성성을 닮았다는 점에서 숫자 0은 여성적 성성을 나타내고 있다고 할 수 있다. 숫자 열(10)은 시각적으로 이러한 양성을 가진 숫자의 쌍, 즉 남성과 여성이 친밀하게 함께 있음을 나타내므로 숫자 열은 양성적인 사이에 균형을 나타내는 숫자이다.

당신의 만다라 속에 나타난 숫자 열은 당신이 집착 또는 반항심을 가지고 있는 전통적인 윤리강령을 시사하며 현실에 능동적으로 접근함을 반영한다. 또는 당신을 지지하는 나이 많은 지도자들이 당신 주위에 둘러서 있음을 시사하고 있다. 당신의 만다라 속에 있는 숫자 열은 이성과 연관된 관계성에 극치를 보여줄 수 있는 숫자로서 당신에게 영성적인 영감, 균형에 대한 감각, 혹은 삶에 구체적으로 대처하는 자세를 보여준다.

열하나

숫자 열하나는 변화(transition), 갈등, 균형을 회복하기 위한 도전을 나타내는 숫자이다. 숫자 열하나가 열보다 많다는 것과 숫자 열이 전통적으로 완성을 나타내고 있다는 점에서 숫자 열하나는 뭔가 초과한다는 것을 대변한다(Cirlot, 1962). 완성을 의미하는 숫자 열에서부터 다시 시작한다는 점에서 숫자 열하나는 변화와 재난, 심지어는 순교와 연관 짓는다. 이는 아마도 정체되어 있는 완성품을 망가트린다는 의미에서 유래된 듯하다.

신비주의적 유대교의 카발라(Kabbalah)의 전통에서 존재는 숫자 열

이 숫자 하나 혹은 유일신에 합해지는 것에서 유래된다고 한다. 열개의
신이 내리는 빛의 합병이 이 세계를 만들고, 네 개의 진행적으로 짜여져
가는 세계들이 상호관계를 통하여 진화하다가 우리가 알고 있는 이 세
계가 도래하게 된다고 한다. 한 개의 세상으로부터 다른 세상으로 가는
보이지 않는 과정이 숫자 열하나에 해당되고 여기에서 유래되는 것을
닷(daat) 혹은 지식이라고 부른다. 하느님께서 지나간 세상을 버리고
새로운 세상을 창조하게 되면서 하느님의 영(spirit)이 닷을 통과하여
지나가게 된다. 이러한 맥락에서 숫자 열하나를 죽음과 재탄생을 조정
하는 숫자라고 보는 것이다.

　중국인들은 숫자 열하나에 대하여 다른 관점을 가지고 있다. 폰 프란
츠에 의하면 중국인들에게 숫자 열하나는 "숫자 열에 하나를 더한 것이
라는 숫자적인 관념으로 받아들이는 것이 아니라 오히려 10년 단위가
가지는 전체성을 나타낸다"고 하였다(1986:65). 전체를 의미하는 상징
으로서 중국인들이 사용하는 숫자 열하나는 신성하게 살아가는 길인 도
(道)를 대변한다. 중국인들이 생각하는 도의 개념은 서구적인 관념으로
는 표현하기가 어렵다. 융은 도에 대한 적절한 표현은 "의식적인 삶 혹
은 의식적으로 살아가는 것(1983:20)"이라고 하면서 또 다음과 같이 덧
붙였다.

　　만약 우리가 분리된 어떤 것들을 합하기 위하여 어떤 의식적 방법을
　사용했다면 심리학적인 의미의 도의 개념에 가깝게 접근했다고 할 수도
　있다. … 대극에 대한 깨달음이 무의식 속에 숨겨져 있음은 의심할 나위
　가 없다. … 우리 존재가 가지고 있는 무의식적인 원칙과 재화합을 나타
　내며, 이러한 재화합의 목적은 의식적인 삶을 영위하게 되는 것, 혹은 중
　국인들의 언어로는 도를 깨친다는 말로 표현될 수가 있다(전게서: 21).

　유럽의 전통에서 숫자 열하나는 부적절함이나 죽음 그리고 새로운
탄생을 나타나는 반면, 중국인들에게는 이상적인 삶을 나타내는 상징으

로 받아들여지고 있다. 이러한 숫자 열하나에 관련된 동서양의 견해차이는 상반되는 것같이 보이지만 반드시 그런 것도 아니다. 상반되는 대극적인 것을 우리의 의식세계로 가져오게 하기 위해서는 찢겨지는 듯한 아픔이 따르기 마련인데 융은 이러한 것을 "파괴적이고 고통스러운 변형의 과정"이라고 기술하였다(전게서:107). 당신의 만다라에 나타난 숫자 열하나는 당신 존재에 대하여 보다 완전하게 성찰할 수 있는 변화과정에 요구되는 갈등을 반영하고 있다고 할 수 있다.

열둘

숫자 열둘은 우주적인 질서나 허큘리스의 노역, 그리고 구원을 상징하는 숫자이다. 이는 점성술의 12개의 궁도와 일년 속에 들어 있는 열두 달과도 같은 숫자이다. 숫자 열둘은 가끔 주기의 완성을 의미한다. 이는 신화, 꿈, 민담 등에서 나타나고 있다. 숫자 열둘은 여러 종교들에서 상징적으로 나타나는 숫자로서 융은 숫자 열둘은 개성화라고 하는 성숙과정을 나타낸다고 하였다.

숫자 열둘은 희랍신화에서 압도적으로 나타나고 있다. 올림포스 산에 살던 여신들과 남신들의 숫자가 지도자인 제우스 신을 제외하고 열둘이었다. 그리스의 영웅 헤라클레스에 대한 이야기는 열두 번째 숫자가 가지는 의미를 보여주는 좋은 예이다. 사랑하는 이의 죽음으로 일시적으로 실성해 있는 헤라클레스에게 12년 동안 혐오스러운 왕 유리스테우스(Eurystheus)를 위하여 봉사하라는 지시를 내린다. 유리스테우스 왕은 헤라클레스가 도저히 해내지 못할 열두 가지의 작업을 해야만 자유로운 몸이 될 수 있다고 했고 헤라클레스는 신성한 힘의 도움으로 결국 그것을 해내게 된다.

헤라클레스가 해야 했던 열두 가지의 작업은 점성술에서 열두 개의 궁도의 표징으로 나타나게 된다(Graves, 1981). 열두 가지의 노역을 완수함으로써 헤라클레스는 자유로운 몸이 된다. 이와 마찬가지로 열두 달을 가지고 있는 일년은 우리에게 삶의 새로운 전기를 마련해준다. 한 해를 마감한다는 것은 언제나 우리로 하여금 지난날을 되돌아보게 하고 그 동안의 경험을 검토하고 평가하는 계기를 마련해주기 때문이다.

숫자 열둘은 유대교, 기독교, 불교의 전통에서도 중요한 부분을 차지한다. 열두 개의 부족으로 형성되어 있는 이스라엘 민족은 그들의 조상을 야곱의 열두 아들로부터 찾고 있다. 유대교 성직자들의 복장에 새겨진 장식과 모세의 삶 속에서 나타난 에피소드도 숫자 열둘에 해당한다.

기독교에서는 숫자 열둘이 예수에 의하여 선택된 최초의 기독교인들이었던 제자들의 숫자에 해당한다는 것 때문에 믿음을 가지게 된 사람들의 상징으로 사용되었다. 숫자 열둘이 가지는 상징성은 가끔 세례받은 모든 사람들, 혹은 기독교 교회 전체를 나타내기도 한다(Ferguson, 1961). 숫자 열둘은 기독교에서 전통적으로 지켜오고 있는 크리스마스인 12월 25일부터 12일 후인 1월 6일까지 12일 동안 열리는 예수공현축일(Epiphany)을 상기시키기도 한다.

불교에서는 열두 달에 해당하는 천궁도(horoscope)에 대한 개념을 그들의 신앙의 상징으로 보았다. 이 천궁도의 둥근 이미지는 열두 개의 잎새를 가진 연꽃으로 개념화되었다. 각 잎새는 한 달을, 각 달은 어떤 동물의 이름을 대변한다. 한 달을 대표하는 동물은 그 달에 해당하는 계절에 일어나는 상황에 관계된다. 불교도들은 한 해가 12궁도의 순서대로 배열된 열두 개의 모임으로 되어 있으며 한 해 역시 그 해에 해당하는 상징적인 동물과 연관된다고 보았다.

많은 민담에서 숫자 열둘은 흔히 특이한 사람들의 숫자로 나타나는 것을 볼 수 있다. 예를 들어서 민담 〈잠자는 미녀〉에서 열두 명의 요정들이 어린 공주에게 축복을 내려주고, 어떤 이야기에는 까마귀로 변한 열두 명의 왕자들이 참을성 있고 믿음이 있는 그들의 누이동생에 의하

여 마술로부터 풀려나는『열두 명의 형제들(Grimm, 1944)』을 포함시킬
수가 있다.『열두 명의 사냥꾼(Grimm, 1944)』에서 공주와 그의 시종들
이 공주가 사랑하는 (그러나 다른 사람과 이미 혼약을 한) 사람에게 가까이
접근하기 위하여 변장을 하게 된다. 결국 공주는 사랑하는 사람과 맺어
지게 된다. 이러한 민담들이 가지고 있는 숫자 열둘은 새로운 것이 도달
하기 위해서는 참고 견뎌내야만 하는 시간적인 통관의례를 비유적으로
나타내고 있는 듯하다.

　융은 숫자 열둘을 그의 꿈과 그의 내담자들의 그림에서 대면하게 된
다. 미스 X라고 불렀던 여성 내담자의 분석에서 숫자 열둘은 그녀가 분
석 초기에 그린 만다라의 시리즈에서 지구를 휘감는 빛나는 줄 모양으
로 나타났다. 그녀의 언급은 "성장과정의 절정 혹은 전환기"라는 의미
를 내포하고 있었다(Jung, 1973b:22). 그녀에게는 숫자 열둘이 개성화
과정의 심화를 소개하고 있는 듯하였다. 융은 또 다른 문헌에서 "숫자
열둘은 시간을 의미하는 상징으로서 개인이 무의식으로부터 자유롭게
되기 전에 치러야 하는 열두 가지의 작업을 의미한다"고 하였다
(1973a:119).

　"열두 가지의 작업"은 개성화 과정에서 요구되는 힘든 노력을 시사
한다. 다른 문헌에서 융(1979)은 숫자 열둘을 개성화가 지향하는 목표
라고 할 수 있는 전체성과 동일하게 취급하였다.

　당신의 만다라에 나타난 숫자 열둘은 점성술의 12궁도의 돌아가는
바퀴와 연관시킬 수 있다. 이것은 시간의 진행과 주기의 완성에 대하여
관심을 가지라는 것을 시사한다. 예를 들면 당신이 어떤 작업이나 인간
관계, 혹은 과거에 있었던 미해결된 부분을 해결하고 마감하게 될 때 숫
자 열둘이 당신의 만다라에 나타난다는 것이다. 또한 숫자 열둘은 신비
로운 패턴을 가지고 있는 자기에 의하여 조정되는 당신을 기다리는 어
떤 도전적인 요소들을 대변할 수도 있다. 당신의 만다라에 나타난 숫자
열둘은 전체성의 완성과 나선형으로 진행되는 성장을 위한 끊임없는 동

작을 시사한다.

열셋

숫자 열셋은 예수가 베푼 마지막 만찬에 참여했던 사람들의 숫자라는 점에서 믿었던 것에 대한 배반이나 불행한 마감을 나타내는 숫자라고 본다. 예를 들면 〈잠자는 미녀〉의 민담에서 열세번째로 나타난 요정은 어린 공주에게 쓰디쓴 저주를 했고, 전통적으로 마녀의 소굴은 숫자 열셋으로 구성되어 있다.

어떤 이들은 숫자 열셋이 신성적인 품격을 차단함으로써 불행이 온다고 했다. 희랍신화에 등장하는 올림포스 산의 강력한 신들의 숫자가 열셋이었다는 것과, 최초의 기독교인이 예수와 열두 제자를 합하여 열셋이었다는 것을 예로 들고 있다. 그러나 이 열두 사람들은 열세번째인 예수에 의하여 변형되었다는 점에서 숫자 열셋이 가지는 긍정적인 면을 엿볼 수가 있다.

숫자 열셋은 새로운 시작을 의미하는 동시에 마감을 나타낸다. 열둘이 한 주기의 완성을 의미하고 숫자 열셋이 열둘보다 하나가 더 많다는 점에서 숫자 열셋은 새로운 주기를 시작하는 숫자라고 볼 수 있다. 때로는 시작과 끝을 구별하기가 어렵다. 가끔 우리는 시작과 끝을 동시에 경험할 때도 있고 쉽게 혼동을 느끼게 된다. 이러한 시작과 끝에서 느끼게 되는 양가적이고 혼동된 감정 때문에 숫자 열셋이 불행을 가져다주는 숫자라고 알려져온 것 같다(Cirlot, 1962).

당신의 만다라에 숫자 열셋이 나타나면 당신이 과거의 삶 속에서 무겁게 깔려 있는 부분을 덮어두고 다른 새로운 방향을 향하고 있으며, 당신의 삶이 새로운 전기를 향하고 있다는 메시지라고 볼 수도 있다. 당신의 만다라에 나타난 숫자 열셋은 당신 내면에 강력한 과정이 일어나고 있음을 보여주는 단서일 수도 있다. 따라서 당신은 분란과 혼동으로 뒤

엉켜 있는 당신의 에너지를 자유롭게 할 준비를 하는 것이 좋을 것이다.

동물

 동물은 흔히 존재의 본능이나 비논리 또는 무의식을 상징한다. 써로트는 꿈 속에 나타나는 짐승은 "비논리적인 본능을 조절할 수 있는 의지력을 완성하지 못한 정신의 미분화된 에너지를 대변한다"고 하였다(1962:13).

융은 동물의 상징성을 "시각화된 무의식적인 자기의 모습"이라고 하면서(1979:145) 원시적인 동물일수록 보다 깊은 무의식의 자기를 대변한다고 하였다. 정신의 깊은 층에 있는 내용은 그 내용이 보편적인 의식성으로부터 멀리 떨어진 이질적인 것이기 때문에 동화시키기가 더 어렵다고 보았다. 바꾸어 말한다면 꿈속에 나타난 개(포유, 온혈동물)의 이미지가 상징하는 에너지가 뱀으로 나타난 에너지보다 의식 속에 훨씬 쉽게 합일할 수 있다는 것이다. 뱀은 "확실한 동물의 형태를 가졌으나 냉혈동물로서 추상적인 지성의 비인간적 내용이나 경향을 가지는 것으로 인간 품격의 바깥에 존재하고 있는 무엇"을 대변한다(Jung, 1979: 187).

무의식을 잘 돌보기 위해서는 무의식에 대하여 적절한 태도로 임해야 한다. 자아가 단순히 본능에 의하여 조절되는 것을 방지하기 위하여 분리되어야만 한다. 융은 "스스로의 동물적인 본능을 극복하는 것으로 한 인격이 달성된다"라고 지적하였다(1976b:262). 무의식을 존중하는 마음이 무의식을 배양시키며 그럼으로써 의미있는 창조와 집단적인 지혜가 자아에 자리하게 된다. 융은 우리의 꿈이나 그림 속에 나타나는 동물들은 어떤 차원에서는 무의식을 향하는 우리의 마음가짐을 나타내고 있다고 보았다.

　　만약 우리가 무의식에 부정적인 태도를 가지면 동물들은 무서운 것으로 나타나고, 긍정적이면 민담이나 전설에 나타나는 "도움을 주는 동물"로 나타난다(1976b:181).

　어떤 문화권에서는 어떤 동물과 동일시하는 것을 무의식과 합일하는 방법으로 사용하였다. 북미 원주민들의 전통 속에서는 젊은이들로 하여금 그들의 꿈에서 그들의 정신적인 세계, 즉 무의식세계에 이르기 위한 정신적인 인도자와 동행자가 될 동물을 발견하도록 촉구하고 있다. 젊은이는 그들이 특별히 연계될 동물의 이름을 부여받게 되며 스스로의 정체감을 형성하는 데 있어서 그러한 동물의 품격을 합일하게 하기도 한다.

　동물에 대한 상징성은 전통적으로 동물 자체가 가지는 자연적인 성품에 그 기반을 둔다. 동물들의 왕인 사자는 의젓한 모습과 투쟁 정신으로 알려져 있으며 "남성성의 원칙과 강력함의 소유자"라고 하였다 (Cirlot,1962:181). 늑대는 동료들을 보호하기 위하여 물불을 가리지 않는 특성으로 용감함과 의리를 상징하였다. 북미 원주민들의 전통에서 늑대는 모든 동물들이 늑대가 발견한 길을 따라 이동을 한다는 데서 길을 찾는 자로 알려져 있다.

　황소는 초생달 모양으로 휘어진 뿔의 모양 때문에 여성성을 상징한다. 이는 고대 크레타 문명에서 달의 여신을 숭배한 것과 연관된다. 이 율배반적으로 황소는 쏘르(Thor)와 같은 남성성을 가진 천상의 신들의 상징으로서 아랫쪽은 번개와 연관된다. 곰은 달과 연관되는 동물(lunar animal)로 간주된다. 그들이 규칙적으로 겨울잠을 자는 것이 마치 달이 주기적으로 차고 기울어진 후에 깜깜한 기간을 가진다는 것을 연상시키기 때문일 것이다. 또한 곰은 연금술에서 정련과정의 시작점이라고 할 수 있는 '검은색의 단계(nigredo)'를 상징한다. 또한 곰은 본능과 무의식의 위험스런 요소를 나타내기도 한다.

코끼리는 오래 산다는 것과 이지적이라는 점에서 겸손과 지혜와 영원의 상징으로 사용된다. 또한 써로트는 코끼리가 강인함과 리비도의 위력을 대변한다고 했다(1962:92).

당나귀는 코끼리가 가지는 상징성과는 대조적으로 경거망동의 상징으로 나타나고 있다. 융이 인용한 아플레우스(Apuleius)의 황금의 당나귀에서 영웅(주인공)은 그의 나태에 대한 벌로 당나귀의 모습으로 변하게 된다(1983:183). 이야기의 마지막에 그는 여신 아이시스의 용서를 받게 되고 불행했던 당나귀의 모습에서 해방된다.

양이 기독교에서 그리스도를 상징하는 것은 특기할 만하다. 이것은 자비로움, 순수함과 순진함을 나타낸다. 또 다른 차원에서는 의롭지 못한 희생을 의미하기도 한다. 써로트는 중세기의 상징성에서 예수의 상징이 양과 사자 사이에서 교차된다는 재미있는 현상을 발견하였다. 그는 로마식으로 지어진 성전의 입구에 새겨진 "나는 죽음 중의 죽음이다. 나는 양이라고 불리고 있으며 강력한 사자이다"라는 문구를 발견했다(1962:168).

물고기 역시 그리스도의 상징이다. 그러나 이것은 물고기가 지니는 실제적인 품성에 연관된 것이 아니라 희랍어에서 물고기라는 단어 ichthys가 "하나님의 아들 예수 그리스도"의 첫번째 글자와 같다는 것에 연관된다. 서로의 모습이 다름에도 불구하고 물고기와 오리 그리고 개구리는 모두 물에서 사는 동물이라는 점에서 "원초적인 물(primal water)"이라는 개념과 연관시키고 있다. 이러한 이유에서 이 세 가지의 동물들은 모두 "사물의 근원이고 새로운 탄생을 가져오는 힘"을 가졌다고 한다(전게서:10).

말은 사람을 태우는 동물이라는 점에서 적절한 통로를 찾은 본능을 나타낸다. 야성적으로 길들여지지 않은 말은 통제받지 않은 본능에 반대되는 의미를 가지고 있다. 전설을 통해서 말이 앞을 내다보는 능력을 가지고 있고 그들의 주인에게 의미심장한 경고를 주기도 하는 것을 흔

히 볼 수 있다(Cirlot, 1962:145). 모든 동물 중에서 개는 가장 인간과
가깝게 연관되는 동물이다. 그들은 인간의 삶 속에 친밀하고 깊숙하게
개입한다는 점에서 믿을 수 있는 동행자나 도움을 주는 친구를 상징한
다. 그러면서도 개는 가끔 짐승들의 속성과는 반대로 사용되기도 한다.
악마 메피스토펠레스(Mephistopheles)가 파우스트에게 제일 먼저 개의
모습으로 나타났음을 들 수 있다.

환상적인 동물들은 스핑크스와 유니콘, 봉황, 용, 그리고 날개를 가
진 말처럼 여러 동물의 부분이 혼합된 모습이나 일반적인 동물들의 초
월적인 모습으로 나타난다. 전설에서 이러한 동물들은 신성한 신들의
초자연적인 시종으로 나타나고 있다. 써로트는 이러한 동물들은 "유동
적으로 변형하는 것과 어떤 목적에 의하여 새로운 형태들을 향하여 진
화해 나가는 것을 나타낸다"고 하였다(전게서:10).

신은 항상 부분적으로 동물의 모습을 한 인간으로 나타난다. 호루스
의 네 명의 아들 중에서 셋이 사람의 몸에 원숭이, 쟈칼, 독수리의 머리
를 하고 있다. 힌두교의 신 가네사(Ganesha)는 코끼리의 머리와 사람
의 몸을 하고 있다. 폰〔Faun. 목축의 신: 역주〕은 반인간 반염소로서 여
신 다이아나의 수하에 있는 숲의 정령이다. 이러한 반수반인의 모습은
인간 존재가 스스로 내면에 있는 동물적인 본능과 신과 같은 의식성을
합일시키기 위한 인격화된 모습이라 하겠다.

당신의 만다라에 나타난 동물의 상징성을 이해한다는 것 역시 인간
현실보다 더 깊은 곳에 있는 정신의 부분에 다다르는 하나의 방법이 될
수 있다. 우리가 우리 내면 깊은 곳에 존재하는 지혜를 터득하기 위해서
는 우리 정신 속에 깊숙이 새겨져 있는 본능의 패턴, 즉 동물적인 품성
과 올바른 관계를 정립할 수 있어야 하기 때문에 당신이 지니고 있는 동
물적인 품성을 존중하고 감사해야 한다.

새

 새는 오래 전부터 인간의 영혼을 나타내는 상징으로서 물질로는 공기를 나타내고 변형의 과정을 상징한다. 이집트의 파피루스에 새겨진 고대 문헌에서는 사람의 머리를 가지고 있는 새를 영혼 자체 혹은 영혼이 죽음 이후 신체를 떠난다는 생각을 나타내는 것이라고 하였다(Cirot, 1962). 초대 기독교의 성화 중에서 새는 "날개달린 영혼"의 상징으로 사용되었다(Ferguson, 1961:12). 이와 반대로 새는 천둥, 번개와 죽음을 가져오는 사자라고도 알려져 있다.

새는 물질적인 것의 반대로서 정신적인 것을 대변한다. 융(1972b)은 새가 정령, 천사 혹은 초자연적인 도움을 대변한다고 하였다. 새는 고대 사회에서 가끔 심부름꾼으로 여겨졌다. 로마 사람들은 새가 불길한 예언이나 깨달음을 가져온다고 했다. 세속적인 차원에서 새는 사고의 비약, 특히 환상적이고 직관적인 아이디어를 대변한다고 하였다(Jung, 1974).

어떤 새는 매우 특별한 의미를 가지고 있다. 독수리는 사자가 가지고 있는 품성인 용맹스럽고 강력한 고고함을 공유한다. 독수리는 북미 원주민들에 의하여 확실히 잘 볼 수 있는 능력이 있다는 점에서 지혜의 근원으로 숭배되어 왔다. 독수리는 다른 어느 새들보다도 높이 날 수 있다고 한다. 태양에 가까이 갈 수 있다는 점에서 독수리는 빛이 가지는 핵심의 대변자가 되었고, 빛이 영성의 은유인 이상 독수리는 영성성(spirituality)의 상징이 되었다고 할 수 있다.

써로트는 "극동에서 북유럽에 이르는 지역에서는 독수리를 힘과 전쟁의 신을 나타내는 새라고 여겼다(1962: 87)"는 점에서 평화를 상징하는 동물이 아니라고 하였다. 또한 독수리는 해와 동일시되었기 때문에 남성성의 원칙의 표현으로 여겨져 왔다. "남성"적인 태양의 활동은 "여

성성"으로 대변되는 자연을 양육한다는 점에서 독수리는 아버지의 상징
이기도 하다.

부엉이는 독수리와 반대이다. 부엉이는 밤에 활동하는 새로 어두움
과 죽음, 그리고 지식을 상징한다. 또한 부엉이는 지혜의 여신인 아테나
(Athena), 미네르바(Minerva), 리리쓰(Lilith)와 연관된다. 이러한 여신
과의 연결성은 할로윈(Halloween) 전야에 부엉이가 마녀와 함께 나타
나는 것에서 찾아볼 수가 있다. 워커(Barbara Walker)는 지혜로운 나이
든 여신들의 전통에서 마녀의 모습을 찾아볼 수 있다고 하였다. 그녀는
라틴어 혹은 이태리어에서 지혜로운 여성 혹은 마녀의 이름은 '부엉이'
라는 의미를 가지고 있었다고 지적하였다(1988:404).

비둘기는 유대교와 기독교의 전통에서 특기할 만한 새로서 순수와
평화를 상징한다. 대홍수가 끝날 무렵에 비둘기는 노아에 의하여 내보
내졌고 무화과 가지를 물고 돌아옴으로써 홍수가 퇴조하고 있음을 알려
준다. 이 사건 이후 여호와는 인간과 평화를 유지할 것을 약속하게 된
다. 예수의 생전에 비둘기는 유대교의 성전에서 아기의 탄생후 시행했
던 제의식에서 희생제물로 바쳐졌던 동물이기도 하다.

기독교의 미술품에 비둘기는 흔히 삼위일체 중의 하나인 성령의 상
징으로 사용되어 왔다. 이러한 비둘기에 대한 상징적인 의미는 예수가
세례를 받는 장면으로부터 찾아볼 수가 있다. "요한이 또 증거하여 가
로되, 내가 보매 성령이 비둘기같이 하늘로서 내려와서 그의 위에 머물
렀더라(요한복음, 1장 32절)"라는 성구가 제시하는 바와 같이 비둘기가
내려온다는 것은 영성적인 입문을 상징한다고 하겠다.

새는 많은 사람들에게 성스러운 영물로 여겨졌다. 초기 산스크리트
시대의 힌두교도들은 태양을 거대한 새 또는 독수리나 백조로 묘사하
였다. 북미 원주민들은 천둥번개를 창작과 치유의 근원인 위대한 번개
새(Thunderbird)로 의인화하였다. 공작새는 성스러운 대상으로 추앙
받은 로마의 공주를 상징하는 하늘의 여왕 주노(Juno)라고 알려져 있

었다.

유럽의 수많은 신화와 민담에는 새처럼 생긴 동물들로 가득 차 있다. 켈트족의 여성들은 한때 날개를 가진 동물이었다고 믿는 사람들도 있다. 북구 지방에 살던 발키리스(Norse Valkyies)족 사람들은 프레이야 (Freya) 여신에 해당하는 새털로 만든 의복을 입는다. 시베리아 지방의 무당의 새털로 만든 의복과 무구들은 새들처럼 높이 날 수 있다는 것과 연관되는 영성성의 상징이다. "새의 언어를 배운다"는 것은 신비로움에 대한 깨달음의 은유로서 보편적으로 사용되는 표현이다(Walker, 1988:396).

한 마리의 새를 신성한 사자 혹은 신의 상징이라고 보는 반면, 한 무리의 새들은 부정적인 의미를 가질 수가 있다. 많다는 것은 하나의 단위가 가지는 신성하다는 비의적인 원칙을 어긴 것이기 때문이다. 희랍의 신화는 스티팔리안(Styphalian) 늪지대에 관련된 이야기를 통하여 무리를 지은 새떼에 대한 부정적인 예를 우리에게 보여주고 있다. 새떼는 곡물 등을 마구 해치고 나서 사람이 걷기에는 너무 물렁하고 배를 띄우기에는 너무 건조한 늪지대로 후퇴한다. 헤라클라스가 해야 했던 여섯번째의 작업이 이러한 새들이 은둔하고 있는 늪을 제거하는 일이었다.

어떤 무리의 새들은 부정성이나 고약한 욕구, 때로는 위험을 시사한다. 알프레드 히치콕의 무시무시한 영화 〈새(The Birds)〉를 기억할 것이다. 반면에 한 무리의 새들이 긍정적인 힘을 나타낼 때도 있다. 미국의 유타주에 위치한 솔트 레이크시를 설립한 개척자들은 메뚜기떼로부터 그들의 농작물을 보호해준 새들에게 감사하기 위하여 기념비를 만들었다. 그들에 있어서 새들은 메뚜기들의 극심한 피해에 시달리고 있던 그들을 돕기 위하여 하늘이 보내준 동물이었다.

새는 연금술에 있어서도 "활성화 과정 속에 나타나는 힘"이라는 중요한 상징으로 여겨졌다(Cirlot, 1962:26-27). 개인이 변화하는 과정 속에서 스스로 어느 지점에 처해 있는지 아는 것은 앞을 내다볼 수 있는 좋은 정보가 될 수 있다. 연금술의 이미지에서 새는 다음과 같이 나타난다.

새는 하늘을 향하여 비상한다는 점에서 휘발성과 상승을 나타내고, 땅으로 하강한다는 점에서 침전과 응축을 표현한다. 이러한 두 가지의 상징적인 동작이 합쳐져 하나의 형태를 이루게 된 것이 연금술에서 나타나는 증발과정이다(전게서:26).

당신의 만다라에 나타난 새는 당신의 지적인 역량의 활성화라고 할 수 있다. 또한 새는 변덕이 심한 불안정한 영성적인 과정들을 반영한다. 새가 위를 향하여 날아간다는 관념은 놓여남 혹은 빛 속에 거하게 됨을 의미한다. 새가 미끄러지듯 하강하는 모습으로 나타났을 경우, 당신이 보다 확고해지고 인정을 받게 된다는 것을 시사한다. 새들이 올라갔다 내려갔다 하거나 회전을 하는 것은 지식이 더 정교해지는 것으로 성찰을 하게 되는 것, 혹은 자신에 대한 깨달음이 보다 높은 차원에 이르는 것을 나타낸다고 할 수 있다.

나비

나비는 평범한 애벌레에서 시작하여 누에고치 속에 들어가는 잠복기를 거침으로써 아름다운 나비로 태어나는 극적인 삶의 주기 때문에 변형의 상징으로 간주되어 왔다. 기독교에서는 이러한 나비의 세 단계 과정이 인간 차원의 삶과 죽음, 그리고 부활과 동일하다고 보았다. 나비는 부활한 예수를 대변하며 모든 사람들의 부활을 대변한다(Ferguson, 1961).

나비에 대한 영성적인 연관은 기독교에만 국한된 것이 아니다. 희랍에서는 "정신(psyche)"이라는 단어가 "영혼"과 "나비"라는 의미를 가지고 있다고 한다. 그들은 인간의 영혼이 새로운 삶으로 다시 탄생하려고 할 때 나비가 나타난다고 믿었다. 유럽의 시인들은 나비와 비슷한 모습과 생태를 가지고 있는 나방을 영혼의 비유로 사용해 왔다. 어떤 차원에서 보면 나방이 빛에 매력을 느끼고 그러한 그들의 모습이 마치 신을 염원하는 영혼의 이미지와 같다는 것에서 기인한 것이 아닐까 생각한다.

당신의 만다라에서 나비를 보게 될 때, 아마도 계속적으로 스스로를 새롭게 하는 정신의 위력을 확인하는 것임을 발견하게 될 것이다(Jung, 1976b). 이는 동시에 당신이 영혼의 어두운 밤으로부터 떠나게 되는 것을 나타내는 것일 수도 있다. 하나의 나비는 존재가 새로운 길로 돌아서는 극적인 전향을 알리는 것이다. 당신의 만다라에 나타난 나비들은 당신이 아름다움과 영성성으로 새로운 자신을 창출하고 있다는 것을 반영한다.

원

원은 공간을 둘러싸 그 원 안에 있는 것들을 보호 내지 강화하거나 제한한다는 의미를 가지고 있다. 이러한 원은 모계중심 사회의 부락 형태, 고대의 신성한 장소, 그리고 자연 속에 존재하는 수많은 물체들의 형태를 상기시킨다. 또한 원은 해를 중심으로 돌아가는 위성, 물을 휘저을 때 나타나는 둥근 문양, 그리고 나선형의 형태로 치러지는 모든 제의식, 예배, 놀이의 형태에서 나타난다는 점에서 동작을 시사한다고 볼 수 있다.

해는 흔히 원으로 나타나며 보름달도 둥근 형태로 나타난다. 신지학에서 말하는 스스로의 꼬리를 물고 도는 뱀 유로보로스처럼 움직임을 동반한 시간도 원으로 나타난다. 시작과 끝이 없는 선으로 이루어져 있다는 것에서 원이 영원을 상징한다고 널리 알려졌으며, 이러한 이유로 원은 신을 나타내는 적절한 상징이 되었다. 퍼거슨은 "원은 신의 완벽함을 나타낼 뿐만 아니라 끝없는 세계의 처음과 지금, 그리고 언제까지나 존재하는 영원한 신을 대변한다"고 하였다(1961: 153).

〔圓佛敎敎書 1장 5절의 一圓相 法語에서; 이 원의 진리를 각(覺)하면 시방세계가 다 오가(吾家)의 소유인 줄을 알며, 또는 우주만물이 이름은 다르나 둘이 아닌 줄 알며… 원만구족한 것이 지공무사한 것인 줄 알리로다: 역주〕

자신의 꼬리를 물고 있는 뱀 유로보로스

중국 사람들은 중심이 비어있는 원을 가진 원반을 하늘의 상징으로 보았다. 그 중심부에 있는 구멍은 신성력을 향하는 길을 나타낸다고 한다. 만다라의 중심부에 있는 비어 있는 원은 바퀴의 움직이지 않는 축에 해당한다. 이러한 모티브는 서구의 연금술에서 "영원한 창"이라고 알려져 있는 아이디어를 제시하는 것으로 볼 수 있다(Von Franz, 1986:260). 폰 프란츠는 이 상징은 자기의 경험을 대변하며 이러한 경험은 개인을 시간과 공간에 의하여 제한된 견해로부터 자유롭게 한다고 하였다. 그녀는 "이 '창문'을 통하여 인간은 스스로 내부에 있는 영원성과 연관을 가지게 되고, 동시에 영원히 그가 살고 있는 시간에 얽매인 세계에 비인과적 동시성적 사건들의 형태로서 도래하게 된다."고 기술하고 있다(전게서:261).

중국인들이 생각하는 하늘의 상징(Cirlot, 1962: 도판 XVI)

우리가 그리는 만다라는 원상이다. 융은 만다라에 나타나는 원상을 "보호적인 원상" 혹은 수많은 민속적인 관습에 나타나는 "우아한 원상"이라고 하였다. "중심점을 중심으로 마술적인 원을 그린다는 것은 우리 내면에 있는 최선의 인성, 즉 성전 혹은 테메노스(temenos, 신성한 영역)의 '범람'을 방지하거나 계시적인 마귀를 쫓는 의미가 외부로부터 교란당하지 않도록 보호하는 등 확실한 목적을 가지고 있다(1983: 24)." 원상의 형태는 그 속에 무엇이 주어지든지 수용하고 구조화하기 때문에 만다라는 우리로 하여금 우리 내면의 다양성을 조화시키는 것에 대하여 이해하고 경험하게 한다.

> [원상을 그린다는] 제의적인 행동을 통하여, 우리의 관심과 흥미를 인간 정신의 근원이자 목표이며 삶의 조화(unity)와 의식성이 내재되어 있는 우리 내부의 신성한 영역으로 되돌아가게 한다(전게서:25).

당신의 만다라 속에 나타난 작은 원상들은 당신 스스로의 어떤 요소를 보호 또는 성역화하거나 자유롭게 하는 것을 나타낸다. 이러한 원상들이 때로는 겹쳐져서 마치 만돌린(mondorla)이라고 부르는 살구씨 같은 형태를 만들어낼 때도 있다. 종교미술에서는 이러한 형태가 하늘의 세계와 인간의 세계 중간에 위치하고 있다고 할 수 있는 그리스도와 성모 마리아를 감싸고 있다. 당신이 은혜를 받는 경험을 하게 될 때 만돌린 형태를 그리게 될 것이다. 중심이 빈 만다라는 당신이 변화와 초개인적인 것에 대하여 개방되어 있음을 나타내며 동시에 논리적인 원칙에 대항하는 것에 개방되어 있음을 나타낸다. 당신의 만다라 속에 나타난 원상들은 당신으로 하여금 시간과 공간 속에 확실하게 존재하는 여러 사물들의 내부와 외부를 나선형으로 넘나드는 삶의 흐름을 연상시킨다고 할 수 있다.

십자가

십자가는 수평선과 수직선의 만남으로 만들어진 형태로서 양팔을 옆으로 펴고 두 다리는 붙이고 똑바로 서 있는 인간의 몸을 연상시킨다. 십자가는 원래 특별한 장소나 마음의 상태를 나타내는 상징으로 사용되어 왔다.

위아래로 길게 뻗은 십자가의 형태는 수직의 형태를 가지고 있는 다른 여러 상징들 즉 나무, 산, 사다리 등이 가지는 의미와 연관된다. 이러한 상징들은 신들의 세계로 알려져온 하늘과 땅을 잇는다는 것을 시사한다. 전통적으로 수직은 영성세계인 하늘과 일상적인 땅의 세계를 연결하는 길이라고 여겨져 왔다. 이것은 역시 초월적 존재가 세속적인 것들과 나란히 존재하고 있는 대지 위의 장소를 나타낸다는 것이다. 이러한 수평과 수직의 연결성을 "세계의 축(World Axis)"이라고 부르기도 한다. 써로트는 "… 십자가는 가끔 '세계의 축'을 나타낸다. 이는 신비로운 우주의 중심에서 영혼이 신에게 도달하기 위하여 사용하는 사다리나 다리라는 의미를 지닌다"고 하였다(1962:65).

십자가는 나무의 상징과 밀접하다. 중세기의 기독교 미술품에서 십자가는 살아 있는 나무로, 때로는 꽃이나 과일 혹은 가시로 묘사되었다. 전설에 의하면 예수를 매달았던 십자가는 에덴동산에서 자란 나무로 만들었다는 이야기도 있다. 기독교에서는 희생을 통하여 영원한 생명을 얻게 된다는 십자가의 상징으로 인하여 〈삶의 나무(Tree of Life)〉의 의미를 지닌다고 보았다.

십자가는 다른 종교의 전통에서도 발견할 수 있다. 드루이드(Druids)족은 신성한 나무의 윗부분에 있는 가지들을 하나로 묶어서 마치 살아 있는 듯한 십자가의 모습을 만든다고 한다. 유럽의 여신중심적인 종교를 신봉하는 사람들은 도로가 교차하는 네거리를 성스러운 장소라고 믿었다고 한다. 그러한 장소에서 지하세계의 여신인 헤케이트(Hecate)를 위한 희생제사가 시행되었다고 한다. 헤케이트 여신은 기독교 지도자들에 의하여 마녀의 여왕이라고 정죄당하고 있지만 안전한 길을 열어주는 신이라는 점과 함께 고대의 대지중심적인 종교와 연결되어 있다는 점에서 그 중요성을 찾아볼 수 있다. 사실상 헤케이트 숭배는 여신숭배의 뿌리를 뽑기 위해서 법적인 조치를 취한 10세기까지만 하여도 매우 중요한 민속신앙이었다. 한 여성이 네거리에서 지모(Earth Mother)에게 자신의 아이를 바쳐 제사지낸 죄로 삼년간 금식을 해야 하는 법적인 조치를 받은 사건이 실제로 있었다고 한다(Walker, 1988). 〔한국에도 처녀가 죽으면 네거리에 묻어서 귀신이 되어 나오지 못하게 한다는 퇴마법이 있었다고 한다: 역주.〕

십자가의 가장 중요한 의미는 아마도 대극의 만남이라 할 수 있다. 수평과 수직이 정확한 각도로 만난다는 것은 영성성(수직)과 물질세계의 현상(수평)의 융합이라는 의미를 지닌다.

십자가는 수많은 다른 양극적인 쌍 즉 빛과 어둠, 의식과 무의식, 삶과 죽음 등을 나타내기도 한다. 융은 십자가를 전인적인 인간의 내면에 양극적인 것의 균형을 나타내는 상징이라고 보았다.

영웅이 지고 가는 십자가 혹은 다른 어떤 무거운 짐은 신성과 동물성 모두를 가지고 있는 총체적인 자기를 지고 가는 것이다. 이러한 자기는 그의 동물적인 품격과 인간적인 차원 너머에 있는 신성에 그 뿌리를 두고 있으므로 경험한 것에만 의존하지 않고 전체적인 존재에 의존하는 인격이 되게 하였다. 영웅이 가지게 되는 전체성은 가장 완벽한 상징이라고 할 수 있는 십자가의 경우에서 볼 수 있는 이율배반적인 대극 사이에 있는 극심한 갈등의 의미를 내포한다(1976b:303).

십자가는 "교차로가 지니는 건설과 파괴, 그리고 가능과 불가능" 사이에 교차되는 삶의 어려움을 표현한다(Cirlot, 1962:68). 십자가는 어두운 곳에 숨겨진 것을 알기 위하여 의식성을 쟁취하려는 인간의 도전과 연관된다. 개인이 여기에 의의를 제기하지 않는 한, 본능의 세계로부터 분리되기 위한 노력은 영웅이 용(龍)을 무찌르는 행위로 상징될 수 있다. 이러한 차원에서 영웅이 가지고 있는 칼이 십자가의 의미와 다를 바 없다는 것은 별로 놀랄 일이 아니다.

십자가가 수직과 수평에서 약간 기울어지게 되면 X형태가 된다. "X는 어떤 지점을 표시한다"라는 어휘가 시사하듯이 이는 어떤 일정한 장소를 지정하거나 하나의 견해를 나타낸다. 미국 뉴올리언스 주에 사는 부두교[Voodoo. 격렬한 무용을 통한 트랜스를 중심적으로 다루는 하이티의 토속종교: 역주]의 여사제인 마리 라비우의 무덤을 방문하는 사람들이 소망을 기원할 때 그들이 서 있던 장소에 X형태를 그린다고 한다. 고대 사회의 관습 속에 독약이나 죽음을 나타내는 표지로서 해골과 두 개의 길다란 뼈가 교차되는 형태를 사용해 왔다. 이러한 표시는 위축되고 썩어가는 것, 상실의 의미를 가지고 있다. 성 안드레는 이런 모양으로 기울어진 형태의 십자가에 매달려 죽었다고 전해지고 있다. 그러나 우리는 이런 것과 다른 X자의 의미를 써로트로부터 찾을 수가 있다. 그는 비의의 전통에서 X자는 "위에 있는 세계와 아래에 있는 세계의 화합"을 대변하기도 한다고 하였다(1962:66).

만약 십자가의 중심을 고정시킨 채 그것을 돌려본다고 가정한다면 바람개비와 같은 스와스티카(卍) 형태를 생각할 수 있다. 이 형태는 독일의 나치 정권이 그들의 상징으로 삼기 훨씬 이전부터 존재했다. 스와스티카는 태양과 그의 하늘을 가로지르는 동작의 상징이다(Cirlot, 1962). 동일한 형태를 가진 네 개의 발은 융(1973b)이 말하는 전체의 상징으로서 균형을 창출하고 있다. 이 스와스티카는 의식성의 상승을 통하여 아이디어를 실현한다는 역동성의 상징이다.

당신의 만다라 속에 십자가와 연관된 이미지 혹은 받침대 같은 물체가 십자가 하단에 있는 경우는 희생의 시간을 나타낸다고 볼 수 있다. X형태를 한 기울어진 십자가 역시 사이클이 끝남을 시사한다고 하겠다. 이러한 형태가 나타난다는 것은 익숙한 방법으로 살아오고 있던 당신 존재를 포기하고 새롭게 살아가야 한다는 메시지인지도 모른다. 이 메시지는 자아가 영혼의 어두운 밤의 시련을 인내한 후에 도래할 환호의 시간을 나타낸다.

당신의 만다라 속에 나타난 십자가는 당신이 어둡고 알지 못했던 어떤 것으로부터 영웅의 투쟁과 의식성의 큰 덩어리를 다듬어낸 것에 대한 수확을 하고 있다는 단서라고 할 수 있다. 아마도 당신은 스스로가 새로운 출발을 위한 결단을 내리기 위하여 노력하고 있음을 발견하게 될 것이다. 어쩌면 십자가는 당신에게 새로운 자아의 중심을 형성하고 있다는 것을 말해주고 있는지도 모른다(Kellogg, 1977). 십자가가 당신의 만다라에 나타났을 때 당신에게 인간의 조건 속에 한 부분으로 존재하는 모순적인 요소들을 성공적으로 균형을 맞출 수 있는 가능성이 생성되고 있음을 시사한다고 생각해도 좋을 것이다.

십자가의 상징과 관련하여 숫자 넷(154쪽), 사각형(205쪽) 그리고 나무(211쪽)와 연관되는 자료들을 참고하기 바란다.

물방울

빗방울은 대지를 적셔주고 초목을 양육하며 호수들과 강들을 채우고 곡식들을 자라게 한다. 빗방울이 신화에서 다산(fertility)과 연관이 있다는 것은 새삼스러운 것이 아니다(Jung, 1976b). 중국인들은 비를 그들의 미술작품에 남성성의 상징으로 사용했다. 희랍신화에서 제우스 신이 그의 황금색 물방울들을 다내(Danaë)라는 처녀에게 보여주자 그녀가 임신을 하게 된다는 내용이 있다.

비는 하늘에서 내려온다. 비는 천상에 근원을 두고 광물성이 없다는 점에서 지상의 물보다 순수하다는 의미를 가지고 있다. 그러므로 어떤 전통에서는 빗물이 정화를 위한 제의에 사용되어 왔다. 빗방울은 정화의 행위를 상징할 수 있다. 하지만 20세기의 간과할 수 없는 현실은 비에 대하여 새로운 의미를 부여한다. 핵폭발 후에 내리는 죽음의 비와 공기오염으로 내리는 산성비는 비가 사물을 자라게 한다는 것과 반대되는 예가 될 수 있기 때문이다.

빗방울들은 "눈물이 비오듯 흘러내린다"는 표현처럼 인간의 눈물과 연관된다. 눈물은 슬픔, 실망, 분노, 기쁨, 그리고 안심의 상황에서 흘리는 것으로 감정적으로 수용한다는 것은 강렬한 것이 표출되는 것과 대등하다. 마치 비가 정화의 의미를 가지고 있듯이 눈물도 슬픔과 분노를 씻어 내린다고 하는 차원에서 용서를 받는 장소라고 볼 수 있다.

심한 상처가 났을 경우 피도 방울로 흘러내린다. 죄의 사함을 받기 위하여 피의 제사를 드린다는 개념은 매우 원초적인 신앙심이다. 성만찬(eucharist)과 같은 희생의 제의식에서 사용되는 포도주는 피의 상징성과 연관되어 있다. 우리는 여성들이 매달 피를 흘리는 희생의 제사로 창조되었다는 사실을 무시한다. 북미 원주민들의 전통 속에 여성의 "월경시간"은 존중되고 여성에게 주어진 가치있는 정신적인 선물로서 모든 지역사회에게 덕을 끼친다고 알려져 있다.

당신의 만다라에 물방울이 나타나면 "내가 무엇을 위하여 눈물을 흘려야 할 것인가?"라는 질문을 해보라. 당신의 대지가 기름지게 되었고 새로운 씨앗들이 심어졌으나 아직 당신은 그것에 대하여 알지 못하고 있다. 그러나 가까운 장래에 있을 새로운 사업에 대한 영감이나 아기를 갖게 되는 가능성을 고려해볼 수도 있다. 검은 물방울은 당신의 환경 속에 있는 무엇이 당신의 전면적인 가능성이 발휘되는 것을 방해하고 있다는 것을 시사한다. 물방울이 빨간색, 보라색, 혹은 갈색일 경우 당신이 일종의 희생을 하고 있음을 나타낸다는 것을 발견할 것이다. 당신의 만다라에 물방울 형태의 비 혹은 피가 포함되어 있을 때는 당신의 내면이 자연적으로 정화되어가는 과정을 나타내는 표증이라고 봐도 좋을 것이다.

눈

눈은 볼 수 있게 하는 신체의 장기로서 실제적으로나 은유적으로 볼 수 있는 능력, 즉 "이해함"과 연관시키고 있다. 눈은 예언자와 같이 초인적으로 볼 수 있는 능력을 상징하기도 한다. 이는 전능하고 모든 것을 볼 수 있으며 언제나 보고 있는 신의 눈을 대변하는 것으로 사용되었다. 성서에서 신의 눈에 대한 인용이 많이 나타나고 있다. "주의 눈은 의인을 향하시고 그의 귀는 저의 간구에 기울이시되…(베드로전서, 3장 12절)."

이집트의 전통에서 눈은 호루스(Horus), 토스(Thoth), 라(Ra) 등의 신들의 신성성으로 간주되었다. 여신 마트(Maat)도 근원적인 모든 것을 보는 눈을 가진 진리의 어머니였다. 그녀의 이름은 "본다"라는 동사에 기반을 두고 있다고 한다. 워커(Walker)에 의하면 "우주적인 어머니 마트의 이름은 여신 자체의 이름인 동시에 상형문자에서 눈과 동일하다"고 한다(1988:308).

여성성과 눈과의 연관성은 인도 문화에서도 찾아볼 수 있다. 그들은 눈이 여성의 성기를 나타낸다고 하였다. 이러한 연결을 융은 인드라(Indra)의 신화에 근거를 두고 있다고 지적하고 있다. "인드라는 그의 나쁜 행실에 대한 벌로서 요니들(여성의 성기)로 그의 전신을 두들겨 맞게 되었으나 신들로부터 용서함을 받게 된다. 창피해진 요니들이 눈으로 변하게 되었다(1976b:268)."

눈이 신체의 비일상적인 부분에 존재한다는 것은 예언적인 것을 보여주는 전통적인 것이라 할 수 있다. "제삼의 눈"은 두 눈 가운데에서 조금 위에 위치하며 이는 "초인적 혹은 신성"의 상징이다(Cirlot, 1962:95). 그리스의 반신 아르구스(Argus)와 같은 환상적인 존재들은 그들의 손, 날개, 몸, 그리고 신체의 다른 부위에 눈을 가지고 있는 것으로 묘사되어 있다. 써로트는 눈이 신체의 어떤 부분에 있는가에 따라서 그 의미가 결정된다고 하였다. 예를 들어 눈이 손에 부착된 경우는 "날카로운 통찰력이 가지는 행동"을 의미한다(전게서).

융은 눈을 "만다라의 기본형(prototype)"이라고 하였다.

　　우리의 "눈"은 확실히 만다라로서 그 구조가 무의식 속의 중심을 상징한다. 눈은 빈 구형으로 그 속에 검은 것이 있으며 유리액(vitreous humour)이라고 부르는 반액체상태의 물질로 채워져 있다. 눈을 바깥에서 보면 표면에 둥글고 색깔이 있는 동공과 그 중심부에 황금색으로 빛나는 검은 중심점을 보게 된다(1973b:52-53).

그러므로 눈은 만다라와 같이 원상의 형태를 가지고 있으며 그 중심점은 빛이 어둠 속에 숨겨져 있는 요소들을 포함함을 시사한다.

당신의 만다라 속에 보이는 많은 숫자의 원상들은 긍정적인 의미와 부정적인 의미 모두를 가지고 있다. 여러 개의 눈들은 정보를 여러 곳으로부터 입수한다는 것이므로 명쾌하게 볼 수 있는 방법이 아니라는 점에서 무의식의 상징일 수 있다. 눈은 당신의 무의식이 "보고 있는" 무엇에 관심을 가지라는 메시지일 수 있다. 반면에 눈은 당신이 다른 사람들에 의하여 관찰되고 있다는 느낌의 표현으로 나타날 때도 있다. 이러한 경우 눈이 당신 내면에 있는 무엇을 보고 있으며 무엇을 반영하는가를 생각하고 이러한 정보를 현실과 관계없이 실천해보는 것도 좋을 것이다.

당신의 만다라에 하나의 눈이 나타났다면 이는 "나" 혹은 자아를 나타내는 상징이다. 눈이 그려진 디자인을 보는 것이 원상적인 자기와 당신의 자아와의 관계성에 대한 정보를 표출하게 할 것이다. 하나의 눈은 비일상적인 의미들에 대한 정보를 받아들이는 능력이 상승되었음을 알려주는 것일 수가 있고, 당신이 여성들 혹은 당신 자신의 여성성적 정체감에 관련된 이슈에 대하여 염려하고 있음을 시사한다. 눈은 만다라 자체가 가지는 원상에 기초한다는 점에서 자기를 나타내는 상징일 수도 있다.

꽃

꽃이 핀다는 것은 봄이 돌아왔다는 것을 공포하는 것이다. 그러므로 꽃은 끊임없이 재창출하는 봄 그 자체의 상징이다. 예로부터 꽃은 사랑의 증표 또는 명예로운 성취의 축하와 결혼과 관계된 기념식을 위하여, 또는 죽은 자에게 부여하는 마지막 선물로서 바쳐져 왔다.

꽃은 꽃잎들이 중심부에서부터 가장자리로 둥글게 퍼지는 것으로 나타나는 것이 보통이다. 이러한 둥근 형태와 중심에 꽃대가 있다는 점에서 꽃은 자연적인 만다라라고 할 수 있다. 꽃은 일부 사람들의 명상의 대상이 되기도 했다. 써로트는 꽃이 "중심을 나타내는 이미지로서 원상

적인 영혼의 이미지"라는 점에서 적절한 명상의 대상 가운데 하나라고
하였다(1962:104).

　연금술사들은 꽃을 태양의 상징적인 작업이라고 보고 있으며 이 작
업이 활성화시킨다고 보았다. 연금술사에게 꽃은 그 색상에 따라서 각
각 다른 의미를 가진다. 예를 들어서 빨간 꽃은 피와 열정과 함께 동물
적인 생명력을 말해주고, 주홍색과 노랑 꽃은 꽃 자체가 가지는 태양의
상징성을 재확인하게 한다. 푸른 꽃은 불가능한 것의 상징으로 영혼의
신비 혹은 "신비의 중심"과의 연결을 암시한다(전게서:105). 연금술의
상징성은 융이 그의 내담자 미스 X의 만다라에 나타난 푸른 "영혼의
꽃"의 의미를 해석하는 데 도움을 준 것으로 보인다(1973b:54).

　꽃은 신성한 아이를 양육하는 자궁을 상징한다는 것이 인도와 중국,
그리고 유럽의 종교적인 전통에서 나타나고 있다. 융(1973b)은 부처와
다른 인도의 신들은 흔히 연꽃 속에 그려져 있다고 지적하면서 중국의
신비가들이 다루고 있는 황금색의 꽃은 "의식성과 삶이 만들어지는 제
단"이라고 하였다(Jung, 1983:23). 유럽의 전통에는 하나님의 아들이
가끔 꽃 속에서 거하고 있는 것으로 전해진다. 융이 인용한 기도문에 성
모 마리아는 장미로 비유되고 있다(1973b:79).

> 오 장미 화환, 당신의 피어남은 남성들을 희열로 눈물짓게 하네.
> 오 장미와 같은 태양, 당신의 뜨거움은 남성들을 사랑하게 하네.
> 오 태양의 아들이여,
> 장미 아이여,
> 태양 광선이여,
> 십자가의 꽃, 꽃을 피우는 순수한 자궁
> 피어남과 뜨거움의 모든 것은
> 신성한 장미
> 마리아.

당신의 만다라에 나타난 꽃은 당신에게 개인적인 성장의 주기를 촉진시키는 봄이 오고 있다는 것을 나타낸다. 그것은 또한 당신 자신의 개인적인 존재라 할 수 있는 신성한 아이를 잉태한 자궁이 당신의 내면에 탄생하고 있다는 표증일 수도 있다. 또한 꽃은 당신이 헌신적으로 추진하고 있던 어떤 목표나 작업을 달성하게 되는 것을 나타낸다. 당신의 만다라 속에 있는 꽃에 대하여 연구할 때는 몇 개의 꽃이 어떤 색깔로 그려져 있으며 각 송이에 몇 개의 잎새가 있는지를 살펴보아야 한다. 이러한 모든 정보를 종합하면 꽃이 지니는 의미를 해석하는 데 도움이 될 것이다. 꽃이 원상적인 자기와 관계를 가지게 될 때 나타난다는 점에서 당신의 영혼이 하고 있는 작업을 그대로 보여주고 있다는 측면을 고려하는 것도 좋을 것이다.

손

손은 사물을 성취하게 하는 신체의 부분으로서, 손을 통하여 사물을 잡으며 새로운 것을 창출하고 남들과 접촉하게 된다. 손은 인간을 다른 동물과 구별시키는 것으로, 대뇌의 도움을 받아 기술을 익히게 됨으로써 인류문화가 형성되었다. 고대 문명의 발상지인 이집트에서는 손을 현시(manifestation)와 행동, 그리고 낙농업을 대변하는 것으로 알려진다(Cirlot, 1962:130).

손은 제스처를 쓰는 데 사용한다는 점에서 상호교류의 의미도 가지고 있다. 유럽의 신비주의자들이 신봉하고 있던 비의의 교리에서도 힌두교도들이 시행하고 있는 요가와 같이 손과 손가락의 위치에 따라 특정한 상징적인 의미를 부여하였다. 기독교에서도 손바닥이 바깥으로 향하게 치켜든 손은 신의 축복을 상징하는 것으로 알려져 있다. 손을 바깥으로 뻗은 상태에서 손바닥을 위로 향하게 하는 것은 자신을 낮추는 겸손을 나타내며 주먹을 불끈 쥐는 것은 대항의 의지를 나타낸다.

두 손을 모으는 것은 "남자들의 친교를 다지는 모임(fraternity. 전게서:131)" 혹은 결혼으로 합해지는 것을 시사한다고 한다. 초대 기독교의 미술품 중에 나타나는 어떤 곳을 가리키는 손의 형상은 신을 나타내는 상징이라고 한다.

손에는 다섯 개의 손가락이 있다. 이러한 이유로 숫자 다섯과 열이 손의 상징성과 관련을 맺는 것은 당연하다. 숫자 열이 전통적으로 완벽함 혹은 한 단위를 나타내는 반면, 숫자 다섯은 사랑, 건강, 인류애를 나타낸다(Cirlot, 1962). 신체의 사지와 머리를 합한 숫자가 다섯이라는 점에서 손은 신체 전체를 대변한다고 볼 수 있으며, 융의 견해에 따르면 손이 생성적(generativity)인 것을 시사하기도 한다고 하였다(1976b).

전통적으로 오른손은 논리적, 의식성, 이론적으로 나타나는 "남성성"의 품성을 대변하고 반면에 왼손은 감정적, 무의식, 직관력 등으로 나타나는 "여성성"의 품성을 대변한다고 한다. 이러한 논리가 현대에 밝혀진 인간 대뇌의 좌우 반구가 가지는 기능에 대한 이론과 동일하다는 것은 흥미로운 일이다. 대뇌의 좌반구는 논리적인 사고를 할 수 있는 부분으로서 오른쪽의 신체를 조정하며, 우반구는 전체성을 지향하는 방식을 수용하는 부분으로서 신체 왼쪽을 조정한다고 한다.

손은 사물을 집어서 가지게 한다는 점에서 만다라에 손이 나타날 경우 이는 당신이 삶과 관계를 맺을 준비가 되어 있음을 나타낸다고 할 수 있다. 또한 손은 당신의 주위에 영향을 미칠 수 있는 능력이나 인간관계에 적극적인 부분을 담당하거나, 새로운 직업이나 사업의 시작의 상징일 수 있다. 당신의 만다라에 손이 나타나는 경우에는 숫자 다섯과 열이 가지는 의미를 고려해야 한다. 당신의 신체적인 건강이 손에 의하여 상징될 수도 있다는 것을 기억하는 것이 좋을 것이다.

당신의 만다라 속에 나타난 손에서 손가락 하나가 어디를 가리키고 있으며 손가락이 가리키고 있는 부분에 해당하는 것이 무엇인가 하는 것에 특별한 관심을 집중해야 한다. 이는 당신에게 매우 중요한 메시지를 가지고 있을지도 모르기 때문이다. 일반적으로 손이 나타나는 것은 당신이 "존재"적인 모드로부터 "행동"적인 모드로 바뀔 준비가 되어 있음을 나타낸다. 당신의 만다라에 손이 나타났을 때 생명력에 대한 느낌이나 행동에 옮기고자 하는 욕구, 그리고 당신 스스로의 능력에 대한 정당한 자신감을 경험하게 될 것이다.

심장

심장은 사랑의 상징으로 이러한 사랑은 인간 사이의 사랑을 상징하기도 하지만 때로는 영성적으로 열성적인 마음을 대변하기도 한다. 신비주의자들의 교리에서 심장은 행복과 영감의 근원을 상징한다고 한다. 이러한 정신적인 사랑이 기독교의 미술품에 가끔 불타고 있는 심장의 형태로 등장하기도 한다. 개인적인 사랑의 상징이든 정신적인 사랑의 상징이든 심장에 화살이 꽂혀 있는 형태가 만다라에 나타난 경우는 힘든 상황에도 불구하고 현실을 헌신적으로 대처해야 한다는 것을 시사하고 있다.

심장은 한때 "이지적인 것의 진실된 자리"이며 존재의 중심이라고 여겨지기도 했다(Cirlot, 1962:135). 이집트 사람들은 심장을 죽은 자의 사후에 없어서는 안되는 것으로 생각했기 때문에 사람이 죽은 후에 심장을 보관하였다고 한다. 심장은 또한 용기, 슬픔, 기쁨과 연관이 있다. 비의적인 사고에서 심장은 태양과 같다. 연금술사들에게 있어 황금은 이 세상에서 태양과 같고 심장은 사람들의 마음 속에 있는 태양의 이미지라고 할 수 있다(Jung, 1983).

언어 속에서 심장이 가지는 의미에 참고할 만한 재료를 찾아볼 수 있다. 우리는 누구를 격려하며 용기를 북돋아 줄 때 "마음(심장)을 든든하게 가져라", "사건의 심장, 즉 정수를 찔러라", "마음을 부드럽게 가져

라"라고 말한다. 또한 어떤 개인을 가리켜 "사자의 심장을 가지고 있
다" 혹은 "그는 자신의 심장을 소매에 달고 다닌다"라는 표현을 사용하
기도 한다. 두 사람이 마음을 터놓고 이야기하는 것을 "이심전심"이라
는 표현을 쓰기도 하고 "심장이 기쁨으로 터질 것 같다" 혹은 "슬픔으
로 찢어질 것 같다"라고 표현하기도 한다. 이러한 심장에 관한 모든 언
어적인 표현들은 우리가 얼마나 오랫동안 심장을 감정, 이해심, 의지력
의 중심으로 간주하며 살아왔는가를 생각하게 한다.

당신의 만다라에 나타난 심장은 인간관계에 대한 염려를 나타내며
그러한 상황에서 중요한 부분에 초점을 맞추라는 것을 상기시킨다. 심
장의 형태들 가운데 특히 보라색을 띠고 있는 경우나 "찢겨졌거나" 혹
은 화살로 뚫려 있을 때 그러한 형태는 상처와 고통을 대변한다. 당신의
만다라에 상처난 심장이 나타나면 신체적으로 심장이 건강한지를 확인
해보는 것이 좋다. 당신의 만다라에 심장이 나타났을 때 사랑이라고 하
는 비일상적인 상태에서 당신이 고조된 감정을 경험하고 있을 가능성을
시사한다.

무한대의 표징

무한대의 표징(infinity)은 제한되지 않은 시간, 공간, 그
리고 숫자를 상징하며, 알 수 있는 것과 알 수 없는 것을
관통하는 가설적인 영속성을 시사한다. 무한대라는 개념
은 논리적인 생각으로부터 알려지지 않은 혹은 알아낼 수
가 없는 어떤 현실을 연결하는 가교라고 할 수 있다. 수학적인 공식에서
무한한 것이 무한대의 상징과 함께 무한하지 않은 척도로 바뀌게 하였
다.

수학에서 무한대를 나타내는 이 표징은 두 개의 만곡선의 고리가 붙
어서 만들어졌으며, 시계방향으로 돌아가는 원형과 시계 반대방향으로

돌아가는 원형이 함께 꼬여 있는 형태로 구성되어 있다. 이 표징은 비록 아라비아 숫자의 체계에 사용되고 있지만 수학에서 사용되는 무한대라는 개념은 인도에서 유래되었다고 한다(Walker, 1988). 인도의 전통에 의하면 시계방향으로 움직이는 무한대의 표징인 오른쪽에 있는 고리는 태양의 원칙인 남성성과 연관되고 시계 반대방향으로 움직이는 왼쪽에 있는 고리는 달의 원칙인 여성성에 해당된다고 한다.

무한대의 표징은 두 개의 반대되는 원칙의 조화로운 화합을 대변한다. 무한대는 두 개로 갈라져 있음을 나타내고 있으나 이는 갈등관계에 있는 쌍은 아니다. 왜냐하면 이 두 개의 고리는 하나의 연속되는 선으로 만들어져 있기 때문이다. 이는 보편적인 현실의 다양한 뒷배경이라고 할 수 있는 균형을 이룬 질서를 나타내는 진술이라고 할 수 있다. 어느 수학자의 말에 의하면 무한대의 개념은 "발명된 것이 아니고 발견된 완벽한 질서"에서 비롯되었다고 한다(Von Franz, 1986:83).

당신의 만다라에 나타난 무한대의 표징은 무한함 또는 신과 연관하고자 하는 당신의 욕구와 연관지을 수가 있다. 이는 양극적인 것의 균형을 맞추기 위한 시도의 표현일 수도 있다. 가끔 이러한 무한대를 나타내는 표징은 인간관계에서 투사되고 합일되어야 할 우리의 양극적인 경험을 반영한다. 그러므로 한 개인이 다른 개인과 친구, 연인, 혹은 치료자 등의 좋은 관계를 가지는 것이 당신의 만다라에 무한대의 표징이 나타나게 한다.

만다라에 무한대의 표징을 계속적으로 그리게 하는 행위가 긴장을 풀어주고 정신을 안정시킴으로써 정신집중을 할 수 있게 하는 효과적인 개인적인 제의식이 될 수 있다는 것이 실험을 통하여 증명된 바 있다.

번개

 번개(lighting)는 하늘에서 내려오는 섬광으로서 사람에게
화상을 입히는가 하면 때로는 죽이기도 하는 위력을 가지
고 있다. 이러한 번개의 강력하고 위협적인 품격에서 고대
인들은 번개를 신이 내리는 빛이라고 여겼다. 희랍의 신
제우스는 도망하는 적에게 번개같이 접근할 수 있는 창으로 무장하였다
고 전해진다. 북유럽의 신 쏘르(Thor)는 달리는 그의 전차에서 번개만
큼이나 빠르고 강한 파괴력을 가진 그의 망치를 던진다. 이때 나는 소리
가 천둥이라고 믿었다.

번개는 언젠가는 죽을 수밖에 없는 인간들을 위하여 일하는 영성적
인 신들의 영역이 활성화되고 있음을 상징하는 것으로 알려져 있다. 페
르시아의 신화에 의하면 하늘의 아버지가 어머니바위(Mother Stone)를
번갯불로 수태하여 그들의 구세주 미트라(Mithra)가 탄생했다고 한다.
중국 사람들 중에는 위대한 황색의 황제(Yellow Emperor)는 번갯불에
의하여 후궁의 자궁에 수태되었다고 믿는 사람들도 있다고 한다
(Walker, 1988). 고대인들은 번개가 "치유와 수태의 힘을 가지고 있는
창조적인 마나"와 동일하다고 믿었던 것 같다.

번개는 번쩍이는 섬광을 창출한다는 점에서 직관력이라고 할 수 있
는 깨달음의 상징이 되었다(Jung, 1973b). 중세기의 연금술사들에게 번
개는 "갑작스런 황홀경과 현시(顯示)"의 상징이었다(1983:317). 어떤
이들은 번개가 지혜를 터득하게 되는 것을 대변한다고 믿었다. 예를 들
면 북미 나바호 부족이 번개와 천둥의 근원이라고 믿는 막강한 힘을 가
진 번개새(Thunderbird)는 깨달음의 선물을 가져다주는 영물로 알려져
있다.

번개는 마치 번개와 소낙비를 내리는 봄이 새로운 성장의 계절을 시
작하게 하듯이 새로운 주기의 시작을 의미하기도 한다. 융은 만다라를

온통 검은색으로 칠한 깊은 우울증에 빠져 있던 여성을 소개하면서 그
녀의 회복은 그녀의 검은색 만다라가 번개에 의하여 중심 부분까지 침
투당했을 때 가능하였다고 보고하고 있다. 이 사례에서 번개는 그녀에
게 새로운 날의 시작을 선포하였다고 할 수 있다. 융은 이러한 성격을
가지고 있는 번개는 "현시되게 하고, 확연하게 하며, 수태를 시키고, 변
형을 시키는" 등 우리 정신 속에 있는 치유할 수 있는 에너지를 나타낸
다고 하였다(1973b:30).

번개가 당신의 만다라에 나타나는 것은 당신 내면에 잠자고 있던 에
너지가 활성화되고 당신의 직관적인 능력이 회복되고 있음을 시사한다.
또한 번개는 강력한 정신적인 일깨움을 나타내는 상징일 수도 있다. 당
신의 만다라에 번개가 나타났을 때는 혹시 당신이 극적인 변화나 놀랄
만한 성찰이나 영감, 혹은 심오한 치유의 경험을 하고 있지 않은지 살펴
보는 것이 좋다.

무지개

무지개는 자연이 연출하는 작품으로서 비바람을 몰아왔
던 어두운 구름에서 빛나는 모습으로 그 자태를 드러내
는 특징을 가지고 있다. 가히 극적이라고 할 수 있는 천
둥번개와 비바람 뒤에 나타나는 무지개의 고요한 아름
다움은 우리에게 상승하는 듯한 느낌을 가져다주는 동시에 밝은 태양이
나타날 것을 예고하고 있다.

무지개는 아득한 옛날부터 인간과 신을 연결해주는 특별한 상징이
되어 왔다. 성서에 나오는 〈노아와 방주〉 이야기에 따르면 신은 인간에
게 다시는 대홍수로 심판하지 않겠다는 언약으로 무지개를 주었다고 하
였다. 희랍 사람들은 무지개의 여신에게 아이리스(Iris)라는 이름을 주
었고 그녀는 신들의 심부름을 하면서 인간과 신들의 세계를 연결했다고

한다. 바그너의 신비로운 오페라 〈다 라인골드(Das Rhiengold)〉에서 무지개는 천상의 신들이 거하는 발할라(Valhalla)와 인간 세상을 연결하는 다리로 등장하고 있다.

무지개는 빨간색, 주홍색, 노란색, 초록색, 파란색, 남색, 보라색으로 구성되어 있다. 이 일곱 가지 색상이 때로는 다른 신비로운 일곱 가지의 물체로 대치되는 수가 있다. 고대 점성술에서 일곱 개의 위성들은 일곱 신과 연관이 있었고, 일주일에 있는 일곱 날도 일곱 신과 연관될 뿐만 아니라 그 일곱 신들에게 각각 다른 색상을 부여했다고 한다. 머리털, 피부 등 다른 유기물체들을 밝은 태양 속에서 자세히 관찰하면 무지개 색상이 나타난다. 이러한 사실은 무지개 색상이 모든 것의 기본이 된다고 말했던 일부 고대인들의 생각이 타당한 것이었음을 시사한다.

어떤 민담에 의하면 무지개가 끝나는 곳에 황금이 가득 들어 있는 단지가 있다고 한다. 그러나 우리는 경험을 통하여 무지개의 끝은 실제로 존재하지 않는다는 것을 알고 있다. 무지개 끝에 있는 황금을 찾는다는 것은 마치 성배(Grail)를 찾는 노력이나 연금술사들이 철인의 돌을 다듬는 노력과 비슷하다. 이러한 민담에 나타나는 무지개는 성배나 연금술에서 찾는 귀금속처럼 대단히 가치있는 것이지만 일반적인 방법으로는 찾을 수가 없는 것을 나타낸다.

무지개는 삶을 생성한다는 비와 연관되기 때문에 풍요를 나타낸다. 무지개가 가지고 있는 "둥근" 형태는 우주적인 자궁 모습을 나타내는 듯하다(Kellogg, 1978)는 점에서 무지개는 원형적인 부모라고 볼 수 있는 남성과 여성의 원칙의 성스러운 만남의 장소를 대변한다고 할 수 있다. 우리는 이러한 상징성을 호주 원주민들의 창세신화에서 찾아볼 수 있다. 그들의 신앙에 의하면 "무지개뱀 어머니(Rainbow Serpent Mother)"가 이 세상을 창조했고 모든 인간을 낳았다고 한다(Walker, 1988). 그리고 미국의 남서부에 사는 원주민들은 무지개의 신을 자비로운 보호자와 좋은 약제를 가져다주는 신으로 보았다.

융(1973b)은 연금술사들이 무지개의 색상을 공작새의 상징으로 생각한다는 것을 발견하였다. 연금술사들은 그들이 찾고 있던 황금은 공작새의 알에서 온다고 생각하였다. 무지개의 색상은 연금술사들에게 중요한 전환점을 제시하였다. 그들은 이러한 색상이 황금이 나타나기 전에 등장한다고 했다. 융은 이것이 개성화 과정을 서술하는 연금술사들의 은유적인 언어라고 하면서 만다라에 무지개의 색상이 나타난다는 것은 제작자의 목표인 개성화와 연관된다고 하였다.

켈로그는 무지개의 색상으로 밝게 그려진 만다라를 "무지개의 경험"을 하고 있다는 것과 개인이 정신의 깊은 차원의 재편성으로 다시 탄생하는 경험을 나타낸다고 하였다(1977:124). 켈로그는 무지개의 경험을 나타내는 만다라는 "많은 색상들이 쪼개지고 분산된 패턴에 사용되는 것"으로 성격지워진다고 하면서 "이러한 무지개의 경험은 새로운 합일을 성취하기 위하여 요구되는 지난날의 자기가 해체되는 과정의 첫 걸음으로 볼 수 있다"고 하였다(전게서:125). 켈로그(1978)는 무지개의 경험을 오이디푸스 콤플렉스로 향하고 있음을 나타내거나 이 부분에서 나타나는 갈등을 해결하고자 하는 것을 시사할 수도 있다고 하였다. 당신이 무지개의 경험에 해당되는 만다라를 그렸을 때는 자립에 필요한 지원을 받기 위하여 친구들과 주위 사람들에게 보다 많은 감정적인 지지를 요청하는 것도 좋을 것이다.

당신의 만다라에 무지개가 나타났다면 당신이 어두운 시간이 지나갔음을 기뻐하고 이것을 기념하고 있다는 것과 당신 내면의 상처받은 아이가 치유되었다고 볼 수도 있다. 무지개가 가지는 숫자 일곱의 의미도 여기에 부가하여 생각해도 좋다. 만다라에 나타난 무지개는 신들이 우리에게 용기를 가지라고 부여하는 선물로 볼 수 있다. 무지개의 경험은 당신의 정신 내면에 정체되어 있던 막강한 치유력을 자유롭게 하는 것이다.

나선형

우리가 살고 있는 우주는 나선형으로 휘감기는 듯한 모습으로 존재한다. 굴뚝에서 나오는 연기나 막대기로 수면을 휘저었을 때도 이와 비슷한 형태가 나타난다. 이러한 공기와 물의 형태를 만드는 역동적인 힘이 원자나 태양계 또는 은하계를 움직인다고 할 수 있다. 나선형의 질서정연한 동작은 우리가 사는 우주의 어느 곳에서나 찾아볼 수 있다. 나선형은 중심점을 향하거나 멀어지는 것을 나타내는 상징이다.

나선형으로 돌아가는 우주의 질서는 우리 의식성의 구조를 반영한다(Purce, 1974:8). 이러한 모티브의 질서는 영국, 아일랜드, 프랑스에 살던 고대인의 암각화에도 나타나고 있다. 고대인에게 나선형은 달의 차고 기움과 식물들의 성장사, 그리고 치유와 신을 부르기 위하여 행해졌던 원무의 춤사위를 나타냈을 것이다. 무아경의 상태를 조성하기 위하여 나선형의 동작이 사용되었을 것이라는 추측도 있다(Cirlot, 1962).

인간은 중심의 주위를 배회하거나 중심점을 향하여 전진하는 두 가지의 경향을 가지고 있다. 이러한 중심점은 그야말로 중심을 나타내는 신이 거하는 장소이다. 제의적인 목적으로 빙빙 돌아가는 동작은 여러 종교의식이나 성지에 도달하는 방법으로 사용된다. 일본인의 성지인 후지산을 순례하는 사람들은 산꼭대기까지 나선형으로 돌아 올라가는 길을 걸어간다. 모슬렘 교도들은 그들의 성지인 메카의 주위를 돈다. 이와 마찬가지로 참회하는 기독교도들은 고딕의 성전 바닥의 나선형으로 된 미로를 걸어가면서 기도한다.

원형을 중심으로 돌아가기를 원하는 인간의 충동은 인간정신 내면의 작업이 나타내는 일종의 성스러움을 향한 충동이라고 할 수 있다. 융은 정신의 발달주기 자체가 나선형의 통로를 가지고 있다는 것을 이렇게 표현하고 있다. "무의식의 과정이 중심점을 향하여 나선형으로 돌아가고 있다는 느낌과, 중심에 가까워짐에 따라 그 성격이 보다 확연하게 드러난다는 느낌으로부터 도저히 탈피할 수가 없었다(1974:29)." 융은 한 개인의 자아가 적절한 지위를 가지게 됨으로써 인성의 진정한 중심이라고 할 수 있는 자기에 다다를 수 있다고 하면서, 자아와 자기 사이가 얼마나 자주 왕래할 수 있는가가 한 개인의 개성화 과정 여부를 말해준다고 하였다. 새로운 상황파악을 하도록 해주는 자기와 관련된 변형은 마치 화학적인 요리라고 할 수 있는 연금술의 과정에 비유될 수 있으며, 융은 이것을 "…중심이나 자궁을 강조하는 나선형이 연금술에서 사용하는 용기(用器)와 같은 의미로 흔히 사용되어져 왔다… (전게서:254)"고 하였다.

나선형의 형태는 뱀을 연상시키기도 한다. 따라서 나선형은 뱀이 가지는 막강한 힘을 가진 이미지를 의미하는 경우가 있다. 융은 "뱀의 구불구불한 선은 … 치유력을 가진 뱀 에스큘레이피어스(Aesculapius)에 대한 은유적인 표현으로 볼 수도 있다"라고 하였다(전게서). 또한 융은 나선형이 척추의 기저부를 세 바퀴 반 휘감고 있는 삶의 힘을 상징하는 쿤달리니 뱀으로 시각화된 힌두교도들의 탄트라의 상징을 상기시킨다고 하였다. 이러한 상상적인 쿤달리니 뱀에 대한 깨달음은 신체의 깊은 곳에 있는 불가사의한 에너지를 자유롭게 함으로써 순수한 우주적인 에너지인 삭티(Sakti)와 순수한 의식성인 시바[Siva. 인도의 삼대 신격의 하나로서 파괴를 대표함: 역주]의 결합이 시작된다고 하였다. 이러한 맥락에서 나선형은 어떤 신성한 것이나 창조적인 것, 또는 정신의 가장 깊은 곳에 있는 상처의 치유를 가능하게 하는 에너지와 삶에 새로운 생명력을 부여하는 상징의 기능을 한다고 할 수 있다.

당신의 만다라에 나타난 나선형은 "성숙을 염원하며 전체성을 향하는" 당신의 "나선형적인 경향"을 나타내고 있는지도 모른다(Purce, 1974:9). 나선형은 또한 에너지가 빨리 돌아가고 있다는 것을 나타낼 수도 있고, 현실 속에서 기괴한 지식이나 영감, 그리고 성찰 등의 형태로 나타나는 무의식의 흐르는 듯한 이미지들과 함께 나타날 수도 있다. 당신의 만다라에 나타난 나선형은 당신이 가지고 있는 지식이 다른 사람들을 위하여 사용되는 샤먼의 모습으로 전환하고 있다는 것을 나타내는지도 모른다.

당신의 만다라에 나타난 나선형은 오른쪽 혹은 왼쪽으로 돌아가는 것같이 보일 것이다. 시계방향으로 돌아가는 나선형은 흔히 의식성 혹은 현시로 향하는 동작의 증거이고(Jung, 1974) 시계 반대방향으로 돌아가는 나선형은 에너지가 중심점 혹은 무의식성으로 되돌아가는 것을 나타낸다고 한다. 당신의 만다라에서 나선형이 발견되었다면 아마도 당신이 이 우주 속에 차지하는 장소를 알아볼 수 있도록 도와주는 우주적인 리듬에 동참한다는 것을 나타낸다. 따라서 나선형의 창출은 당신의 정신적인 에너지의 흐름이 우주의 패턴과 같다는 것을 표현하는 것이다.

사각형

사각형은 견고하고 안정감이 있으며 균형이 이루어진 느낌을 가져다주는 형태이다. 사각형은 동일한 길이의 네 개의 면을 가지고 있다는 점에서 숫자 넷을 나타내는 다른 표현의 하나라고 할 수 있으며 이러한 사각형은 네 개의 틀리면서도 같은 요소들의 균형을 시사한다. 사각형은 자연에서는 잘 볼 수 없고 주로 인위적으로 조심스럽게 측정하여 만들어진 물체에서 찾아볼 수 있다. 이러한 이유 때문인지 서양의 문화에서는 사각형을 논리적인 사고나 인간의 성취, 그리고 목표지향적인 행동을 상징한다고 여겼다. 예를 들면 이집트의 상형문자로 쓰여진 고대 문헌 중에서 나선형이 "건설적으로 물질화된 에너지"를 나타내는 반면에 사각형은 성취를 대변한다고 했다(Cirlot, 1962).

　동양의 전통에서는 사각형이 좀 색다르게 해석되고 있다. 중국 사람들은 검은 사각형을 대지나 여성성적인 음(陰)의 품격을 나타내는 것으로 사용했다. 인도에서는 사각형이 padma나 연꽃 혹은 원형적인 여성성인 음부(yoni)를 나타낸다고 했다(Jung, 1974). 티벳의 불교의식에서 사용하는 만다라에서 사각형은 성스러운 영역 혹은 궁전을 표시하기 위하여 사용되고 있으며 이는 신령한 신의 거처 즉 성스러운 장소를 상징한다. 이러한 문화권에서 나타나는 사각형은 물질을 대변하고 물질 속에서 정신이 그 모습을 나타낸다는 원칙을 상징하고 있다.

원 속에 사각형을 그리고 있음

원 속에 들어 있는 사각형이 완전함을 나타내는 형태로 보일 수도 있다. 그러나 오히려 사각형 속에 원이 들어 있는 형태가 연금술에서 나타나는 하늘을 상징하는 원상과 대지를 상징하는 사각형 형태를 대변한다는 점에서 더 완전한 형태라고 하겠다(Cirlot, 1962). 이는 합성을 통하여 대극의 균형을 시도하는 것으로 기하학적으로 반대된 것으로부터 뭔가 새로운 것을 생산하는 것을 대변한다. 융은 원 속에 사각형을 만들고 있다는 것은 연금술에서 "… 근원적인 카오스적 단위를 네 개의 물질로 나누고 나서 그들을 보다 높은 차원의 단위에서 다시 혼합한 것의 개념화"라고 말하고 있다(1974:198). 융의 견해에 의하면 원상은 한 단위를 대변하며 사각형은 네 가지의 요소들을 대변한다.

융(1973b)은 자신의 환자들에게서 자주 본 만다라 형태의 하나인 사각형이 그려진 원에 대해 언급했다. 그는 이것이 한 개인의 정신적인 삶을 조화롭게 조정하는 신비한 자연의 원형적인 힘의 역동성을 가진 자기를 나타내는 것이라고 보았다. 융은 이러한 형태의 만다라와 숫자 네 개로 규정지워지는 다른 모든 형태의 만다라는 정신 속의 경쟁적인 가능성을 가지고 있는 네 가지의 기능인 사고, 느낌, 감각, 그리고 직관의 균형을 맞추기 위한 정신의 노력에서 파생되는 것으로 보았다.

켈로그(1977)는 만다라 속에 있는 사각형은 한 개인의 주위에 있는 사람들과 처해 있는 상황 등 개인의 환경을 대변한다고 하였다. 켈로그는 원상에 사각형을 그려 넣을 때와 마찬가지로 사각형에 원상을 그려 넣을 때도 특별한 의미를 지닌다고 했다. 이것의 의미는 자아를 강하게 하기 위하여 필요한 에너지의 합일을 나타낸다고 한다. 한 개인이 정체감을 정립하게 될 때 또는 부모에 의존하는 것으로부터 자유로워지게 될 때 이러한 형태의 만다라가 나타난다고 한다. 켈로그는 만다라에 나타나는 신성한 원상은 다음과 같은 성격을 지닌다고 했다.

한 개인이 스스로 내면에 있는 모성적·부성적인 힘에 연관되었을 때 나타나며 개인은 의식적인 계획을 할 수 있는 능력을 표상하는 직선들의 합일을 시작할 수 있게 된다.… 개인은 더 이상 남에 의하여 행동하지 않고 스스로 활동의 중심이 될 수 있는 것을 쟁취하게 된다. 개인은 자신의 수용력이 풍부한 정신의 부분과 능동적인 정신의 부분을 연결할 수 있게 된다(1978:119).

만다라의 바깥쪽에 있는 원상이 개인의 심리적인 경계를 나타낸다고 볼 때 만다라의 원상 속에 존재하는 사각형은 직선으로 구성되었다는 점에서 사각형이 상징하는 품격인 논리적, 대지적, 그리고 현실적인 군건한 바탕에 있음과 이러한 태도가 합일되었음을 시사한다고 볼 수 있다. 명쾌한 사고와 기꺼이 배우려는 자세, 그리고 성취하고자 하는 욕구가 여기에 포함된다. 사각형과 원상으로 만들어진 만다라는 우리가 흔히 원형적인 부모의 형태로 변장한 모습으로 경험되는 자기와 친밀한 연관관계를 가지게 될 때 나타난다. 당신의 만다라에 사각형을 보게 될 때나 원상 속에 사각형을 그리게 될 때는 당신이 의식성과 자기존중감의 증진 혹은 영웅의 여로와 연결될 수 있는 솟아오르는 에너지를 보유하고 있음을 시사한다.

별

별은 어두운 밤하늘에 밝은 빛을 비추어 길 잃은 자들의 길을 찾아준다. 별들의 패턴을 아는 사람에게 그것들은 환상적인 동물, 신, 또는 어떤 원초적인 모습 등으로 보여졌다. 고대인은 별을 천상이 땅에 베푸는 호의로서 안내의 상징이라고 생각했다. 동방 박사들을 그리스도가 탄생한 베들레헴으로 인도했던 별이 그 예가 될 것이다.

페르시아 사람들은 샛별을 하늘의 여왕 아이나나 여신의 현시라고 믿고 숭배하였다고 한다. 별은 기독교의 상징에서도 찾아볼 수 있다. 동정녀 마리아가 성령으로 잉태하게 되는 것이 별들로 만들어진 관을 쓴 것으로 나타나고 있으며, "Stella Maris"나 바다의 별이라는 것이 성처녀가 가지는 타이틀 중에 하나이다. 그리스도 역시 번쩍이는 천상의 몸체로 그 모습을 나타내고 있다. 먼저 그의 탄생이 별의 나타남으로 표시되었고, 그후에는 그가 자신에 대하여 "나는 밝게 빛나는 다윗의 뿌리요 자손이니 곧 광명한 새벽별이라"고 하였다(요한계시록, 22장 16절).

떠오르는 별이란 비범한 인물의 탄생과 같은 의미로서 어떤 존재가 새로 등장하는 것과 동일하다. 성서에서 별은 유대인들의 구세주가 나타남과 연관시키고 있다(민수기, 24장 17절). 떨어지는 별은 천상적인 것 혹은 여성적인 것이 지상으로 내려와 물질적인 존재에 영향을 주는 것을 말하고 있다. 체로키 원주민들의 전설에 의하면(Ywahoo, 1987), 별여성(Star Woman)은 그녀가 거하던 천상세계 플레이아데스(Pleiades)로부터 떨어지게 된다. 그녀가 지상에 도착하자 곧 인간으로 변하게 될 겨울잠을 자던 동물들이 잠에서 깨어나게 되었다고 한다.

별은 또한 영혼과도 연관된다. 고대 그리스 철학가들에 의하면 영혼은 신체 속에만 있는 것이 아니다. 그들은 영혼의 일부분이 별처럼 그 개인의 위에 높이 떠 있고 이러한 영혼의 별이 그 개인에게 어떤 일에 대한 영감, 창조성, 열성 등을 불러일으킨다고 생각했다. 이와 비슷한 생각이 연금술사 파라셀서스에 의하여 보다 진전되었다. 그는 "진정한 인간은 우리 속에 있는 별이다. 이 별은 인간이 위대한 지혜를 향하기를 바란다"는 것을 믿고 있다고 말했다(Jung 인용, 1983:131).

융은 자주 별이 환자의 만다라에 나타나는 것을 보았다고 하면서, 그들은 주로 중심부분에 나타났고 일반적으로 넷, 여덟, 혹은 12개의 빛살을 가지고 있었다고 하였다. 어떤 남자가 그린 만다라에 융은 네 개의 빛살을 가진 별이 "혼돈으로부터 솟아난 별"로서 자기의 상징과 동일하게 나타났다고 보았다(전게서, 1973b:90-91). 이러한 별은 방해하는 요소를 사라지게 하는 "신성력을 가진 전체성"을 대변한다.

다섯 개의 꼭지점을 가진 별은 고대의 여신들에 의하여 양육되었다고 보았던 자연 속에 나타나는 꽃들이나 과일들의 모습에서 기인한 것이 아닌가 생각된다. 그 예로서 사과의 씨방 부분이 별의 형태라는 것을 들 수 있다. 다섯 개의 꼭지점을 가진 별은 이집트의 상형문자로 된 고대 문헌에 "근원적인 지점을 향하여 위로 떠오른다"라는 의미를 가지고 있다(Cirlot, 1962:295). 이는 아마도 밤하늘에 별의 유방을 가진 여신 누(Nut)에 속하는 것으로 볼 수 있다. 반면에 거꾸로 그려진 다섯 개의 포인트를 가진 별은 용해 또는 악마적이거나 불가해한 힘들을 나타내는 상징으로 사용되어 왔다.

켈로그(1977)는 다섯 개의 꼭지점을 가진 별의 형태가 인간이 두 발로 서 있는 모습과 비슷하다는 것을 발견하였다. 그녀는 다섯 개의 꼭지점을 가진 별이 "물질적이고 신체적인 인간"을 상징한다고 생각한 융의 견해에 동의하였다(1973b:89). 그들이 제시하는 것에 의하면 만다라에 다섯 개의 꼭지점을 가진 별이 나타난다는 것은 안정된 자아정체감이 생성되고 있다는 표징이다. 켈로그는 또한 이러한 별은 한 개인이 가지는 물질적인 세계와 상호관계에 대한 정보를 제공한다는 것도 발견하였다. 그녀에 의하면 만다라에 별이 나타난다는 것은 내면에 존재하고 있던 영감을 현실로 가져 올 수 있는 능력이 나타남을 시사하고 있다고 한다.

당신의 만다라를 꽉 채우는 다섯 개의 꼭지점을 가진 별은 당신 자신의 가치와 정체감 및 소명감을 성취하기 위한 자세가 되어 있음을 내포한다. 여러 개의 작은 별들은 개인의 잠재력과 목표지향적인 경쟁심을 나타낸다. 별이 물론 특정한 숫자의 꼭지점을 취할 수 있다. 만다라 속에 나타난 별에 대하여 연구를 할 때는 꼭지점이 몇 개인지를 헤아려서 그 숫자가 가지는 상징성을 고려하면 해석에 도움이 된다. 하나의 별은 당신 정체성의 독립된 존재를 공포하는 것이다. 당신은 이 세상의 누구와도 같지 않은 고유한 존재이다. 또한 당신의 만다라에 나타난 별은 당신이 영혼을 가진 피조물로서 당신 내면의 자기와 연관하면서 주어진 운명을 홀로 살아가야 한다는 특별한 부름을 받았다는 것을 나타내며 우리에게 이것을 기억하라는 것을 촉구하고 있다고 하겠다.

나무

 나무는 스스로 새롭게 자란다는 점에서 풍요한 삶을 상징한다. 한때 나무들은 신성한 것이라고 여겨졌다. 메소포타미아 지방의 지구라트[바벨탑의 별칭: 역주]의 꼭대기에 풍요의 여신 아이나나에게 바치는 살아 있는 나무를 심었다고 한다. 드루이드(Druids) 부족들은 성스러운 나무들의 숲에서 그들의 신들에게 예배를 드렸다고 하며, 어떤 나무는 그 나뭇가지 아래에 살고 있는 사제나 현자들만 알아들을 수 있는 언어를 사용했다는 기록이 있다(Walker, 1988). 성서는 자신의 이름을 가지고 있던 나무 아래에서 살면서 그 나무의 지시를 따르던 지혜로운 여성 선지자 드보라에 대하여 언급하고 있다(사사기, 4장 5절).

에덴 동산에 자라고 있던 선악과 나무는 선과 악에 대한 의식성을 부여하는 과일나무로서, 선악과는 아담과 이브를 근원적인 쌍의 세계에서 이원론적인 삶의 세계로 축출하였다. 예수가 매달린 십자가가 이곳에서 베어낸 나무로 만들어졌다는 전설도 있다. 중세기 기독교 성화에서 가끔 십자가가 근원적인 정원에서 자라는 살아 있는 나무로서 꽃과 과일을 가지고 있는 것으로 나타나기도 한다.

나무는 위를 향하여 자라나는 가지에 대칭하여 땅 아래로 뿌리가 뻗어 내려간다는 특징을 가지고 있다. 이러한 나무의 특징이 여러 차원의 현실 사이를 연결한다는 상징성을 가지게 하였다. 말하자면 지하 땅속은 무의식을, 중간 세상인 대지는 보편적인 의식성을 나타내고, 꼭대기

부분은 천상 혹은 초개인적인 의식성을 나타낸다. 예를 들어 북유럽의 노스(Norse) 부족의 신화적인 세계를 나타내는 나무 이그드라실 (Yggadrasil)은 여러 차원의 존재를 연결함으로써 삶이 창출되고 유지된다고 한다. 카발라(Kabbalah) 종교의 신비로운 나무 역시 여러 개의 기층들을 통과하여 일단 하부로 내려갔다가 창조를 마감하기 위하여 결국 같은 통로를 따라서 위로 상승한다고 알려져 있다.

나무처럼 여러 차원의 현실을 연결하는 상징을 세계의 축(Axis Mundi)이라고 부른다. 이러한 상징으로 간주되는 그밖의 상징에는 십자가, 사다리, 계단, 산맥 등이 있으며 우주의 신비로운 중심을 나타낸다. 이러한 상징들은 인간 영혼이 신에게 닿을 수 있는 가교 혹은 사다리라고 할 수 있다(Cirlot, 1962). 그런 측면에서 나무는 한 개인이 신에게 연결됨을 나타내는 상징이다.

융은 나무를 자기원형의 상징이라고 보았으며, 여기에서 자기는 각 인간의 내면에 존재하고 있는 신의 이미지라고 할 수 있다고 하였다. 그는 "만약 만다라가 자기를 나타내는 상징의 단면도라고 한다면 나무는 자기를 나타내는 상징의 측면도라고 할 수 있다"고 하였다(1983:253). 융은 나무가 성장을 지향하고 완벽한 신의 모습과 같은 전체성을 가진 인간 모두가 가지고 있는, 내면의 이미지를 완성하기 위한 인간의 욕구와 바람을 상징하는 듯하다고 하였다.

나무는 여러 가지 풍성한 상징성을 가지고 있으나 융은 보편적으로 사용되고 있는 것들을 다음과 같이 열거하였다.

　　나무의 이미지는 육신적인 성장 및 영성적인 성장에 있어서 닫혀져 있던 어떤 부분이 열린다는 느낌과 함께 아래에서 위로 솟아나고 위에서 아래로 내려가는 상하 지향의 발달 내지 성장을 나타낸다. 또한 모성적인 요소라고 할 수 있는 보호함, 덮어주는 그늘, 피난처, 열매를 맺게 함, 삶의 근원, 건강함, 영속적, 한 곳에만 뿌리내림 등의 의미 이외에도 노년기, 인성, 그리고 죽음과 새로운 탄생을 의미한다(1983:272).

당신의 만다라에 나무가 나타날 때 그것이 당신의 이미지이자 자기의 상징이라는 것을 알아야 한다. 당신이 그린 나무의 둥지나 가지에 부러진 부분이 있으면 "잊어버린" 심리적인 상처가 있었다는 것도 염두에 두어야 한다(Hammer, 1975). 당신이 다른 사람들과 얼마나 좋은 관계를 가질 수 있는가 하는 역량은 옆으로 벌어진 나뭇가지가 우산같이 펼쳐져 있는 것으로 나타난다. 잎새가 없는 나무는 당신이 마치 겨울잠을 자는 나무처럼 삶을 가져다주는 에너지가 퇴조하여 뿌리 속에 깊숙히 숨어있는 것을 나타낸다.

자녀를 둔 여성들의 경우 나무에 꽃이나 열매를 그리는 것을 볼 수 있다. 만약 만다라에 나타난 나무가 만다라의 원의 둘레를 벗어나는 경우 당신은 당신 자신이 설정했던 익숙한 주위환경 속에서 형성된 정체감에서 벗어나 그 너머의 어떤 것으로 성장하고 싶다는 것을 나타낸다. 나무의 뿌리가 노출된 경우라면 당신은 아마도 불안정하고 뿌리뽑힌 느낌, 혹은 자기방어를 하지 못하는 연약한 느낌을 가지고 있다고 할 수 있다. 때로는 실제로 당신의 발에 문제가 생길 수도 있다. 당신이 그리는 나무는 당신의 전체라고 할 수 있는 신체적 · 감정적 · 정신적인 차원에서 당신이 누구인가를 묘사한다.

삼각형

삼각형은 방향을 제시하는 것 외에도 여성성과 남성성을 대변하는 모든 신들이 가지는 역동성을 상징한다. 또한 삼각형은 숫자 셋과 연관을 가지고 있다. 예를 들어 기독교의 전통에서 삼각형은 삼위일체의 상징으로 사용되어왔다. 이러한 개념은 삼각형이 길이가 같은 세 개의 선이 하나로 합해져서 만들어졌다는 데에서 유래된 듯하다. 위를 향하는 삼각형은 인간의 정신 속에 있는 조화로운 단위를 지향하는 인간의 우주적인 경향의 상징이라는 것이 융(1974)에 의하여 밝혀졌다.

아래로 향하고 있는 삼각형은 여성의 음부와 비슷해서 여성성을 상징한다고 알려져 있다. 이러한 형태는 인도의 전통에서 요니(yoni) 혹은 얀트라(yantra)라고 부르는 종교적인 상징으로서 이 세상 모든 것의 근원이 되는 여성성을 대변한다. 여기에 대칭하는 남성성은 위를 향하고 있는 삼각형으로 대변된다. 이러한 상하로 향하는 두 삼각형이 겹쳐서 만들어진 얀트라라고 만다라는 인도에서 명상의 도구로 사용되고 있다.

중세 유럽의 신비가들이 즐겨 사용하던 솔로몬의 봉인(Solomon's Seal)에서도 이와 비슷한 형태를 찾아볼 수 있다. 이 여섯 개의 꼭지점을 가진 별은 요니나 얀트라와 같이 두 개의 삼각형이 아래위로 포개진 형태이다. 연금술사들은 위로 향한 삼각형은 불(리비도, 삶의 힘, 정신, 양기)을 상징하고, 아래로 향하는 삼각형은 물(무의식, 잠재력, 자연, 음기)을 상징한다고 보았다. 이러한 철학자들의 은유적인 언어에서 불과 물이 혼합됨으로써 전체성을 가진 인간의 영혼이 생산된다고 하였다. 이러한 차원에서 볼 때 솔로몬의 봉인은 영혼 그 자체를 대변한다고 하겠다(Cirlot, 1962).

퍼스(Purce, 1974)에 의하면 시인 예이츠(Yeats)는 연금술사들의 아이디어, 즉 두 개의 올라가고 내려가는 원뿔모양을 한 나선형이 돌아가다가 심장 근처에서 만나는 것을 시각화하는 명상을 했다고 한다. 하부에서 올라오는 나선형은 불을, 상부에서 내려가는 나선형은 물을 상징하였다. 이러한 두 개의 나선형이 심장 부근에서 교차한다는 것은 정신과 물질의 만남을 지향하고 있는 이 신비가의 염원을 만족시켜주는 도구이다. 솔로몬의 봉인으로도 나타나고 있는 여섯 개의 꼭지점을 가진 별이 힌두교의 전통에서 심장의 차크라 상징으로 나타나고 있다.

여섯 개의 꼭지점을 가지고 있는 별은 유대인의 전통에서 다윗의 별 혹은 유대교의 상징으로 사용되어 왔다. 신비주의를 신봉하는 일부 유대교도들에게 이 별은 성스러운 법괘 속에 포옹하고 있는 신비로운 커

플을 대변하였으며 워커(Walker, 1988)는 이러한 개념은 아마도 인도
종교의 영향을 받은 듯하다고 주장하였다.

여섯 개의 꼭지점을 가지고 있는 솔로몬의 봉인이 당신의 만다라에
나타났을 경우 새로운 합성을 창출하기 위한 대극합일의 성공을 나타낸
다. 켈로그(1977)에 의하면 이 상징은 상부로 향한 삼각형과 하부로 향
하는 삼각형의 완벽한 균형이 이루어졌다는 의미를 내포한다. 당신의
만다라에 여섯 개의 포인트를 가지고 있는 별이 발견되었을 때 당신은
최근에 어떤 중요한 작업을 끝냈다고 할 수도 있고 조화, 성취, 만족을
경험하고 있다고 할 수 있다.

상부를 향한 삼각형이 만다라에 나타나는 것은 흔히 새로운 것이나
새로운 삶의 탄생, 혹은 어떤 폭발적인 창조성을 공포한다. 켈로그는 삼
각형이 만다라 중심에 있을 때 나타나는 감응과 연관시켜서 삼각형의
꼭대기가 만다라의 윗부분에 닿아 있는 것은 단정적인 자기주장을 반영
하는 것이라고 하였다. 또한 삼각형은 물질이 무의식으로부터 솟아오르
는 것을 상징한다고 한다(Jung, 1973b). 무엇이 솟아오르는지는 삼각형
이 무슨 색으로 그려졌는지와 그 색상에 대한 제작자의 연상을 따르면
알 수 있을 것이다.

하부로 향하는 삼각형은 의식성으로부터 해방된 아이디어를 나타내
는 듯이 보인다. 또한 하부로 향하는 삼각형은 마감이나 뭔가를 완성한
후에 새로운 국면에 들어서는 변화의 시간을 반영한다고 할 수도 있다.
켈로그는 하부로 향하는 삼각형은 "대지 속으로 끌어당겨짐, 죽음과 파
괴"를 의미한다고 했다(1977:126). 이는 개인이 상실의 경험을 통하여
삶과 죽음, 그리고 새로운 탄생에 대한 앎이 솟아나는 기간을 나타낸다.
고대사회에서는 이러한 주기적인 것에 대한 명상이 헤케이트(Hecate),
칼리(Kali), 티아맷(Tiamat)와 같은 어두움을 나타내는 여신들과 연관
시켜 이루어졌을 것으로 추정할 수 있다.

삼각형은 만다라에서 방향을 설정하게 하는 도구이다. 그들은 상하를

나타낼 뿐만 아니라 중심을 향하거나 멀어지는 수도 있다. 하나 또는 그 이상의 삼각형들이 만다라 바깥쪽을 향하고 있는 것은 공격적인 에너지의 존재나 스스로를 보호해야 할 필요를 나타내는 증거라고 한다(Jung, 1973b). 하나 또는 그 이상의 삼각형들이 만다라 중심을 향하고 있다면 공격성이 스스로의 내면을 향하고 있다는 것을 나타낸다.

당신은 만다라 속에 나타난 삼각형이 제시하고 있는 다른 의미들이 무엇인가를 조심스럽게 살펴보아야 한다. 그 삼각형은 어쩌면 당신의 무의식이 당신에게 무엇엔가 관심을 가져주기를 바라는 것인지도 모른다. 삼각형이라는 형태에 강조한 물체를 연상하는 것도 당신이 바라는 진정한 가치를 알도록 도와줄 것이다. 이러한 정보에 개방되어 있음으로써 우리는 정신 속의 가장 깊은 곳에서 제시하는 방향성에 우선권을 둘 수 있게 된다.

당신의 만다라에 나타난 삼각형들은 변화가 이루어지고 있음과 상하로 움직이고 있는 초월적인 에너지의 균형에 대한 당신의 관심에 적절한 방향을 제시한다. 또한 삼각형은 현재의 상황을 대처하기 위하여 우리가 알아야 할 것을 보여주는 것으로 가슴속 깊은 곳에 있는 당신의 영혼을 지향하는 것을 시사한다.

거미줄

 거미줄은 한 존재에게 어떤 형태를 가져다주기 위한 작업의 소산이라는 점에서 원형적인 상징성을 가진다. 여러 문화권에서 거미줄 속에 있는 거미가 여신의 환생이라고 여겨졌다. 예를 들어 희랍 사람들은 그녀가 물레를 잦는 여신 아라크네(Arachne)로 물레에서 실을 뽑아내듯 인간들의 운명을 창출하는 위력을 가졌다고 생각했다.

그외에도 북미 대륙 원주민들의 창세신화에 보이는 우주를 창조한

거미여인(Spider Woman)을 들 수있다. 창세를 위한 그녀의 작업은 동
서와 남북으로 당겨놓은 두 가닥의 실을 뽑아내는 것으로 시작하였다고
한다. 그녀가 물레를 잦고 실을 뽑아내면 낮이 그 형태를 드러내었으나
밤이 돌아오면 그녀가 낮에 했던 작업물이 소멸되어버렸다고 한다. 인
도의 전통에서도 거미는 비슷한 모습으로 나타난다. 그녀는 감각세계의
가공현실을 창조하는 직녀인 마야의 상징으로 간주되어 왔다.

서구 문화권 속에서 암거미는 다소 악마적인 의미를 가지고 있다. 그
녀는 남을 옭아매고, 삼키고, 파괴하는 것과 같은 부정적인 요소의 여성
성과 연관되었다. 그러면서도 그녀가 만든 아름다운 거미줄은 진정한
찬사와 감탄을 가져다주는 근원으로 알려져 왔다. 이러한 측면은 만다
라에 나타난 거미줄에 있는 거미는 어머니 콤플렉스를 상징한다고 보는
존슨(Robert Johnson)의 견해와 일치하는 것을 볼 수 있다.

거미와 거미줄은 (흔히 사람들의 꿈속에서) 조각난 만다라로 나타나고
있으며 이는 완성된 만다라가 나타내는 에너지의 근원을 대변한다. 거미
의 몸은 둥글고 여러 개의 다리가 몸을 중심으로 대칭적으로 바깥을 향하
고 중심을 가지고 있다는 점에서 확실히 하나의 만다라라고 하겠다.

이러한 만다라가 가지는 에너지 체계의 이면에는 항상 여성성적(그러
나 남성성적 요소도 포함하고 있는)이고, 또한 한 개인이 병리적인 체계(거미
에게 물림) 혹은 치유나 창조의 시작(거미줄)이라고 할 수 있는 여성성이
중요한 이슈가 되고 있다. 거미에 대하여 연구하는 사람들을 제외하고는
아무도 수거미를 보지 못했을 것이다. 그 이유는 모든 수거미들은 매우
몸집이 작고 짝짓기를 하는 동안 소멸되어버리기 때문에 우리가 보는 거
미는 모두 암컷으로서, 그들에 의하여 만다라 에너지의 시작을 상징하는
거미줄이 만들어진다. 한 개인의 어머니 콤플렉스(쏘는 측면을 가진 거미와
같이)를 만다라의 치유적인 형태 속으로 포함시키는 것은 한 개인의 정신
적인 성장에 큰 부분을 차지하기 때문이다. 이러한 작업은 남성에 있어서
보다 힘든 과제라고 할 수 있으나 남성 여성 모두에게 나타날 수 있다고
본다(개인적인 면담에서, 1990).

켈로그 역시 만다라에 나타난 거미줄의 형태를 한 개인의 여성성적인 경험과 연관시키고 있다. 그녀는 거미줄이 새로운 성장의 핵심이라고 할 수 있는 어머니와 밀접하게 연결된다는 것을 상징하고 있다는 것을 발견하였다. 이러한 경험은 개인으로 하여금 탄생 이전의 삶의 경험을 기억하게 하거나, 개인적인 성장의 새로운 사이클의 시작과 연관되는 기억을 되살리게 할 수도 있다. 당신의 만다라에 나타난 거미줄이 만다라에 완전히 부착되었을 경우, 당신이 최근에 시도한 것을 해결해야함을 나타낸다. 켈로그는 찢겨진 거미줄은 개인이 의지력의 부족으로 삶이 위협적으로 느껴질 때, 혹은 기쁘게 수용되지 못했던 탄생 이전의 자궁 속에서 수태되었던 삶을 다시 사는 것을 상징한다고 하였다 (1978:91). 켈로그는 이렇게 이른 성장기에 안정된 삶을 경험하지 못한 사람의 경우 삶의 후기에 가서 약물중독이 되는 것을 보았다고 보고하면서 그들은 아마도 "그러한 유감스러웠던 기억을 하지 않기 위하여 스스로에게 투약을 하는 것"인지도 모른다고 덧붙였다(전게서).

그러므로 당신의 만다라에 거미줄이 나타나는 것은 당신의 가장 이른 성장기의 기억이 되살아나는 것을 의미할 수도 있고, 새로운 성장의 주기를 준비하고 있다고 볼 수도 있다. 거미와 거미줄의 상징성은 써로트가 지적한 "거미의 끊임없는 창출로 나타나는 베짜기는 우주적인 영속성을 유지하기 위하여 끊임없이 반복되어 온 힘들을 나타내는 상징으로서(1962:290)" 창조와 파괴라는 원초적인 사실과 연결되어 있음을 나타낸다.

또한 거미줄이 가지는 리듬은 거미줄과 같은 인간 삶 속에 신비로운 중심이라고 할 수 있는 자기에 의하여 지휘당하면서 전개되는 끊임없는 변형을 통하여 계속적으로 죽고 새롭게 태어나는 자아를 시사한다.

일원상의
만다라

무엇이나 다 때가 있다.
하늘 아래서 벌어지는 무슨 일에나 다 때가 있다(전도서, 3장 1절).

계절은 우리에게 씨뿌리고, 가꾸고, 거두어들인 후에 또다시 씨앗으로 되돌아가 새로운 성장의 주기를 시작하는 것을 가르쳐준다. 계절적인 리듬은 모든 것이 어디서 왔으며 어떻게 사라져가는가를 보여주는 모델을 제공함으로써 우리로 하여금 반복적인 패턴을 가진 주기적인 것에 대한 사고의 체계를 마련할 수 있게 하였다.

예를 들어, 태양과 다른 천체의 계절에 따른 회전에 관한 정보는 12궁도로 표현되었다. 이들 위성주기의 상호연관성은 세계 여러 문화 속에서 삶의 의미를 부여하는 점성술과 철학으로 만들어졌다. 중국의 주역은 또 하나의 오래된 철학체계로서 주기적으로 일어나는 사건들의 자연스러운 흐름에 따라서 현재의 상황을 평가하는 것이다. 이러한 주역의 해석은 인간 삶을 자연의 패턴에 일치시킴으로써 자연과 더불어 조화롭게 살도록 하는 데 있다.

이러한 모든 체계가 가지고 있는 공통점은, 그들이 어떤 형태를 갖추는 성장을 함으로써 만들어진 형태를 떠나보내고 나면 다시 전 과정의 시작이라고 할 수 있는 근원으로 되돌아간다는 원초적인 에너지의 생성 과정을 묘사하고 있다는 것이다. 그들은 우리에게 씨앗이 들판에 뿌려지는 것을 통하여 얻게 되는 가르침을 보다 간결하면서도 정교한 언어로 장엄하게 표현하고 있다.

자연의 주기가 우리의 사고를 형성할 뿐만 아니라 동시에 자연의 일부인 우리의 내면의 삶(비록 때로는 그렇지 않다고 느낄 때도 있기는 하지만) 그 자체가 질서 있는 패턴을 가지고 있다. 예를 들어서 하루라는 삶의 주기 속에서 우리의 의식성을 생각해보자. 우리가 잠들었을 때는 의식이 없다가 잠에서 깨어나면 의식이 돌아오며 이러한 의식성에 의하여 우리의 정체감이 생기게 된다. 정오가 되면 우리 의식의 기능이 최고 수준에 달하게 됨으로써 우리 정신이 명쾌한 사고를 하게 되며 일도 효율적으로 처리할 수 있다. 저녁이 되면 맛과 냄새 그리고 소리를 분별하는 기능을 상승시키는 한 줄기의 에너지를 경험한다. 밤이 깊어가면 우리의 에너지는 쇠잔해지고 우리의 의식성은 또다시 잠의 세계에 빠져들게 된다. 이러한 주기는 자연적인 것으로 매일 반복된다.

좀더 긴 시간을 통하여 이러한 주기를 경험하게 되는 경우로서 가장 긴 것은 우리 삶의 전 과정을 통하여 나타나는 주기를 들 수가 있다. 개성화 과정은 그러한 패턴의 한 예가 될 것이다. 이러한 패턴은 우리로 하여금 어린시절의 간단했던 전체성으로부터 매우 복합적으로 분리되는 다양성으로 이끌어 간다. 성인이 되면서 우리는 복합적인 우리의 패턴 속에서 꽉 짜여 균형을 이룬 조화를 달성하려고 노력하게 된다. 우리의 삶이 스스로 성취하게 되면서 우리는 지난날의 부작용들을 뒤로 하기 위하여 서서히 간결하고 반향적인 전체성으로 기울게 된다.

우리는 개성화 과정 속에서 자기와 자아 사이의 역동적인 관계성이 자연적인 리듬인 친밀과 분리가 교대로 일어나는 것을 본다. 어린아이들이 그린 만다라에는 그릴 때 자아와 자기가 일치하는 것으로 나타나는데 이것은 자아가 자기의 핵심 속에서 자라고 있다는 사실을 반영하는 것이다. 아이가 청소년으로 성장하게 되면 자아는 원형적인 구조를 가지고 있는 자기로부터 분리된다. 중년이 되면 우리는 다시 자기와 대면하게 된다. 이는 흔히 우리가 사용하지 못한 잠재력이나 못다 산 삶을 살기 원하는, 또는 자기에 의하여 마련된 전체적인 패턴의 완성을 원하는 것으로 나타난다.

이러한 보다 큰 패턴의 자아-자기 관계 속에는 여러 가지로 나타나는 접근과 퇴조가 있다. 성인으로서 우리는 환난기나 전환기 동안 꾼 꿈이나 그림, 또는 일상 속에 나타나는 이미지를 통하여 자기에 대하여 깨닫는 수가 있다. 왜냐하면 자기는 인간정신의 중심이자 그것을 담는 그릇일 뿐만 아니라 에딘저(1987)가 설명했듯이 자기는 자아를 보장하기도 하기 때문이다. 이러한 자기는 자아의 뒤에 있다가 자아의 기능이 장해를 받거나 도전받을 때 자아의 구조를 지원한다.

우리가 깨닫든 못 깨닫든 자기는 언제나 존재하며 자아와 자기의 관계는 일생을 통하여 이루어진다. 자아-자기의 바람직한 관계성을 가진다는 것은 한 개인이 온전한 기능인이 되기 위해서 요구되는 매우 중요한 과제로서 개성화 과정을 통해서만 얻을 수 있다.

에딘저는 자아가 자기에게 가까이 다가오다가 다시 멀어짐으로써 자기로 분리되는 과정을 자아와 자기가 함께 춤을 추면서 나선형으로 돌아간다는 방식으로 개념화하였다. 자기와 자아가 분리되어 있는 동안 개인은 흔히 우울감이나 고립감을 느끼게 되고, 자아가 자기와 가깝게 동일화하고 있을 때 개인은 힘과 팽창감을 가지게 된다. 일생을 살아가는 동안 개인은 수많은 다른 차원의 요소들의 틈바구니에서 이곳에서 저곳으로 옮겨가는 주기를 반복하게 된다.

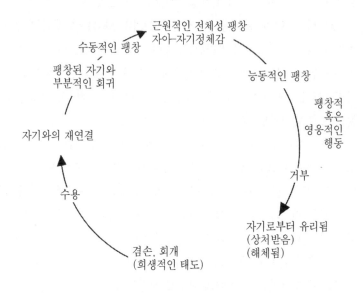

정신적인 삶의 주기 (Edinger, 1972:41)

에딘저는 주기적인 리듬을 가지고 있는 자기와 자아의 관계를 일원
상과 연관하여 묘사하고 있다. 근원적인 전체성이 아이들에 의하여 경
험되듯이 원의 꼭대기에서 우리는 자기와 자아가 가깝게 일치하고 있는
것을 발견한다. 시계방향인 오른쪽으로 움직이게 되면 자아는 자기로부
터 분리된다. 원의 아래쪽에 이르러 자아가 자기로부터 유리되었을 때
그들의 연결점은 보다 멀어지게 된다. 이 지점이 자아가 다시 자기에게
로 가까이 가게 되는 전환점이다. 시계방향으로 돌아서 원의 위쪽으로
향하게 되면 자기와의 화해를 경험하게 된다. 결국 자아의 정체성을 자
기에 이르게 함으로써 또다시 팽창을 경험하게 되고 또 같은 주기를 반
복하게 된다.

우리 내면의 삶은 꿈이나 상상력 그리고 그림으로 표현된다. 우리가

알고 있듯이 자기원형은 흔히 만다라의 형태에 반영된다. 이 시점에서 우리는 특정한 형태를 가진 만다라가 과연 개성화와 관계가 있을까, 만약 있다면 우리는 거기에서 자아와 자기 사이의 관계에 대한 정보를 어떻게 찾을 수 있을 것인가 등의 질문을 던질 수가 있을 것이다. 융, 폰 프란츠, 하딩, 그리고 켈로그는 이러한 질문에 적절한 해답을 제공하고 있다.

융은 그의 환자들의 그림에 나타난 만다라가 개성화의 경험을 나타내고 있다는 것을 관찰하고 형태목록을 만들었다(1973b: 77).

1. 원형, 구형 혹은 달걀 모양의 형태
2. 원형이 꽃(장미꽃, 연꽃)이나 바퀴로 장식된 경우
3. 태양, 별, 십자가의 형태로 중심이 표현되고 주로 넷, 여덟, 열둘의 빛살을 가진 형태
4. 가끔 원형과 구형, 십자가 형태의 물체들이 돌아가는 스와스티커(卍)와 같은 형태
5. 원형이 반지와 같은 형태(유로보로스) 혹은 나선형의 모양으로 마치 중심을 두고 똬리를 틀고 있는 뱀의 형태
6. 원형 속에 사각형을 그리는 형식이나 사각형 속에 원형을 그리는 형태
7. 사각 혹은 원형의 성이나 도시 그리고 정원(성스러운 장소)의 모티브
8. 눈(동공과 조리개)
9. 넷의 두 곱을 한 여덟 개의 물체 외에도 셋과 여섯 등의 숫자…

융은 이런 형태에서 저런 형태로 진화하는 것에는 특정한 질서는 없다고 하였다. 그리고 이러한 형태들은 단순히 환자들의 개성화 과정이 활성화되고 있음을 보여주는 것이라고 자신의 입장을 밝히고 있다.

폰 프란츠는 만다라에 특정한 모티브가 주기적으로 나타나고 있다는 사실을 들어 다음과 같이 만다라를 정의하고 있다.

만다라는 이미 존재해 오던 질서를 되찾는 것을 도와주는 기능을 가지고 있다. 그러면서도 만다라는 아직 존재하지 않는 어떤 새롭고 고유한 형태를 표현하게 하는 창조적인 목적을 달성하기 위하여 사용될 수도 있다. … 이러한 주기적으로 나타내는 형태는 같은 지점으로 계속하여 되돌아오면서도 위쪽을 향하여 진행하고 있는 나선형의 형태를 띤다(Jung 인용, 1964:225).

폰 프란츠는 나선형을 그리며 나타나는 이러한 주기적인 과정이 우리로 하여금 만다라를 그리게 한다고 서술하고 있다. 그러나 그녀는 어떤 특정한 디자인이 이러한 성장의 단계와 연관이 되는지에 대해서는 언급하지 않고 있다. 그 반면 하딩은 세 가지의 만다라 형태들을 지적하면서 성공적인 개성화 과정의 단계와 연결시키고 있다.

그녀는 이러한 모티브를 "일원상" 또는 "만다라"와 "연금술에서 사용한 밀폐된 항아리(Hermetic Vessel)"와 동일시하고 있다. 일원상은 정신의 전체성을 시사한다. 하딩에 의하면 만다라는 하나의 일원상으로서 사각형, 십자가 혹은 삼각형, 그리고 대극을 화합하는 특수한 기능을 가지고 있다. "연금술에서 사용한 밀폐된 항아리"는 요리냄비, 달걀, 자궁의 상징, 가마솥, 포도주잔, 혹은 담고 있는 내용물을 변형시키는 모든 그릇을 시사한다고 하겠다. 하딩은 "비록 이러한 상징들이 분석과정에 있는 개인들에게 나타나는 순서나 형태 등이 매우 다양하지만 그들 모두가 정신발달과정과 상호관계를 가진다"고 요약할 수 있다고 하였다(1973:323). 그녀는 만다라는 그것을 그린 사람들이 처해 있는 여러 가지 형태의 경험들과 형태를 지닌 개성화 과정을 반영하는 우주적인 패턴이라고 주장하였다.

분석상황에서 내담자들이 가져오는 만다라는 그들 스스로 제작한 경우가 많고, 만다라를 그리지 않고는 못 배기는 내면의 촉구에 의하여 그린 경우가 대부분이다. 이러한 상황에서 만다라를 그리게 되는 것은 개인이 어떤 종류의 환난에 처해 있을 때 나타나는 현상인 듯하다. 그리고 이러한 현상은 자아가 감당할 수 없는 기분에 빠져 있을 때나, 새로운 상황에 익숙해지려는 전환기 상태에서 정신적으로 부풀어 있을 때, 그리고 관습에 젖어 있는 것이 더 이상 가능하지 않다는 것을 알게 된 경우에 나타나는 현상이라고 할 수 있다.

한 개인의 자아의 구조가 일시적으로 차단당했을 때 만다라를 그리는 것은 치유적인 경험이 될 수가 있다. 재난이나 전환기에 있는 개인이 스스로 만다라를 그리고자 하는 내면의 촉구가 생긴다는 것은 원형적인 자기와 특히 자아를 보호한다는 기능과 함께, 인간 정신의 질서를 잡을 수 있는 기능이 있는 만다라의 역량을 우리에게 보여주는 것이다.

만다라를 그리기 위하여 재난을 기다리는 것은 바람직하지 않다. 우리는 일생을 통하여 원형적인 자기와의 관계성을 육성해나감으로써 우리 속에 있는 원초적인 에너지의 근원과 적절한 연결을 유지할 필요가 있으며 만다라를 그리는 것이 이러한 에너지를 허용하게 한다. 이러한 원형적인 자기의 에너지는 의식적인 우리의 존재에게 적절하게 영향을 주게 되고 이러한 영향은 우리를 보다 풍요롭게 만든다. 만다라는 우리로 하여금 합일이 가능한 시각적인 이미지를 통하여 원형적인 정신으로부터 정보를 제공받게 한다.

미술치료사 켈로그는 만다라를 개인의 정신성장을 촉구하기 위한 도구로 사용한 선각자로서 1970년대에 몇천 개의 만다라를 분석하였다. 여러 가지 형태의 만다라에서 어떤 특정한 패턴을 발견하려고 노력했던 그녀의 첫 시도는 성공하지 못했다가 그녀가 꾼 꿈이 전환점을 가져다주었다고 한다. 그녀는 꿈 속에서 작은 남자가 그녀를 뚫어지게 쏘아보면서 뒷걸음으로 일원상 속으로 들어가 그곳에 있는 모래에 막대기로 그림을 그리는 것을 보았다고 한다. 그 꿈은 켈로그에게 섬광과 같은 영감을 가져다주었고 그녀로 하여금 〈위대한 만다라의 원형적인 단계

(Archetypal Stages of the Great Mandala)〉라는 개념을 구축하게 하였다고 한다(저자와 개인면담에서, 1983).

〈위대한 일원상(Great Round)〉은 12개로 나누어진 만다라 비슷한 형태로서 이는 "심리적인 성장을 나타내는 나선형의 통로"를 반영한다(Kellogg & DeLeo, 1982:38). 각 형태는 계속되는 개인적인 성장의 통로와 함께 특기한 단계를 대변하고 있다. 이러한 12단계들은 일원상을 열어 보임으로써 사실적인 정보를 요약하는 것으로, 한 번으로 끝나는 것이 아니라 여러 번 반복된다고 하며 〈위대한 일원상〉은 만다라가 자아와 자기의 역동적인 관계를 반영한다고 볼 수 있다.

가끔 하나의 형태가 만다라와 비슷한 형태로 우연하게 들어맞는 수가 있다. 그러나 만다라는 여러 가지의 형태가 혼합되어 나타나는 것이 보통이다. 그러면서도 우리가 만다라에 나타나는 패턴을 확인하는 것은 우리의 자아와 자기의 관계에서 나타나는 지위를 아는 데 도움이 된다. 이러한 지식은 우리로 하여금 특정한 심리적인 발달과정에 해당하는 우리의 에너지와 일치시킬 수 있는 선택을 허용한다.

〈위대한 일원상〉을 보다 잘 이해하기 위하여 12단계에 해당하는 일상적인 생활 속의 한 예를 보자. 켈로그(1986)가 말한 "파이를 굽는 한 여성의 작업"을 살펴보겠다.

작업과정은 원의 아래쪽에서부터 시작한다. 파이 굽는 사람은 꿈도 꾸지 않는 깊은 잠에 빠져 있다. 두번째 단계에서 그녀는 체리, 사과 등 맛있는 것들이 함께 춤을 추고 있는 기분좋은 꿈을 꾸고 있다.

세번째 단계에서 그녀는 깨어나게 되고 확실하지 않은 그러나 뭔가 해야 한다는 의지를 가지고 있으나 아직 뭔지는 모르고 있다. 네번째 단계에서 그녀는 어머니를 방문하여 과자만드는 법을 배운다. 그것은 매우 즐거웠으나, 다섯째 단계에서 집을 떠나면서 스스로 할 수 있다는 자신감과 더불어 과연 스스로 해낼 수 있을까 하는 의구심을 가지게 된다. 여섯째 단계에서 그녀는 자신이 하고자 하는 것은 파이를 만드는 것임

위대한 일원상의 차원에서 본 파이를 만드는 여자

을 알게 되고 파이를 만드는 사람이 될 생각을 하게 된다. 제빵교육이 시작되고 그녀는 기술을 익히면서 자신이 보람있게 생각하는 가치관이 무엇이며, 자신의 생각과 원하는 바가 무엇인지 알게 되고 그녀의 부모와 같은 독립적인 개인이 된다.

일곱번째 단계에서 그녀는 모든 준비를 끝내고 이제 숙련된 기술자로서 파이를 만드는 데 필요한 연장들과 재료를 갖추고 작업에 임하게 된다. 여덟번째 단계에서 그녀는 실제로 파이 만드는 작업을 하게 된다. 이제 그녀는 두번째 단계에서 꿈에 나타나던 것을 실제적인 현실 속에 실현하게 된다.

아홉번째 단계에서 그녀의 작업은 완료된다. 작업의 완료가 가져다 주는 성취감이 뒤따른다. 그러나 그녀의 빛나는 성공에도 불구하고 그것이 영원히 지속되지 않는다는 것을 알게 된다. 열번째 단계에서 성공에 대한 환희는 서서히 사라지고 파이를 만드는 여자는 이제부터 무엇을 해야 할지 혼란스러워지게 된다.

열한번째 단계에서 그녀는 파이를 잘라서 그것을 친구들과 나누어 먹어서 없애버려야 한다는 지혜를 터득하게 된다. 이렇게 함으로써 그녀는 전 과정을 통하여 이룬 것을 영양분으로 섭취할 수 있게 되며, 열두번째 단계의 경험의 준비를 할 수 있게 된다. 열두번째 단계에서 그녀는 만족스러운 마음으로 파이 만드는 데 관련되었던 모든 사건들을 뒤돌아보게 된다. 그녀는 서서히 졸음이 오게 되고 곧 잠에 빠져들게 되며 또 다른 꿈을 꾸게 된다. 그리고 그녀는 또 다른 하나의 〈위대한 일원상〉의 통로를 통과하게 된다.

당신이 이 예에서 발견하게 되는 바와 같이 각 단계에는 각각 주어진 작업과 도전해야 한 요소들이 있다. 이는 의식성의 특정한 품격과 어떤 느낌들로 성격지워진다. 각 단계들은 각자의 현실에 대한 견해 혹은 관점을 가지고 있다. 지난번 경험의 반향과 함께 우리가 어떤 단계로 다시 돌아오는 것을 발견하게 된다. 또한 우리는 이러한 반복적인 패턴을 통하여 과거의 경험을 현재상황 속에서 재작업하고 재확립하는 기회를 가지며 과거와 현재를 날줄과 씨줄로 한 베짜기를 함으로써 고유한 패턴을 만들 수 있게 된다.

파이 만드는 사람을 예로 든다면 처음 학교에 갈 당시에 그녀는 아마도 집에서 떠나는 상황에서 요구되는 모든 성장이 완료되지 않았을 것이다. 그후 여섯번째 단계에 학교로 되돌아가서 파이 만드는 것을 공부하게 되었을 때 그녀는 먼저 경험했던 것을 기억했을 것이다. 그녀는 그때의 기억을 현재의 삶 속에서 다른 관점으로 볼 수 있는 기회를 가지게 된다. 따라서 그녀는 미해결로 남아 있던 부분을 해결하게 되고 그녀의 이전 경험은 현재를 살아감으로써 이해하게 되며 세상을 새로운 눈으로 볼 수 있게 된다.

파이 만드는 사람은 〈위대한 일원상〉의 12단계를 묘사해주는 한 예이다. 〈위대한 일원상〉은 에딘저가 개념화한 자아와 자기와의 관계성과 같이 주기적인 연속성의 형태를 가진 개인적인 성장을 서술하는 하나의 도식이다. 두 가지의 접근방법을 비교한다면, 에딘저의 차단된 자아-자기관계 상태는 켈로그가 말하고 있는 〈위대한 일원상〉의 제1단계에 해당한다. 에딘저가 말하는 자아-자기정체감이 확립되는 것은 켈로그의 체계에서 일곱째 단계에 해당한다. 〈위대한 일원상〉 중의 다른 단계들은 에딘저의 이 두 가지 위치의 중간에 상당한다고 보면 될 것이다.

이제까지 〈위대한 일원상〉에 대한 개념을 소개하였고 지금부터는 각 단계에 대하여 보다 세부적으로 논의하려고 한다. 나는 각 단계와 연관되는 경험을 서술하고 거기에 해당하는 성장을 위한 작업, 의식성의 품격, 그리고 느낌들을 포함시키려고 한다. 각 단계에 대한 언어적인 서술은 켈로그가 확인한 이 단계에 해당하는 만다라의 형태에 대한 그림들에 의하였다는 것을 밝힌다. 당신이 이 〈위대한 일원상〉에 대하여 탐구하게 될 때 당신의 만다라가 12단계를 나타내는 도표와 그대로 맞아떨어질 것이라는 기대는 하지 않기 바란다. 당신은 하나의 만다라에서 여러 단계에 해당하는 형태를 발견하게 될 수도 있을 것이다. 이것은 아마도 당신이 그러한 여러 단계에 해당하는 느낌 모두를 경험하고 있다는 것을 나타내는 것일 것이다.

위대한 일원상에 나타난 만다라의 원형적인 단계들
(1) 공백, (2) 낙원, (3) 미로 혹은 나선형, (4) 시작, (5) 과녁, (6) 이율배반적 분리/용
과의 투쟁, (7) 원 속의 사각형, (8) 기능하는 자아, (9) 투명화단계, (10) 죽음의 문, (11)
분열, (12) 신성력적인 무아경지(그림 ⓒ 1978 by Joan kellogg)

공백

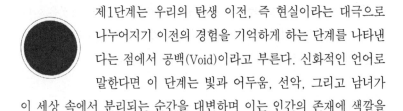

제1단계는 우리의 탄생 이전, 즉 현실이라는 대극으로
나누어지기 이전의 경험을 기억하게 하는 단계를 나타낸
다는 점에서 공백(Void)이라고 부른다. 신화적인 언어로
말한다면 이 단계는 빛과 어두움, 선악, 그리고 남녀가
이 세상 속에서 분리되는 순간을 대변하며 이는 인간의 존재에 색깔을

부여하는 이원론의 시작이다.

　신비주의자들은 이러한 단계의 마음상태는 심리학적인 언어로서 자궁 속에 있는 태아의 마음가짐과 같은 신성한 근원론적인 상태로 돌아가기 위하여 인간의 마음 저 너머에 있는 어떤 것을 지향한다고 하였다. 무형의 근원적 상태인 이 단계는 〈위대한 일원상〉 주기의 마지막 단계에서 다음 주기를 시작하는 중간에 해당되며 극치감에 둥둥 떠다니는 듯한 경험을 하는 것으로 알려져 있다. 켈로그는 이 단계를 "흰색의 공백"이라고 부르며 신의 의식성을 터득한 것을 대변한다고 하였다. 이러한 흰색의 공백기간 동안 우리는 "자유로워지게 됨으로서 서로 화해하고 사랑하게 되며, 구원 내지 용서를 받은 환희에 찬 무아경지"를 경험하게 된다고 하였다(Kellogg & DiLeo, 1982:40). 흰색의 공백은 많은 흰색의 부분이 만다라 중심부분에 나타나는 것으로 단정할 수 있다.

　첫 단계에 진입하는 것이 때로는 어둠 속으로 떨어지는 경험이 될 수 있다. 은유적으로 말한다면 이는 의식이 물질에 진입하는 지점이다. 이 단계는 연금술사들이 그들의 작업을 시작하는 〈제1의 물질(Prima Materia)〉과 비교할 수 있다. 켈로그와 디레오는 이 단계를 "어둠의 공백"이라고 하였다. 이는 "초개인적인 상태의 무지로 어둠, 혼돈, 유리, 아픔, 괴로움, 억압, 압축감으로 나타나며 의식이 물질의 창조를 위하여 물질에 진입하는 것"을 나타낸다고 설명하고 있다(전게서). 첫 단계가 어떤 차원에서는 잠자는 것과 비슷하다고 보는데, 그 이유는 역동적인 기능과 정신적인 감정의 기능이 저하되는 경향이 있기 때문이다. 이러한 단계에서 우리는 무엇인가에 눌리는 것 같은 느낌을 갖게 되고 잘 잊어버리는 경향도 보이게 된다. 삶이 마치 눈뜨고 꿈꾸는 몽유병자처럼 경험된다.

　궁극적인 질서에 대한 믿음을 가지고 있는 이들은 여기에서 안정감을 느끼는 경우도 있지만 이 단계는 보통 힘든 시기이다. 이 단계의 개인은 물고기의 사고와 비슷한 세계관을 가지고 있다. 물속에 있는 물고

기가 수면 위의 것에 대하여 안다는 것은 무리이다. 그러므로 이 단계에 처해 있는 개인이 해야 할 작업은 이 과정을 신뢰하고 믿음을 가지고 기다려야 한다는 것과 보잘것없는 우리 능력의 한계를 너그럽게 받아들여야 한다는 것이다.

이 단계에 있는 개인이 제작한 만다라는 완전히 어둡거나 검은색으로 구성될 수도 있고 때로는 간단히 흰색으로 남겨져 있거나 매우 연한 색상으로 남아 있을 수도 있다. 이러한 경우 만다라 형태는 거의 없거나 조금밖에 나타나지 않는다. 그 이유 중에는 개인이 공백 단계에 있을 때 그림을 그리고 완성한다는 것이 가능하지 않다는 것도 포함시킬 수 있다.

이 단계에서 느끼는 경험은 자궁 내에서의 경험에 대한 활성화에 따르는 것이다. 만약 우리의 자궁 내의 삶이 건강하지 못했거나 자궁 내의 환경이 지지적이지 못했거나 혼동스러웠을 경우, 자궁 내에서의 경험을 재연하는 공백 단계를 경험할 때 이것을 반영하는 만다라를 그릴 것이라고 추측할 수 있을 것이다. 만다라에 가끔 검은색과 흰색 또는 푸른색이나 노란색의 거미줄과 같은 형태가 나타나는 경우도 있다. 이러한 거미줄은 우리에게 자궁벽에 부착되어 있는 태아와 어머니의 관계를 상기시킨다.

거미가 인도와 여러 북미 대륙 원주민 부족들의 창세이야기에 압도적으로 많이 등장하는 것은 흥미로운 일이다. 그들의 창세이야기에서 여성으로 나타나는 거미는 가냘프면서도 리듬있는 베짜기를 통하여 이 세계라는 존재를 창출하였다고 한다. 로버트 존슨은 거미와 거미줄은 잘 도안된 만다라가 가져다주는 샘솟는 듯한 에너지를 대변한다고 지적하였다. 우리가 거미줄을 연상시키는 만다라를 그렸을 경우 우리의 가장 이른 경험 속에서 생겼던 어떤 심리적인 상처를 치유하기 위하여 그 상황으로 되돌아가서 〈위대한 일원상〉이 가르쳐주는 통로를 따라 현실에 대한 관점을 재창출해야 한다는 것을 나타내고 있는지도 모른다.

공백 단계는 우리의 성장을 향한 주기의 원초적인 시작이다. 이는 인

간의 속성인 양극적인 것에 대한 균형을 위한 과정의 시작으로 우리가
지향해야 할 정신으로부터 물질을 향한 첫걸음이라 할 수 있다. 우리의
만다라가 때로는 차갑거나 거리감을 느끼는 북극의 눈덮인 벌판과 같이
낯설고 묘한 형태로 나타날 수가 있다. 이것은 보이지 않는 곳에서 많은
활동이 활발하게 일어나고 있다는 것을 시사한다.

낙원

 제2단계는 낙원과 같이 전면적으로 수용하는 자궁 내의
경험에 해당하는 단계이다. 이 단계에 있는 개인은 꿈을
꾸듯이 어렴풋한 의식성과 불명확하거나 산만한 자아경
계를 경험하게 된다. 이는 모태 속에 있는 태아처럼 자신
과 남에 대하여 알지 못하고 있는 상태와 비슷하다. 이 단계는 쾌락적인
경험을 추구하는 동시에 무한한 가능성을 가진 상태이다. 그러나 행동
이 보류된 정체된 상태로서 거의 꿈속에 사는 것처럼 수동적인 단계이
다.

이 단계가 제시하는 관점은 개인적인 감정을 개입시키지 않은 거리
감이 인간관계와 수동적인 쾌락추구 등으로 나타난다는 것이다. 이 단
계에서 우리는 개인적으로 양육을 받는다는 느낌과 우주적인 리듬을 갖
고 있는 신비에의 동참(participation mystique)의 느낌을 경험하게 된
다. 켈로그는 이 단계의 경험이 "모든 피조물들에게 확고한 안위감을
부여하는 신성적인 것에 대한 믿음을 강화한다"는 것을 발견하였다
(1978:93). 그러나 만약 개인의 자궁 내의 경험이 부정적이었을 경우
이러한 단계로 되돌아가는 것은 즐거운 경험이 되지 못할 것이다.

낙원 단계는 "수태하고 정화하며 용해하는" 물의 이미지로 규정될
수 있다(전게서). 신화적으로 말해서 이 단계는 황금색으로 퍼지는 햇살
이 대지에 성스러운 정액을 뿌린다는 것과, 원초적인 여성성을 나타내

는 수동적인 푸른 물로서 시각화할 수 있다. 또한 낙원 단계는 스스로를 창출하기도 하고 파괴하기도 한다는 전설적인 뱀 유로보로스의 상징과도 비슷하다.

이 단계에서 요구되는 작업은 헤아릴 수 없이 많은 가능성을 분별해야 한다는 것이다. 우리는 한 가지에 초점을 맞추기 위하여 다른 것들을 포기해야만 한다. 이러한 상황은 우리가 살아왔던 방식을 이제는 포기해야만 한다는 점에서 슬픈 느낌을 가져다주기도 한다. 그러한 맥락에서 〈위대한 일원상〉의 주기에서 이 단계를 외면한 나머지 그냥 지나가 버린 듯이 보이는 경우도 있으나 이 과제가 언젠가는 다시 그 모습을 드러내게 될 것이다. 그저 우리는 이 단계의 과제를 유보하는 것이다.

이러한 낙원 단계를 경험하고 있는 개인이 만든 만다라는 흐물흐물한 형태와 느낌이 부족하다는 것으로 특징지워질 수가 있다. 우리는 그들의 만다라에서 밤하늘에 별이 흩어져 있는 듯 여러 개의 작고 비슷한 형태들로 채워져 있는 것을 볼 수 있다. 때로는 만다라가 수족관 속의 물고기의 알이나 미세한 단세포 동물의 모습 또는 기이하게 생긴 수초 같이 보이기도 한다. 수태에 대한 제시가 있으나 무엇이 성장할 것인지는 확실치 않은 상태이다.

작품은 공간 주위를 넘쳐나서 만다라가 마치 옹달샘같이 보일 수도 있다. 색상은 푸른색조나 노란색, 연한 난초색, 그리고 연분홍색의 경향을 띤다. 이러한 만다라에 조금 나타날 수 있는 빨간색은 마치 계란 노른자처럼 생성을 강조한다. 비록 켈로그가 "산만한 느낌이 없이 주의를 집중하는 이지적인 경험을 할 때 어둡고 밝은 푸른색과 흰 점들과 별들이 나타난다"는 것을 발견하였지만 푸른색인 남색은 이 단계의 경험을 부정적으로 받아들인다는 것을 반영한다(1978:94).

낙원 단계는 숭고하고 장엄한 평화의 장소로서 우리가 부드러운 물속과 같은 세계 속에 가라앉아 있음을 나타낸다. 시간은 천천히 흐르고 우리는 스스로 무한한 사랑을 받고 있으며 모두를 사랑하는 것과 같은 경험을 한다. 이러한 어렴풋한 해뜨기 전의 시기에 있는 우리는 자신을 개체로 보지 못하고 있다는 것을 알지 못한다.

미로 혹은 나선형

 제3단계는 출생과정에서 태아의 자궁 내의 경험과 자궁 속의 태반에 연결되어 있는 탯줄에 비유할 수 있으며 미로 또는 나선형의 형태로 나타난다. 이 단계는 우리로 하여금 탄생시에 탯줄이 하는 기능을 상기시킨다. 꿈꾸는 듯이 어렴풋하고 수동적이었던 두번째의 단계가 세번째 단계에 들어서게 되면서 속도가 빨라지게 된다. 이는 마치 태아가 모태에서 나와 스스로 숨을 쉬고 기지개를 켜며 손발을 움직이는 것과 같은 상황이다. 이 단계에 대한 신화적인 비유는 창조신의 영이 물 위에 떠돌다가 이 세상에 삶과 움직임을 가져오게 한다는 창세의 초반부에 해당한다.

이 단계의 의식성은 깨어 있고 직관적이며 초점이 맞추어져 있다. 이 단계 동안 개인의 인식성이나 정체감은 두번째 단계로 특징지워질 수 있는 신비에의 동참상태에서 분리되는 것에서 시작된다. 켈로그와 디레오는 이 단계를 다음과 같이 설명한다.

수많은 별들로 대변되는 다양한 잠재력을 가진 의식성들로부터 하나의 별, 즉 하나의 의식성이 제8단계인 "기능하는 자아"에서 솟아나게 된다. 이 지점은 우리가 우주적인 의식성으로부터 하나의 개별화된 의식성에 이르는 지점으로서 자기실현과정의 전반기에 해당하는 과제가 마감되었음을 보여주고 있다(1982:41).

켈로그와 디레오가 설명하듯이 미로나 나선형은 개별화된 의식성에 이르는 과정의 시작을 표시한다. 제3단계에서 개인은 정신 속에 있는 힘의 활성 또는 재활성을 경험하게 된다. 이 단계는 아직도 신비 속에 싸여 있는 목적지를 향한 여정의 시작에 불과하며 확고한 개념은 가지고 있으나 무엇을 찾고 있는지 아직 모르는 상태이다.

이전 단계에서는 모든 것이 하나이던 우주가 미로 속에서 아래위가 분리된다. 이러한 차원의 의식성은 신화에서 신비로운 통로, 성배가 있는 성, 거대한 짐승〔behemoth. 성서 욥기에 나오는 동물: 역주〕의 내장, 하늘로 올라가는 계단, 혹은 삶을 상징하는 나무 등에 의하여 다른 세상과 연결되는 것으로 대변된다. 신화의 세계는 다른 차원의 의식성을 가진 샤먼이나 예술가, 또는 신비주의자들의 경험에 의하여 반영된 세계이다. 입무식은 샤먼 입무자에게 우주와 연결하는 새로운 탯줄을 부여하는 것으로 볼 수 있으며 때로는 좀더 영속적인 별과 같은 구체적인 형태와 연관시키는 수도 있다〔한국 무속의 내림굿에서 무신 특히 七星神을 몸주신이 받는다는 것도 이러한 현상에 해당된다: 역주〕. 이러한 신비적인 연결을 하는 탯줄은 입무자들이 보통의 의식상태와 초월적인 의식상태를 왕래하고 타계여행에서 안전하게 돌아오는 것을 가능하게 하는 것이다.

우리는 미로 단계 속에 머물고 있을 때 의식성의 차원에서 깨달음을 얻게 된다. 우리는 사랑하는 이들이 확실하게 존재 혹은 부재한다는 것을 느낌으로써 꿈이나 신성한 패턴들을 통하여 인간관계나 우리 삶 속에 일어나는 사건들에 대한 깨달음을 갱신하게 된다. 우리는 현실에 대한 성찰을 하는 동안 어떤 행동을 정의하는 중심적인 힘이 아직 없기 때문에 우리의 지식을 행동으로 실행할 수가 없다. 우리의 자아경계는 흐린 상태로서 아직 확고하게 설정된 자기에 대한 감각을 가지고 있지 못하다.

미로 단계에서 우리는 재촉당하는 느낌을 받게 된다. 우리는 스스로 자라고 있는 것을 느낄 수가 있으며 변화되는 속도가 때로는 현기증을 일으킬 정도로 빨리 진행될 수도 있다. 무드는 우리의 어렴풋한 정체감을 반영하는 만큼 빨리 바뀔 수가 있다. 여기에서 우리는 뭔가 중요한 것이 시작되고 있다는 느낌을 가지게 됨으로써 산다는 것에 의미를 부여하게 된다.

샤먼이 해야만 하는 과제는 타계여행에서 얻은 지식을 도움이 되는 형태로 부락인들에게 나누어주어야 한다는 것이다. 제3단계에서 우리가 해야 할 과제는 이러한 샤먼의 역할과 같다. 우리 마음 속의 여러 차원에서 제공되는 정보와 꿈, 영감 등을 입수하여 다른 사람들이 그것들을 이해하고 감상하며 사용할 수 있는 형태로 만드는 작업을 성심껏 할 때 우리 각자의 정체성을 찾게 될 것이다.

미로나 나선형이 있는 만다라는 흔히 심오하며 여러 측면을 수렴한다는 것을 시사한다. 이 단계에 나타나는 색상들은 보통 봄을 연상시키는 부드러운 색으로서 연한 하늘색, 연보라, 분홍색이지만 가끔 소수민족 의상의 색상이나 이국적인 화려한 색상도 나타날 수가 있다. 초록색으로 그려진 나선형은 자라나는 초목이나 포도넝쿨을 시사한다. 이러한 나선형은 곡선이 사용된 만다라의 전형적인 형태로서 이러한 만다라에는 특정한 중심이 보이지 않는다. 켈로그는 흰색 바탕에 검은색의 미로로 구성된 만다라는 "영혼이나 정신을 빙빙 돌아가는 것으로 물질이나 마야로 하강하여 영속적인 공간의 시간의 과정이 시작되는 것"을 나타낸다는 것을 발견하였다(1978:99).

미로나 나선형 단계는 의식성을 상승시키는 기간이다. 우리는 움직이고, 창조하며 성취하고자 하는 에너지와 열망이 증가하는 것을 경험하게 된다. 이는 뭔가 시작한다는 점에서 이 단계의 중요성을 나타내고 있다고 할 수 있다. 켈로그는 이 단계를 "실제적인 구현을 위하여 버리는 단계"라고 하였다(전게서:100). 미로는 새로운 것을 발견하게 되는 장소로서 우리를 낯설면서도 멋지고 신비스러운 이 세상을 탐색하게 하기 위해 깨우는 곳이다.

시작

 제4단계는 우리가 세번째 단계의 많은 가능성 중에서 하나를 선택하여 그것을 육성시킨다는 점에서 시작이라 부르는 단계이다. 이 단계는 마치 영아가 영양분을 섭취하기 위하여 어머니에게 의존하는 것을 연상시킨다. 아이는 신체적으로는 분리되었으나 아직도 어머니의 세계에 소속되어 있다.

서서히 움터오르는 자기에 대한 감각과 스스로가 고유한 개체라는 것을 알게 된다. 자아의 기반은 이 단계를 지나는 동안 확립 혹은 재확립된다. 제4단계 동안 우리는 새로운 것과 어린 것, 그리고 보드라운 부분을 성장에 필요한 영양분으로 섭취하게 된다. 우리가 어머니-자녀관계에서 긍정적인 요소들을 탈환하려고 함에 따라 인간관계에서 의존적이 될 수 있다.

종교적인 전통들은 우리가 어린시절에 필요로 했던 영양분을 제공했던 사랑에 넘친 부모처럼 신도 우리에게 필요한 것을 제공한다고 가르치고 있다. 유방의 모습이 둥글고 중심에 젖꼭지가 있다는 것과 중심에 점이 있는 일원상으로 나타나는 원시인의 신의 상징이 동일하다는 것은 주목할 만한 관찰이다. 기독교 성전의 〈장미의 창〉 문양에서 여러 가지 형태로 묘사된 아기 예수가 중심점을 향하여 그려져 있고 마리아를 상징하는 꽃의 형상이 그 둘레를 감싸고 있는 것도 비슷한 경우이다.

시작 단계에서 해야 할 과제는 새로 자라나는 것을 존중해야 한다는 것으로 당신은 스스로를 돌보는 좋은 부모가 되어야 할 필요가 있다. 건강에 각별한 관심을 가지고 몸에 좋은 음식과 운동, 그리고 적당한 휴식을 취하도록 해야만 한다. 이 단계는 어린시절의 심리적인 공간으로서 당신이 새로워지기 위하여 가끔 들러야 할 장소이다. 당신이 이 단계에서 해야 할 작업은 유아적인 행동에 필요 이상 머물러 있어서는 안 된다는 것이다.

시작 단계에 있는 사람들이 그린 만다라에서는 점, 원, 태아 혹은 위로 향하는 삼각형 등이 중심에 그려져 있는 특정한 형태를 볼 수 있다. 조그마한 보트가 조용한 바다에 떠 있는 그림도 이 단계를 나타내는 전형적인 형태이다. 때로는 어머니와 자녀의 친밀한 결속을 시사하는 숫자 8이 나타나기도 한다. 이러한 당신의 만다라에 일원상이 포함되어 있다면 당신에게 새로운 삶의 경험을 부여하는 내면의 신을 상징하는 것으로 볼 수 있다. 이 단계의 만다라에서 나타나는 선들은 주로 곡선이다. 색상은 특히 당신이 유아시절의 경험에 향수가 있다면 연분홍, 연보라와 파란색을 띄는 경향을 보일 것이다.

시작 단계는 쉽게 남을 신뢰하는 로맨스의 기간이다. 이러한 쾌적한 단계는 소공녀 혹은 소공자로서 어머니의 무릎에 앉아 있던 유아시절의 빛나는 모습으로 되돌아가는 것으로 표현된다. 어떤 이들은 그러한 삶의 형태로 머물고 싶다는 유혹을 받기도 한다. 그러나 그것은 우리가 앞으로 나아가야 하는 부름을 거역하는 것으로 잘못된 것이다. 우리의 의식성이 분리되기 위해서는 부모로부터 분리되어야만 한다. 이것만에 인간 존재가 달성할 수 있는 개인적인 의식성을 터득할 수 있는 길이기 때문이다.

과녁

제5단계는 과녁(Target)의 형태로 나타나며 제4단계의 쾌적함으로부터의 과격한 변화를 반영하는 단계이다. 과녁 단계는 자궁이라는 쾌적한 환경에 있던 태아가 자궁수축에 의하여 산도로 밀려나오게 될 때 느끼게 되는 어머니에 대한 적개심을 연상시키는 단계이다. 이러한 경험은 유쾌한 것은 아니지만 기생적인 존재에서 정체감을 가진 개인이 되기 위해서 요구되는 분리를 위해서 필수적이다.

　이 단계의 의식성은 고통스러워 하는 사람이 고통스러운 경험을 해야 하는 이유를 모르고 있는 상태를 반영한다. 이 단계에서는 어려운 상황에 대처하고 평정을 유지하기 위하여 분투하는 강박적인 사고를 하는 사람들을 종종 볼 수 있다. 투사는 분노와 공격성을 다른 사람들에게 전가하는 경향을 보이는 이 단계의 특징이다.

　우리는 분노하고 화를 내며, 마음이 여려져서 피해망상적이 되고 좋지 못한 관심의 목표물이 된 느낌으로 불안해하게 된다. 어떤 이들은 안정감을 유지하기 위하여 마술적인 사고를 함으로써 실제로 가지고 있는 힘보다 더 많은 힘을 가지고 있다고 상상을 하기도 하고, 스스로에게 질서를 부여하기 위하여 틀에 박힌 제의적인 행동을 하기도 한다.

　과녁의 관점에서 우리는 세계를 위험한 장소라고 보게 되며 이것은 부정적인 어머니에 관련되는 경험으로서 이전 단계인 제4단계의 경험과 반대의 입장을 취한다. 이 단계에서 해야 할 작업은 용기를 가지고 우리의 공포심을 대면하고 투사를 교정해야 하며 우리 내면의 요구를 낙원상태의 유아기에 넘겨주는 것이다. 이 단계를 무난하게 넘기는 데는 많은 에너지가 소요된다. 왜냐하면 우리는 그 자리를 채울 아무것도 갖고 있지 않은 상태에서 어머니와 합쳐진다는 꿈을 포기해야 하기 때문이다. 이 단계는 마치 연금술사들이 밀폐된 용기 속에 있는 내용물이 변화될 때까지 압력을 가하는 단계와 비슷하다.

　이 단계를 경험하고 있는 사람들의 만다라에는 과녁을 연상시키는 디자인이 나타난다. 여러 가지 색상과 패턴으로 그려진 동심원들은 중심에서 바깥으로 뻗어나가고 있다. 과녁 디자인을 이해하기 위하여 만다라가 구형이라고 상상해야 할 때도 가끔 있다. 색상은 주로 밝은 색조를 띠는 것이 보통이며 그러한 색상들 사이사이에 부딪치는 듯한 색상들을 사용하는 경향이 있다.

　과녁 단계를 긍정적으로 보는 것이 힘들기는 하지만 켈로그와 디레오는 이 단계에서 받는 압력은 우리가 성장할 때 느끼는 압력과 거의 비슷하다는 차원에서 성장을 위해서 필요한 것이라고 하였다.

이러한 압력은 인간의 마음이 양극성과 이율배반성, 그리고 불안과 갈등 속에서 그의 한계에 도달하게 될 때 신성화될 수 있는 요소이다. 이러한 의식성을 대면하게 하기 위하여 스승은 선 입문자에게 "당신이 태어나기 전의 얼굴을 나에게 보여달라!"라는 화두를 던지게 된다. 언뜻 생각하기에는 불가능한 상황에 진입하는 것이 그것을 넘어설 수 있게 한다 (1982:42).

이율배반적 분리/용과의 투쟁

 제6단계는 용의 투쟁의 단계라 부르며, 용이 투쟁하는 것은 원형적인 부모를 대변하는 유로보로스의 형태에 해당한다. 원형적인 부모의 영향은 내면화된 우리의 실제적인 부모들의 모습과 같이 우리 속에 존재한다. 우리의 갈등은 부모들의 세계관의 모형으로부터 개인적인 의식성의 전수자인 자아를 분리시키는 것에 있다.

여기에서 용을 살해한다는 것의 은유적인 의미는 한 개인이 집단적인 가치관들이나 부모에 의하여 주입된 것으로부터 자유롭게 되는 것을 말한다. 어머니가 집단적인 충동이나 본능을 전수한다고 본다면 아버지는 그 시대의 가치나 전통을 전수한다고 볼 수 있다. 이러한 개인적인 의식을 쟁취하는 영웅적인 행위가 완료되면 원형적인 부모는 다른 요소로 그 모습을 나타낸다. 노이만이 지적했듯이 "그들은 더 이상 힘을 제한하는 적대자가 아니라 승리한 영웅인 자녀들의 삶과 작업을 위하여 축복하는 동반자이다(1974:22)." 이러한 내면의 작업을 완수하게 되면 실제적인 삶 속의 부모와의 관계도 좋아진다.

우리는 용의 투쟁 단계를 통하여 자기에 대하여 특기할 만한 정체감을 가지게 된다. 이러한 작업은 주로 사춘기의 청소년들이 하고 있는 작업이지만 장성한 성인들의 경우에도 이 단계에 여러 번 되돌아가서 재작업을 하게 된다. 이 단계가 가지는 세계관은 신들로부터 불을 훔쳐온 프로메테우스 혹은 골리앗을 쳐부순 다윗과 같은 도전적인 젊은 영웅의 관점을 갖는다는 특징이 있다. 이 단계에서 해야 할 작업들은 어린아이가 부모들에게 요구하는 듯한 태도를 지양하고 권위적인 인물들의 명령에 불복종하는 것에서 따르는 위험도 마다하지 않아야 하며, 우리 스스로의 삶에 책임을 져야 한다는 것 등이다.

용의 투쟁 단계중에 흔히 두렵고 외롭다는 느낌으로 우울해 하다가 금방 의기양양해지고 행복해 하는 경우를 흔히 볼 수 있다. 이 단계에서 우리는 낙원을 떠나면서 그것을 슬퍼하는 경험을 하게 된다. 그러나 이 경험이 우리로 하여금 보다 높은 차원의 모험을 위하여 전진한다는 느낌을 가지게 하고 우리를 이끌어가는 힘이 된다. 우리는 이러한 이율배반적인 우리의 존재성, 즉 우리 내면의 대극적인 요소들이 가져다주는 갈등을 인내해야 한다는 측면과 그들의 대면을 강요당하는 측면 사이에서 양가적인 감정을 느끼게 된다.

이러한 개인들에 의하여 제작된 만다라는 두 쪽으로 나누어진 디자인을 보인다. 흔히 제삼의 대상이나 중심적인 형태가 일원상의 중심에 나타나지만 경우에 따라서 풍경화로 나타나기도 한다. 이러한 경우 대지는 어머니를 하늘은 아버지를 나타낸다. 중심에서 떠오르는 해는 자아의 탄생 내지 재탄생을 반영한다.

용의 투쟁 단계를 나타내는 만다라들이 밝은 색상으로 나타나는 반면 이렇게 풍경화로 나타나는 만다라는 주로 자연과 비슷한 색상으로 나타난다. 밝은 색상을 사용하는 경우 반대 색상이 사이사이에 칠해서 활력에 넘치는 대면이 이루어지고 있음을 보여준다. 중간이 잘려진 듯이 그려진 선은 만다라 속에 나타난 유일한 선인 경우가 많다. 거의 모든 선들은 곡선으로 나타나고 심지어 어떤 경우에는 좌우를 두 개로 나누고 있는 중심에 있는 선마저도 마치 중국의 태극 무늬와 같이 곡선을 이루는 때도 있다.

제6단계는 갈등의 시기이다. 우리의 인간관계에서도 이러한 것이 나타날 때가 있다. 용의 투쟁 단계를 통하여 우리는 우리들의 내면의 성품을 분별하게 되고 그럼으로써 새로운 감각을 가진 자기가 탄생하게 된다. 이는 에너지, 열정, 그리고 변화로 가득 찬 자극적인 시기이다.

원 속의 사각형

제7단계는 원 속의 사각형(Squaring Circle)이라 부르며 전면적인 자아가 설립되는 단계이다. 이 시기에는 자율적이 되려는 강한 느낌이 있다. 개인의 자아가 자기와 가깝게 일치하고 있는 단계이기 때문에 개인은 배울 수 있는 능력과 사랑할 수 있는 능력을 가지고 있다. 이 단계에서 자아팽창적인 경험은 흔히 볼 수 있는 현상이다.

양극의 부딪침이 원 속의 사각형 단계에서 비로소 해소된다. 제6단계에서 나타나던 줄다리기 같은 게임은 더 이상 경험되지 않는다. 은유적으로 말한다면 개인은 그 부모들을 뒤로 하고 성숙하고 완전하게 기능을 하는 성인이 되는 것에 필요한 요소들을 합일하였다고 볼 수 있다. 이전의 단계에서 산만하게 확산되어 있었던 성성(sexuality)이 보다 성기 중심적인 표현으로 초점이 맞추어지는 것이 이 단계의 특징으로, 성적인 배우자를 맞이할 준비가 되었음을 시사한다.

이 단계는 모성적 힘과 부성적 힘이 균형을 맞추게 되는 장소이다. 우리 내면에는 적극적인 것과 수용적인 것의 두 가지의 접근법이 생성된다. 다른 사람들에 의하여 수동적으로 받아들이던 자세 대신에 주도적으로 행동할 수 있는 능력이 생기게 된다. 또한 "어떻게 해야 할까"

망설이던 것에서 스스로 "할 수 있게" 되는 것을 경험하게 된다.

이 단계가 취하는 사고의 측면은 정오의 태양을 방불케 하는 밝고 강렬한 의식성으로 사고는 최고의 경지에 달하게 되고 지적인 것을 좋게 보는 경향을 나타낸다. 이 단계에서 해야 할 작업은 소명감을 확인하고, 영혼의 동반자를 찾으며 일생을 통해 해야 할 일을 찾아내고, 우리의 양 어깨를 끊임없이 돌아가는 원형적인 바퀴에 맡기는 등 자신의 탐구에 최선을 다해야 한다는 것이다.

이 단계에서 그려진 만다라에 나타나는 전형적인 형태는 숫자 넷, 십자가, 별, 그리고 네 개의 꽃잎을 가진 꽃으로 성격지워지는 디자인이다. 이러한 형태는 남성성을 나타내는 직선과 만다라 둘레의 원형인 곡선과의 합일을 대변한다. 우리는 가끔 태양의 색상과 같은 황금색이나 노란색으로 만다라를 그리는 수가 있다. 이는 자아가 자기와 가까이 연관할 때 나타나는 무아경지의 경험에 의하여 자극받았음을 나타내는 것이다. 이 단계에 나타날 수 있는 팽창에 대한 부정적인 반응은 우리로 하여금 〈위대한 일원상〉의 축 반대쪽에 있는 공백 단계로 하강하게 할 수도 있다는 점이다.

제7단계는 〈위대한 일원상〉의 중추(pivotal) 지점이다. 〈위대한 일원상〉에서 이 단계까지 곡선이 나타나고 있다. 부모 특히 어머니와의 연관성이 매우 중요하게 다루어진다. 〈위대한 일원상〉의 왼쪽은 모성적인 것을 나타내고 오른쪽은 부성적인 것을 나타낸다. 부성적인 곳으로 바뀌게 됨으로써 우리는 현실세계에서 살아가는 데 필요한 기술이 강조되는 단계에 이를 수 있게 된다. 제7단계부터 제11단계까지에서 나타나는 만다라에 직선을 많이 사용되는 경향은 이러한 이유 때문일 것이다.

원 속의 사각형 단계는 우리가 알고 있는 내면의 우리가 옳다는 것에 기반을 두고 스스로 자신의 위치를 정하는 장소이다. 이는 우리가 자신의 가치에 준하여 살아가게 되는 삶의 시작이다. 우리의 개인적인 성장의 배후에는 우리로 하여금 살아가는 의미를 알지 않고는 못 배기게 하는 자기라고 하는 어떤 힘이 있다. 제7단계에서 우리의 의식적인 자세는 원형적인 자기에 의하여 가장 강력한 영향을 받게 된다. 우리가 자기에 의하여 힘을 얻게 되면 진정한 영웅이 될 수 있는 용기를 갖게 되고 높은 이상을 실현하기 위하여 최선의 노력을 경주하게 될 것이다.

기능하는 자아

제8단계는 기능하는 자아(the Functioning Ego) 단계라 불리며 개인들이 그들의 사회집단 내에서 효과적으로 기능하는 시기에 해당된다. 이는 제3단계에서부터 시작되고 계속되어 온 개인적인 의식성 성취의 마감이다. 우리는 자기에 대한 확실한 느낌을 가지고 있으며 이 느낌은 확고한 이미지로 구축되었다. 비록 홀로 있더라도 더 이상 외롭지 않고 현실에 능동적으로 개입하게 됨으로써 일하는 것이 즐겁게 느껴지게 된다. 제8단계를 경험하게 될 때 우리는 해야 할 일을 하는 것에 그치지 않고 그것이 어떻게 만들어져야 한다는 기술적인 측면도 염두에 두게 된다. 그러므로 우리는 집단 속에서 일하면서 우리의 아이디어를 실제적인 행동으로 옮기게 됨으로써 현실세계와 더불어 살 수 있는 능력을 갖추게 된다.

현실에 대한 정확한 이해에도 불구하고 이 단계에서 자아팽창이 일어나는 것을 자주 볼 수 있다. 이는 자아가 원형적인 자기와 밀접하게 일치되어 있기 때문이다. 현실적인 측면에서 제8단계는 개인이 조직 속에서 효율적으로 일을 할 수 있는 능력을 가지게 되었음을 의미한다. 우리는 다른 사람에게 도움을 줄 수 있는 형태로 우리의 영감을 향하게 하는 데 사로잡혀 있다. 개인적인 목표들과 현실세계에 속한 조직체의 목표 간에 균형을 이루는 것이 이 단계에서 해야 할 작업이다. 왜냐하면 가끔 우리는 조심스러운 위장술로 사회의 기준에 순응하는 듯한 형태로 개인적 투사를 할 때도 있기 때문이다.

이 단계는 개인의 의지를 동원시키는 것과 함께 개인 스스로 숙명적인 운명에도 책임지는 감각을 나타내는 상태이다. 개인은 세상 속에서 적극적인 역할을 담당하기 시작하고 선택에 따르는 부담도 수용하게 된다. 숫자 다섯은 두 발을 땅에 붙이고 세상을 잡기 위하여 양팔을 벌린 형태로 인간 신체를 상징한다는 점에서 기능적인 자아와 연관을 갖는다. 켈로그와 디레오는 제8단계를 "인간의 힘을 상징하는" 단계라고 하였다(1982:43). 그들은 이 단계가 개인이 의지, 사고, 창조 그리고 자기 성찰을 할 수 있는 의식성을 발전시키기 위하여 자신이 가진 역량을 발전시키는 것과 연관된다는 것에는 의심할 여지가 없다고 하였다.

이 단계에 있는 개인들의 만다라에는 다섯 개의 꼭지점을 가진 별이나 다섯 개의 잎새를 가진 꽃들로 성격지워지는 형태가 나타난다. 네 개의 팔을 가진 스와스티카(卍) 십자상 역시 그 중심과 네 개의 팔이 숫자 다섯을 나타내는 것으로 이 단계에서 나타나고 있다. 스와스티카 십자상은 움직임의 원칙과 개인의 자기에 대한 감각이 힘과 효율성의 중심이 된다는 것을 강조하는 관념을 통합한 것이다.

제8단계는 확고하게 설정된 목표를 향한 전진으로 많은 활동을 하게 되는 시기이다. 우리는 스스로를 알고 우리가 원하는 것을 알며 그것을 어떻게 가질 수 있는가도 안다. 우리의 노력은 진정한 창조성을 가진 흥미로운 자극제의 형태로 제시되기 때문에 잘 받아들여지게 된다. 이 단계는 부성적인 세계에서 가장 생산적인 시기라고 할 수 있다.

투명화 단계

제9단계는 괄목할만한 창조적인 작업이 완료되었음을 반영하며 투명화(Crystallization)단계라고 부른다. 이는 새로운 사업이나 정원을 만드는 작업 혹은 새로운 가족 형성을 시작하는 것과 같다. 이러한 구체적인 성취는 내면의 작업이 될 수도 있다. 의식성에 에너지를 부여하는 영감은 이 단계에서 서서히 시작된다. 왜냐하면 우리의 창조적인 활동의 주기가 거의 완료되어가고 있기 때문이다.

우리가 우리의 장소를 작업에 의하여 이 세상에 형태화함에 따라서 투명화 단계에서 실질적인 합일이 이루어진다. 이 단계 동안 우리의 사고는 매우 맑아져서 이 세상과 우리가 있는 곳에 대하여 지적으로 이해하게 된다. 이 단계는 흔히 조화에서 오는 만족감과 성취감을 가져다준다. 우리의 자아는 성취를 하였다는 자존감에 의하여 보다 강화되며 이러한 구체화는 인간의 일생 중에 중년기를 연상시킨다.

우리가 성취의 극치를 맛보는 동안 이미 파괴는 시작되고 있다. 이것은 이율배반적이라고 할 수 있지만 피할 수 없는 엄연한 진실이다. 부성적인 세계의 기준에 순응하여 우리의 일을 성취하게 된 후 우리는 모든 것은 파괴되어야만 한다는 자연의 법칙을 따라야만 한다. 마치 활짝 핀 장미꽃이 어느새 시들어 꽃잎이 하나둘 떨어지는 것과 같이 인간의 성취도 소멸하고 한때 가지고 있던 생기도 잃게 된다. 이 단계에서 해야 할 작업은 성공에 연연하지 않고 현실에서 마음껏 즐기는 것이다. 그래야만 물러나야 할 시간이 왔을 때 고상하게 그것을 내어주고 물러날 수 있게 될 것이다.

투명화 단계는 부성적인 세계의 원칙에 의한다. 이 단계에서는 근원적인 창조행위가 시작되고 이런 행위가 반복됨에 따라 기본적인 방식을 갖추게 된다. 개인적인 관념으로 설립된 집단은 구조를 가진 조직체로 진화한 형식을 나타내게 된다. 이와 마찬가지로 종이에 엎질러진 듯 어수선하게 보였던 신비주의자의 비전은 시간이 지남에 따라 예배의식의 형태로 변해가게 된다. 인간이 만든 가장 아름답고 은혜로운 작업들이 이러한 방법으로 생산되었다.

융(1974)은 티벳과 인도에서 제의적인 목적으로 사용하는 만다라는 개인적인 경험에서 온 것을 이러한 방식으로 만들었을 것이라고 말하고 있다. 이러한 만다라는 오랜 세월 동안 명상을 인도하는 지침으로 사용되어 왔다. 그들은 혼돈된 현실생활의 저변에는 우주적인 질서의 관념과 그것을 의미하는 복잡하게 얽힌 기하학적인 패턴이 있다고 생각하였다. 기독교 성전의 건축물에서 볼 수 있는 〈장미의 창〉도 신이 정교한 꽃의 패턴을 지녔다고 생각했던 신비주의자들의 신에 대한 비전에서 비롯되었다. 이러한 제의적인 만다라는 바라보고 있다는 것만으로도 위안을 받는 것이 보통이다.

이 단계에서 제작된 만다라는 이지적인 사고와 느낌 차원의 색상이 조화를 이루는 즐거운 합일상태로 나타날 수 있다. 세부적인 패턴을 성공적으로 디자인하기 위해서는 미리 계획을 세운 후 조심스럽게 측정하고 그려야 한다. 여러 가지 색상들이 여기에 사용되면서 가을에 나타나는 어둡고도 밝은 색상의 대비에 중점을 두게 된다. 이 단계에서 사용되는 색상들은 다른 어느 단계에서보다 제작자로 하여금 작품에 대하여 깊은 의미를 진정으로 솟아나게 한다. 우리의 색상에 대한 연상들은 우리가 성공의 정점에 도달하였으나 곧 파괴가 시작된다는 것을 말해주고 있다.

죽음의 문

제10단계는 죽음의 문이라 불리며 우리의 삶과 죽음, 그리고 새롭게 탄생됐던 것의 붕괴가 시작되고 있음을 나타내는 단계이다. 이 단계는 어떤 주기의 마감을 나타낸다. 그 예로서 부모로서 책임을 완수하는 것이나 어떤 과제를 마감하는 것, 혹은 은퇴하는 것을 들 수 있다. 또한 죽음의 문 단계는 마지막이라는 점에서 일시적으로 정신의 중심으로 대우받던 자아가 그 자리를 상실하게 된다. 따라서 이 단계는 자기를 정신적인 진정한 중심으로 받아들이게 하는 계기가 될 수 있다.

이 단계 동안 개인은 한때 완벽하다고 생각했던 것들이 더 이상 옳다고 생각할 수 없게 됨으로써 죽음과 공허와 무상함을 경험하게 되는 것이 보통이다. 자아와 자기 사이의 연결이 멀어짐에 따라 의기소침해진다. 켈로그는 "죽음의 문 단계는 바깥쪽을 향하던 의식의 내용이 죽음으로 변해가는 데에서 오는 고통을 대변한다"고 하였다(1978:129).

중년기의 위기는 이 시기의 전형적인 형태이며 상실감, 우울, 무력감은 이 단계에서 흔히 볼 수 있는 증상이다. 이 단계가 가지는 특징은 갇혀 있다는 느낌과 아무도 도와주지 않는다는 느낌, 그리고 희생을 강요당하는 것으로 성격지어질 수 있다. 이러한 고통스러운 시기에 우리는 알게 모르게 자학적인 행동을 하게 된다. 이 단계에서 해야 할 작업은 우리가 누구인가를 생각하면서 삶의 목표를 다시 설정하고 바깥세상에 연연하던 생각을 버림으로써 야기되는 아픔을 감수하는 것이다.

이러한 경험을 하고 있는 개인들이 제작한 만다라에는 십자가나 십자가에 못박힘을 시사하는 형태가 나타난다. 네 개로 나누어진 일원상에 각각 다른 색상이 칠해질 수도 있다. 이러한 만다라는 파편화 혹은 쪼개짐을 상징한다. 어떤 이들은 네 가지 요소로 쪼개진 만다라에서 다섯번째의 요소를 찾으려 하기도 하는데 그것은 파편화된 것을 합일시킬 수 있는 핵을 상징하기 때문이다.

켈로그는 제10단계의 만다라에서 합일을 상징하는 다섯번째의 요소가 나타나게 되는 경우 "고통이' 환희로 변하고 극치의 경험을 하게 된다"는 것을 발견하였다(전게서:130). 바퀴의 모티브가 나타나고 순교나 쉼없이 돌아가는 삶의 바퀴를 시사하는 모티브가 나타나게 된다. X자 모양의 디자인들은 개인이 갈림길에 놓여 양쪽으로 당겨지고 있음을 내포하고 있다. 아래를 향하고 있는 삼각형의 형태도 여기에서 나타난다. 이는 "새로운 삶을 가져오기 위하여 무의식으로 하강하는 것"을 의미한다(전게서:129). 이 단계의 전형적인 색상은 어두운 남청색과 다양한 빨간색 계통이다.

이 단계 동안 우리의 관심은 집단으로부터 멀어지고 자신에 초점을 맞추게 되며 우리 내면세계에 대한 앎의 폭이 보다 넓어지게 된다. 우리는 돌고 도는 자연의 주기에 굴복하고 특히 썩어가는 그리고 피할 수 없이 접근해오는 죽음에 대하여 의식하게 된다. 에커하트(Meister Eckhart)의 표현을 빌어서 이 단계에서 해야 할 작업을 제시한다면, "모든 것을 놓아버리고 신에게 맡기라(let go and let God)."라고 할 수 있다.

분열

 제11단계는 삶의 의미상실과 혼동으로 두려움을 느끼게 되는 단계로서 분열(Fragmentation) 단계라 부른다. 개인의 세계가 멀어져가는 것에 대한 심리적인 스트레스가 구토 및 설사 등의 소화기 증상으로 나타나기도 하고 빛에 대한 혐오로 나타나기도 한다. 이 단계 동안 우리는 비일상적인 정신상태에서 직관력이 강해지고 비인과성 동시성 현상을 경험하게 된다.

이 단계는 진실로 영혼의 어두운 밤을 나타내는 단계이다. 우리가 이 단계에 있을 때, 스스로 조절할 수 없는 냉혹한 힘에 의하여 모든 것이 좌우되는 것을 경험하게 됨으로써 세상사가 부질없어 보이게 된다. 우리는 반갑지 않은 낯설고 초라한 심부름꾼의 방문에 놀라게 된다. 켈로그와 디레오는 이 단계에 "초개인적인 차원의 경험이라고 할 수 있는 찢기고, 죽임을 당하고, 망가지고, 머리가 잘리고, 조롱·해체·또는 거세를 당하는 것에 관련되는 꿈과 환상이 나타난다"는 것을 발견하였다(1982:45). 이 단계에 있는 개인이 해야 할 작업은 주어진 현실에 굴복하는 것, 자신의 어두운 면인 그림자를 대면하는 것, 내면의 짓궂은 사기꾼에게 귀를 기울이는 것 등으로, 이것은 지난날의 질서를 해체해야 한다는 것으로 요약될 수 있다.

해체의 시간은 동시에 정화의 시간이 될 수도 있다. 켈로그와 디레오는 이러한 상황을 다음과 같이 설명하고 있다. "이전의 의식적인 단계에서 다루어졌던 여러 가지 이슈들을 다시금 경험하게 된다. 그러나 이제는 우리가 그들에 의하여 조정되는 것이 아니라 그들로부터 자유롭게 되었다(1982:45)." 제11단계에서 우리는 우리의 근원적 낙원의 조화로운 상태와 결별하는 데서 오는 깊은 상실감과 분리에서 오는 슬픔을 다시 경험해야만 한다. 이렇게 함으로써만이 우리가 그러한 기억으로부터 자유로워질 수 있다.

이 단계의 만다라가 가지는 전형적인 디자인은 쪼개어 놓은 둥근 파이의 각 조각이 다른 색상을 가지고 있는 것과 같다. 때로는 만다라가 아무런 구조나 질서가 없어 정신없이 만들어진 누비이불과 같아 보일 때도 있다. 이러한 만다라들은 중심이 없다. 때로는 겹겹이 칠해진 색상으로 지저분하거나 혼돈스러운 형태, 또는 좋지 않은 느낌을 주는 해체된 형태를 나타내는 경우도 있다. 이 단계의 만다라에 나타나는 색상은 어둡고 칙칙한 것이 보통이지만 지나치게 밝고 현란한 색상을 나타내는 경우도 있다.

이 단계를 통하여 우리는 모성의 세계로 다시금 하강하게 된다. 신화적으로 이 통로는 어둠 속으로 향하고 있으며 찢고 삼키는 강력한 괴물의 모습으로 나타난다. 이는 어떤 형태를 축소 내지 해체시킨 후 아무것도 없는 것에서부터 다시 새로운 형태를 만들기 위하여 필요한 단계이다. 이러한 과정이 태모에게 수용되어지고 새로운 세대를 생산하는 것을 가능하게 하는 필수적이며 오묘한 자연적인 단계라는 것을 기억한다면 그다지 슬퍼할 이유는 없다. 심오한 질서에 대한 우리의 확신은 이 단계를 인내하고 있는 우리에게 피어나는 꽃과 같은 꿋꿋함을 가져다 줄 것이다.

신성력적인 무아경지

제12단계는 분열되어 있던 자아가 합해져서 새로운 연결을 설립하여 낙원으로 되돌아가는 것을 나타내는 시기로서 신성력적인 무아경지(Transcendental Ecstasy)라고 부른다. 이 단계에서 자아는 투명한 의식 속에 있으면서도 우리 정신의 보다 높은 차원의 힘이라고 할 수 있는 자기와의 관계가 중요하다는 것도 알고 있다. 따라서 우리의 정신적인 세계는 자기를 중심으로 구조화되고 자아는 역동적인 자기를 표현하는 기능을 하게 된다. 강력한 힘이 자아에 의하여 열리게 되고 신성력적인 무아경지가 가끔 극치의 경험을 가져다주기도 한다.

이 단계 동안 우리는 즐거움과 조화로움, 그리고 축복을 받는다는 성스러운 느낌을 경험하게 된다. 우리는 제11단계에서 느꼈던 빛에 의하여 침범 당한다는 느낌 대신에 빛에 의하여 뒤덮이는 것 같은 경험을 하게 된다. 이율배반적으로 한때 거슬리던 것이 비논리적인 차원인 은혜로써 해결된다. 세계는 완벽함으로 빛나게 되고 우리는 모든 중요하고 무한성을 가진 물질을 소유하게 되었다. 이 단계는 연금술에서 여러 가지의 복합적인 작업의 생산품으로 나타나는 연금술의 진수(quintessence)나 고도로 세련된 합성(synthesis)을 연상시키는 단계이다.

이 단계의 에너지는 척추 기저에 있는 쿤달리니 뱀이 깨어난다는 것으로 개념화 할 수 있다. 쿤달리니 뱀으로 나타나는 에너지는 척추 기저 부분에서 상부로 꼬이면서 올라가 머리 위에 아름다운 꽃을 피우는 것으로 시각화되고 있다. 에너지가 척추를 따라 올라갈 때 차크라를 통과하면서 맥박이 뛰는 것처럼 요동치며 올라간다고 하며 이러한 힘이 자유로운 흐름을 속박하는 요소들을 제거한다고 한다. 이때의 의식성은 깨어 있고 친절함과 기쁨을 널리 전파하여 주위에 영향을 미치게 된다.

이 단계에서 만들어진 만다라는 빛의 분수를 연상시키며 가끔 포도
주 잔이나 항아리에 그들 위에 있는 빛을 주입하는 것이 나타난다. 팔을
뻗힌 인간의 몸이나 하늘을 향해 날아오르는 새들 역시 흔히 볼 수 있는
형태들이다. 중심적인 상징이 있을 수 있으며 그런 경우 만다라의 꼭대
기 지점에 나타나는 것이 보통이다.

디자인은 일원상의 경계를 넘어선 곳까지 그려질 수가 있다. 색상은
한밤을 연상시키는 남청색과 연노란색처럼, 밝음과 어둠의 혼합으로
나타난다. 신성력적인 풍부한 경험과 연관되는 진주빛과 같은 효과로
처리된 색상을 자주 볼 수 있다. 이 단계에서 그려진 만다라는 상승되고
빛나고 있다는 느낌과 경이롭고 영감에 찬 느낌을 가져다준다.

이 단계에서 해야 할 작업은 열매맺는 삶을 사는 것을 은혜의 선물로
생각하고 감사하고 겸손한 마음으로 받아들여야 하며 어둠 속에서 반짝
이는 씨앗과 같은 경험들을 기억하고 전승하는 것이다. 그렇게 하는 것
으로 우리는 새로운 주기를 예비하기 위한 씨를 뿌릴 수 있게 된다. 신
성력적인 무아상태에 뿌려진 씨앗은 우리로 하여금 새로운 〈위대한 일
원상〉의 주기를 시작할 수 있게 할 것이다.

〈위대한 일원상〉에 나타난 만다라의 형태는 각 단계와 연관되는 경
험을 나타낸다. 한 사람의 개인적인 정신성장 패턴이 일률적으로 시계
방향으로 돌아가지는 않는다. 때로는 어떤 단계를 뛰어넘기도 하고 주
로 앞을 향하여 진행하지만 반대로 퇴행하는 경우도 있다. 어떤 경우에
는 특정한 단계에서 그것의 반대쪽에 있는 단계로 옮겨가는 것도 흔히
볼 수 있는 현상이다.

만약 당신이 1년 이상 만다라를 그렸다면 당신이 그린 모든 만다라
들을 함께 보면서 그 형태들이 어떻게 진행되어 왔는가를 살펴보는 것
이 좋을 것이다. 만다라의 형태가 진행되어 온 모습이 당신의 개성화 통
로의 패턴을 보여줄 것이기 때문이다. 때로는 한 특정한 단계가 다른 단

계보다 자주 나타나는 것을 볼 수 있다. 이 단계는 아마도 당신이 가장 편안하게 느끼고 있는 단계인지도 모른다. 한 번도 나타나지 않은 단계는 당신이 특별히 힘들게 느끼는 단계일 수도 있다.

만다라를 바라보면서 관찰한 그들의 주기적인 변화는 나에게 벽돌로 지은 높은 등대 속의 나선형의 계단을 올라가는 것을 연상시킨다. 각 층에는 창문이 있고 나는 계단을 올라가면서 창을 통하여 내가 지상으로부터 얼마나 올라왔는지, 하늘이 어떤 모습을 하고 있는지, 해가 어디에 있는지를 내다볼 수 있다. 구비구비 돌아가고 있는 상황에서 창문은 나의 위치를 확인하는 방위각(方位角)으로서 도움을 주고 있다. 당신의 만다라는 당신 내면세계에 있는 이러한 창문과 같다. 그것은 당신에게 개성화의 통로인 나선형의 계단을 올라가는 데 방위각 역할을 톡톡히 할 것이다. 당신이 그린 만다라를 음미하는 것으로 삶에 대하여 보다 많은 앎과 이해, 그리고 감사하는 마음을 가지고 살아갈 수 있을 것이다.

춤추는
일원상

만다라는 우리가 가야 할 길을
거울같이 확연하게 보여주고
순간들을 포착하게 하는 마술적인 것.
경이로운 우리 내면세계의 색상과 형태를 보여주고
우리 영혼의 안팎을
멀어졌다 가까워졌다 하는 몸짓으로 춤을 추고 있다.
눈부시게 빛나는 모습으로
볼 수 있게 열린 공간을 향하여 돌아가는 바퀴는
또다시 돌아간다.

- 모린 리치(Maureen Ritchie) -

이제까지 만다라를 어떻게 사용하는가에 대하여 논의하였다. 이 장은 만다라를 사용하여 의미있는 자기발견을 한 사람들의 이야기에 할애하려고 한다. 그들의 경험들은 그들 내면에 있던 진실의 발견, 정신적인 에너지의 재조정, 개인적인 성장 및 치유를 위하여 만다라가 어떻게 사용되었는가를 보여주고 있다. 먼저 데비의 예를 소개한다.

데비

데비는 30대 초반의 직관력이 강한 가정주부로서 자녀들에게 많은 배움의 기회를 마련해주는 자상하고 이해심이 많은 두 아이의 어머니이다. 자녀들이 성장함에 따라 데비는 자신의 미래에 대하여 생각하기 시작했다. 무엇을 할 것인가 고심하던 어느 여름날 그녀는 스스로의 선택이 확연해지는 경험을 하게 되었고 데비는 그때의 경험을 다음과 같이 진술하고 있다.

결단의 순간

나는 가족과 함께 포코노〔뉴욕시에서 가까운 산악지대로서 휴양지로 이름난 곳: 역주〕에서 여름휴가를 보내고 있었다. 그 여름 동안 나는 직장문제에 대하여 어떤 결단을 내려야 하는 상황에 놓여 있었다. 나는 법정에서 일하는 속기사 교육을 받았고 타자와 다른 기술을 익혔기 때문에 좋은 직장을 얻을 수 있는 여건을 갖추고 있었다. 그 직장이 확실하고 수입이 좋음에도 불구하고 나의 내면의 알 수 없는 어떤 것이 그것은 기술직이기 때문에 내가 원하는 것을 성취할 수 없다고 하였다.

나는 이제까지 살아오면서 아동들과 일하는 것을 즐겨왔다. 그러나 나는 대학에서 교육을 전공하지 않았기 때문에 그저 즐기는 차원에 머물러 있었다. 한때는 교사가 되려고 했으나 교육자로서의 자질이 부족하다는 느낌과 함께 학교라는 체계 속에서 일해야 한다는 것에서 매력이 없다고 생각하였다. 그러면서도 나는 아직까지도 가르치는 것에 대하여 많이 생각하고 있다.

하루는 자녀들을 위하여 구입한 파스텔을 가지고 만다라를 그리게 되었는데 그때의 상황은 이러하다. 파스텔은 정원의 나무 아래에 있던 테이블에 놓여 있었다. 나는 이층 유리창을 통하여 밑에서 놀고 있는 아이들을 보면서 갑자기 아이들을 가르치는 것이 내가 해야 할 일이라는 기분에 휩싸이게 되었다. 그 기분은 나로 하여금 후끈한 열기를 느끼게 하였고 만다라를 그려야겠다는 생각을 하게 하였다.

나는 아래층으로 급히 내려가 손으로 대충 그린 원 속에 색깔을 채워 넣기 시작하면서 믿을 수 없을 정도의 강한 에너지를 느끼게 되었다. 나는 교육자가 되는 것이 나의 존재를 표현하는 길이라는 것을 알게 되었다. 만다라 작업이 내가 하고자 하던 것에 대하여 확신을 갖게 하였고 나는 그것을 따르고 싶었다. 거기서 얻은 나의 에너지는 학교라는 체계 속에서도 나의 생각을 반영하면서 일할 수 있다는 깨달음을 가져다줌으로써 의구심이 사라지게 하였다.

만다라의 제작은 나에게 신성력에 이르는 강렬한 경험을 가져다주었다. 만다라를 그리는 것 자체가 그러한 경험을 실제적으로 보여주고 있으며 나로 하여금 그것을 그릴 때의 경험을 생각나게 한다. 그 경험은 나에게 영감을 가져다주었고 그러한 만다라를 바라보는 것이 나 스스로를 지지하게 되었다. 이제 나는 교사자격증 취득시험에 필요한 공부에 힘쓰고 있다.

데비의 만다라(그림 3)는 직관적인 성찰과 새로운 이해력, 그리고 기꺼이 배우려는 자세 등을 시사하는 노란색으로 가득 차 있다. 노란색의 중심을 둘러싸고 있는 보석을 연상시키는 색상들을 가진 삼각형들은 숫자 다섯을 나타낸다. 숫자 다섯은 개인의 꿈이나 열정적인 것에 대한 깨달음을 가져다주는 것과 연관되며 삼각형의 형태들이 반복하여 나타나는 것은 역동적인 움직임을 상징한다. 삼각형의 방향이 만다라의 중심을 향하는 것은 강렬한 자기정체감에 초점을 맞추고 있다는 것을 나타낸다.

삼각형의 형태에 나타난 빨간색, 보라색, 파란색은 이전에 어머니에 의하여 구속되었던 에너지가 자유롭게 되는 것을 나타낸다. 비슷한 경향이 만다라의 중심에 있는 노란색, 주홍색, 마젠타 색상을 뿌려놓은 듯한 것에 나타났다. 이러한 색상들은 아버지에게 헌신하는 나머지 스스로를 억압했던 에너지로부터 놓여나고 자신의 내면의 남성성과 합일하는 여성들의 작품에 나타나며, 개인적인 목표를 추구하는 데 필요한 정신적인 에너지가 자유로워지는 것을 시사한다.

노란색의 뾰족한 문양으로 둘러싸인 태양은 도전적인 느낌을 함축하고 있는 듯하다. 모든 것을 종합해보면 이 만다라는 고대 수렵사회인들의 방패를 연상시킨다. 이러한 성격의 만다라는 신화 속에 나타나는 남녀 영웅들의 여로와 그들의 숭고한 이념에 헌신하기 위하여 사용되고 있다고 할 수 있다. 데비가 그린 만다라는 깊숙한 곳에 있던 그녀의 내면의 힘이 창작활동을 통하여 현실세계에 실현되는 것으로 이끌어 간 듯이 보인다. 그녀의 만다라는 아동들을 가르친다는 그녀 자신의 고유한 능력을 불러일으켰으며, 밝은 빛 속에서 확고한 목소리로 스스로가 원하는 것을 주장하게 함으로써 자신의 능력을 구현하는 것을 가능하게 했다.

니타 수

니타 수는 미술치료 워크숍에서 만다라를 처음 접하게 되었고 그것은 그녀의 마음을 사로잡게 되었다. 그 당시 그녀의 막내 자녀가 대학에 가기 위하여 집을 떠났고, 남편의 직장이 다른 도시로 옮겨짐에 따라 정든 곳을 떠나야 했던 상황이 그녀의 무의식을 활성화시켰다. 자신에 대한 앎을 확장시키지 않으면 안 된다는 압박감이 안주하고 있던 그녀에게 위협적으로 다가왔다. 만다라의 제작을 통하여 그녀는 변환의 깊고 넓은 대해에서 자신의 닻을 내릴 수 있는 능력을 가지게 되었다.

격동의 해

나는 30살이 될 때까지 스스로 화가임을 자처하고 그림을 그려 왔다. 그러던 중 우연히 책에서 고흐의 작품에 사용된 강렬한 색상들을 보게 되었고 자유롭게 색상을 사용했던 그를 선망하게 되면서부터 그림 그리는 것을 포기하게 되었다. 나는 지금까지도 그때의 일을 생생하게 기억하고 있다. 그때 나의 생각은 "나는 색상을 자유롭게 구사할 줄 모른다"는 것이었고 지금도 그때의 나의 생각이 옳았다고 생각한다. 자유로운 색상을 사용하는 것은 나의 감정적인 부분을 열리게 하였을 것이고 그 당시 나는 그것을 감당할 수가 없었을 것이라는 것이 지금의 나의 생각이다. 그 당시 나에게 있어서 색상의 사용은 어떤 색상에 대한 원칙이나 규정을 익혀서 남들이 보기좋게 그린다는 정도였다.

어린시절 나는 혼란스러운 가정에서 자랐다. 갈등을 피하고 칭찬을 받기 위하여, 그리고 언제나 나의 삶을 스스로 조종하고 유지해야 한다는 위협적인 기분으로 살아왔다. 그러나 나는 언제나 이 부분에 실패하였고 책과 텔레비전 보는 것을 도피처로 삼았다. 나의 두 딸이 자라남에 따라 가정생활의 복잡다단한 일들로부터 해방되는 것이 나의 삶을 조절할 수 있을 것이라는 환상마저도 사라지게 되었다.

전체성을 추구하는 나의 여정은 46세에 가서 만다라를 그리는 것으로 시작되었다. 그 당시 나는 마이클이라는 심리치료사에게 수년 동안 가족 및 개인심리치료를 받고 있었다. 나와 같은 개인에 있어서 전통적인 심리 치료는 길고도 서서히 이루어지는 과정이었다. 나는 많은 시간을 스스로 가 원하는 것을 정직하게 대면하기보다는 어떤 것이 치료자가 기대하는 "옳은" 느낌 혹은 반응인지를 생각하는 데에 더 많은 시간을 보냈다. 그 러면서도 우리는 노력하였고 그 동안 배운 것도 있었다고 생각한다. 그러나 나에게는 그 상황으로부터 돌파구가 필요했다. Mo-Ranch 장로교회에서 주관하는 칼 융의 분석심리학을 주제로 하는 학회가 내가 좋아하는 장소에서 열린다는 것을 알았을 때 나는 그곳이 내가 가야 하는 곳임을 알게 되었다.

나는 수잔 핀처가 진행하는 만다라를 그리는 소집단 워크숍에 참여하였다. 그녀의 지시는 단순히 원을 그리고 그 속을 여러 색깔로 채우라는 것이었다. 그러나 나의 내면의 목소리는 디자인에 중심이 있어야 하고 대칭적인 디자인이어야 한다고 말해주었다. 그리기 시작하면서 나는 노란색이 밝은 햇살이 쏟아지듯 튀어나와야 한다고 생각했다. 밝게 그려지기를 원했던 노란색은 오히려 더럽게 얼룩진 것같이 나타났다. 수잔이 만다라를 만들고 나서 기분이 더 나빠진 사람이 있느냐고 했을 때 내가 유일하게 손을 든 사람이었다. 남들의 칭찬을 중요하게 생각했던 나로서는 스스로 집단으로부터 분리된 느낌을 받게 되었다. 적절한 느낌을 가지지 못했던 그 당시 나의 무능력함을 그대로 보여주고 있었다. 내가 그때 배운 것이 있다면 그것은 만다라를 임의로 조절하면서 그릴 수가 없다는 것이었다.

학회가 끝나고 나서 나는 매일 적어도 한 개의 만다라를 그리기 시작하였다. 1년 동안 그려서 다음해 학회때 그것을 모아서 가지고 간다는 것이 나의 계획이었다. 나의 작업과정에서 맨처음 깨닫게 된 것은 나의 의식적인 마음이 자유롭게 색상을 사용하는 것을 어렵게 만든다는 것이었다. 그러한 와중에도 나는 경계선들의 두께가 적당하고, 어느 한 색상에 치우치지 않는 조화로운 색상과, 넘치거나 조각나 보이지 않는 산뜻한 모습의 "나의 영혼의 그림"을 그리려고 노력하였다. 그러나 나는 의식적으로 계획했던 것을 그대로 그리는 데에는 실패했다. 이것이 만다라가 가지는 위력을 증명하는 것이다. 얼마의 시간이 경과하자 나는 내가 알고 있던 모든 "원칙"을 잊어버리게 되었고 색상들이 스스로 원하는 것을 나타내도록 허용할 수 있게 되었다.

나에게 있어서는 개별적인 만다라를 제작하는 것은 매우 파격적인 것이었다. 유성 파스텔로 특정한 형태와 색상을 그리는 것으로 시작하여 보다 많은 형태를 추가하기도 하고, 때로는 강력한 필치로 그림 전체를 혼탁하게 칠하기도 했다. 칠해진 것을 긁어내기도 하고 색연필을 유성 파스텔과 섞어서 사용하기도 했다. 나는 하루에 여러 개의 만다라를 그리게 되었고 거기에 날짜와 일련번호와 제목을 붙였다. 그 중 몇몇 작품에 만다라의 색상이나 형태를 가지고 역할놀이를 해보기도 하였다. 그 결과는 계시적인 무엇을 나타내는 듯하였다. 나는 자신에 대하여 언어적 차원으로 "안다"고 하는 느낌이 특정한 사건이나 성찰에 국한된 것이 아니라, 꿈과 같은 의식과 무의식의 교류를 통하여 나타난 것을 상징적으로 표출하는 것이 거기에 포함된다는 것을 알게 되었다.

그 당시 나의 일기장에는 내가 뭔가 좋은 것을 성취하였을 때 들려오던 비판과 꾸중하는 부정적인 나의 내면의 목소리와 싸우고 있다고 적혀 있다. 마치 진실인양 말한 부정적인 목소리에 도전하는 것은 매우 힘든 작업이었다. 나는 만다라를 사용한 기도, 명상, 그리고 심리치료를 통하여 부정적인 내면의 목소리에 대처하였다. 나는 또한 적극적인 상상이라는 기법도 사용하였다. 어떤 적극적인 상상에서 나는 나를 자주 얼어붙게 하던 부정적인 내면의 목소리와의 대면을 다음과 같이 기록하였다.

"어떤 큰 방에서 나는 세 개의 만다라를 만들었다. 사람들이 '얼마나 아름다운 만다라인가' 라고 감탄하였고 나는 그것들을 바라보면서 진정한 모습의 나 자신과 연관시킬 수 있었다. 어떤 기념식을 주관하는 사람이 나를 단상에 세우고 모든 사람들로 하여금 칭송하게 하였다. 그들은 박수를 쳤고 나는 기분이 좋아져서 미소를 지으면서 행복해 하였다. 그러나 나의 왼쪽에 있던 목소리가 '네가 누구를 놀리고 있느냐?'고 말한다. 나는 화가 나서 그곳으로 돌아보았으나 거기에는 아무도 없었다. 나는 '비록 나를 대적한 사람이 없을지라도 나는 결코 당하고 있지만은 않겠다'라고 말했다. 사회자가 나에게 잘 포장된 큰 선물상자 하나를 주었고 나는 그것을 받았다. 목소리는 '옳지 바로 그거야. 그 속에 그것이 들어 있어.'라고 하였다. 그것은 선하고 흥분된 목소리였다. 나는 '그 속에 무엇이 있나요?'라고 말했고 목소리는 '그것을 열어보기 전에는 도저히 알 수가 없다.'라고 하면서 아직은 그것을 열어볼 때가 아니라고 하였다."

이 경험이 바로 내가 부정적인 그림자가 긍정적인 그림자로 바뀌는 것을 보게 되는 첫 경험이었다. 나는 보다 깊숙이 진입하기 시작했다. 불과 며칠 후에 나는 나를 극한의 상황까지 몰아가는 네 개의 만다라를 제작하게 되었다.

여느 때와 마찬가지로 나는 혼란스러운 마음으로 만다라를 그리기 시작하였다. 첫번째 것은 조그마한 흰 꽃이 검은색에 의하여 압축당하는 듯한 디자인으로 구성되었고, 여기에 보여주지 않은 두번째 만다라는 테니슨(Tennyson)의 시 「The Lady of Shalott」에서 따와 제목을 붙인 것으로 "숙녀의 저주는 그녀가 삶을 거울을 통하며 보지 않고 얼굴과 얼굴을 대면하듯이 보게 될 때 도래한다"는 것이었다. 나는 이것을 로버트 존슨의 「"Silver Handed Maiden"」과 내가 Mo-Ranch 연수장에서 은으로 된 발을 가지고 있었던 꿈과도 연관지을 수가 있었다. 나는 그 꿈에서 은으로 된 손과 발이 쪼개지면서 부화되는 계란과 같은 형태와 상호 교류하는 것을 보았다.

나는 그때 내가 정서적으로 불편한 상황에 있다는 것을 알고 있었음에도 불구하고 계속하여 더욱 깊은 곳으로 나를 밀어넣고 있었다. 내가 다음 만다라를 만들고 있는 동안 나는 공허한 분노로 비탄에 잠겨 있었고 만다라의 중심부를 찢게 되었다. 그리고 나서 "나는 응어리(core)가 두렵다"라고 적었다. 그리고 나의 일기장에는 "나는 패배했다. 더 이상 할 것이 없다. 나는 이제 그만두련다"라고 적었다. 나는 책을 읽거나 TV를 볼 때 이외에는 항상 우는 울보가 되었다. 나의 전 생애를 통하여 울어야 할 때 울지 않으려 했고 올바른 행동만 해야 한다고 스스로 통제해 왔다는 생각을 하게 되었다. 더 이상 그런 삶은 없어야 한다고 단정짓게 되었다. 그러한 나의 생각을 나중에 마이클에게 이야기하고 나서 우리는 그것이 일종의 자살행위라는 것에 동의하게 되었다. 나의 영혼을 나타낸다고 이해하고 있는 나의 그림을 파괴한다는 것은 차라리 아픔에서 오는 울음이었다고 하겠다. 자살을 하기로 결심한 사람에게 로버트 존슨이 한 말이 기억난다. "자살해도 좋다. 그러나 자살할 때 자신을 해치지 않도록 조심하라"는 것이다. 이 사건이 나에게는 상징적인 자살이 되었다. 뭔가 해묵은 것이 죽어갔다고 하겠다.

그후 내가 어느 정도 안정이 되었을 때 나는 하나의 만다라를 단숨에 그리게 되었다. 그 당시 나에게 그것이 필요했던 것 같다. 그것은 나에게 극도의 용기를 요구하는 행동이었다. 거기에 대하여 나는 일기장에 "원은 작게 줄어들었으나 보다 강한 힘을 가진 듯하다"라고 기록하였다. 이와 같이 자아의 전격적인 위축은 단단하면서 인내하고 있는 그 무엇이 이면에 있다는 것을 보게 하였다. 그 다음날 그린 만다라에 주제를 붙이면서 나는 그때까지도 그것을 충분히 이해할 수가 없었다. 나는 어떤 차원의 언어적인 방법으로도 이것을 설명할 수가 없다는 사실을 그대로 받아들였다. 다만 내가 알고 있던 것은 그것이 진실이라는 사실뿐이었다. 몇 개월이 지난 후 나는 마이클과 심리치료를 종결하였다. 그 이후 나는 스스로를 위하여 그림을 그리게 되었는데 이제는 치료적인 도구 차원에 머물지 않고 내가 누구인가를 표현하기 위하여 시행하고 있다. 이러한 나의 작업은 내가 꽤 괜찮은 사람이라는 것을 확인하게 해준다.

니타 수가 서술한 그녀의 만다라 시리즈 중에서 첫번째 만다라(그림 4)는 그녀의 갈등이 강렬하게 표현될 것을 예언하고 있다. 디자인은 네 부분으로 구성되어 있다. 숫자 넷은 주로 전체성, 균형, 조화와 연관하고 있으나 니타 수의 만다라에서는 그러한 점을 찾아볼 수가 없었다. 각 부분이 역동성으로 꽉 차 있는 것이 마치 군대가 싸움터로 향하여 행진을 하는 다른 세 가지 물체와 대항하는 것같이 보인다. 거의 모든 색상도 어둡고 혼탁한 것이 해체를 나타내는 〈위대한 일원상〉의 마지막 단계에 가까운 형태를 나타내고 있다. 화살들과 칼들이 만다라의 중심부를 향하고 있는 것은 자신에게 향하는 비판적인 생각을 말하는 듯하다.

니타 수의 첫번째 만다라에 나타난 검은색에 대한 연상은 "그림자, 힘, 구름"이었다. 융 학파가 생각하는 그림자는 우리가 자신의 품성에 맞지 않다고 생각하는 모습으로 나타난다. 이렇게 잊혀진 품성이 알려져야 한다는 압박감이 우리가 선호하고 있는 의식적인 정체감을 가진 자아와 갈등을 일으킬 수가 있다. 니타 수는 그녀의 만다라에 나타난 검은색의 화살표를 "강하게 밀치고 … 갈색의 삼각형을 뚫고 나오는 것"이라고 서술하고 있다. 이는 니타 수가 그녀의 무의식 깊숙이 자리하고 있던 진실이 알아지는 것을 나타내는 듯이 보인다.

그녀가 그 다음에 그린 만다라(그림 5)에서 우리는 검은 색상이 하나의 상자 형태로 나타나 빨간색, 흰색, 황금색의 꽃들을 푸른색의 뒷배경 위에 그려놓은 것을 보게 된다. 이러한 색상들이 검은색에 의하여 강하게 붙잡혀 있는 것은 연금술에서 변형을 위하여 사용되는 밀봉된 용기와 같은 기능을 가지고 있다는 것을 시사한다. 니타 수는 분홍색의 물음표가 그 상자를 둘러싸고 있는 것을 보면서도 예견가능한 보편적인 삶에 익숙해져 있는 이들에게는 불편하게 느껴질 수 있는 무엇이 다가오고 있는지를 모르고 있었다.

변형과정에서 오는 내면의 압박감이 다음의 만다라(그림 6)로 연결되고 있다. 형태들은 박살이 나고 색상은 더 밝아지면서 강력한 정서적인 느낌이 나타나고 있다. 검은색이 중심을 침투하고 있다. 여기에서 나타나는 꾹 눌러서 무겁게 그리는 기법은 그녀의 분노와 욕구불만의 표현으로 니타 수로 하여금 그 그림을 찢게 하였다. 자신의 작품을 손상시켰다는 것은 스스로를 공격하는 것과 마찬가지이다. 그러나 니타 수에 있어서는 더 융통성 있는 정체감을 형성하기 위하여 지난날의 정체성은 사라져야만 했다. 종이를 찢는다는 것은 마치 지난날의 존재를 파괴하는 제의적인 행위였다. 그녀의 보다 진실된 정체감은 그 다음에 그린 만다라에 잘 표현되고 있다. 이러한 새로운 자기에 대한 감각이 만다라와 함께 쓰여진 그녀의 시에서 잘 그려지고 있다.

어둠에는 얼굴이 있다.
이제까지 그저 바라보기만 했었다.
그냥 보지 말고 진정으로 볼 수는 없을까

그녀는 두려움없이 계속하여 전진하였고 그녀의 성장과정도 함께 이끌려가게 되었다. 그녀의 심층적인 내면세계의 재정비는 그녀의 다음 만다라(그림 7)에 의하여 경험된다. 흔히 자아의 경계를 나타낸다고 하는 만다라 둘레에 경계가 없어졌다는 것이 특기할 만한 점이다. 그 곳에는 마치 남은 찌꺼기를 씻어내는 듯한 색상의 물결이 검은 상자 주위를 흐르고 있다. 검은 상자는 검은 점을 제외하고는 이제 비어 있다. 검은 상자는 니타 수가 적극적인 상상을 할 때 열어보려고 노력했던 것과 연관된다는 것에는 의심할 여지가 없다고 하겠다.

상자에는 여러 색상들의 틀이 생기게 되고 그것은 일종의 눈동자를 닮아가게 된다. 새로운 자아가 생성되는 것이거나 "나"라는 것이 디자인 속에 심오하게 짜여져 들어가 있는 눈의 모티브에 의하여 제시된다. 그녀의 자아가 새로운 조직성으로 성취되기 전에 그녀의 만다라는 좀더 상승을 향하는 변화의 경험으로 나타나고 있다. 그녀는 약 일주일 후에 정신적인 에너지의 재구축을 나타내는 심오한 무지개의 경험을 표현하는 만다라를 그리게 된다(그림 8).

니타 수가 탐구하던 새로운 정체감은 그녀의 그림 속에 계속하여 나타나고 있다. 약 6주 후에 그린 만다라(그림 9)는 그녀의 내면의 작업이 통합되었음을 보여주고 있다. 파란 상자와 같은 모습이 중심부에 자리잡고 있다. 그것은 그 속에 있는 어두운 것이 보이도록 열린 듯이 보인다. 그 상자는 이전의 만다라에 나타났던 상자와는 다르게 입체적으로 보인다. 그녀의 디자인은 어느 정도 그림자의 어둠이 동화되었다는 것을 제시하고 있다. 이는 니타 수가 그녀의 의식적인 정체감을 확장하여 보다 깊고 개방적인 인성의 조직으로 이끌려가고 있다는 것을 나타내는 듯하다.

노란색과 빨간색의 기하학적인 형태들에 의하여 둘러싸여진 상자는 꽃잎일 수도 있다. 여섯 개의 잎새를 가진 꽃과 같은 형태는 정신과 신체가 역동적으로 합해진다는 것을 시사한다. 이는 연금술의 문헌에서 나타나는 궁극적인 목표인 황금의 꽃을 상기시킨다. 이 만다라는 힘든 성장의 기간 동안 무의식에 개방적인 태도를 유지해온 것의 보상으로서 얻어진 것을 확인하는 것이다. 니타 수가 새로운 존재로서 살아가는 방법을 발견한 것이 그녀로 하여금 필요없는 제한성들로부터 스스로 자유롭게 하고 자신의 고유한 가치와 재능, 그리고 자신이 사랑스러운 인간이라는 느낌을 가지는 것을 허용하게 하였다.

마릴린

마릴린은 바쁘게 살아가는 음악치료사였다. 그녀는 전국 여행을 하면서 GIM(Guided Imagery Through Music 음악을 통해 내면세계의 이미지를 보게하는 음악치료의 한 기법: 역주)을 사용하는 교육을 했다. 그녀의 교육활동에는 만다라를 그리는 것이 포함되어 있었다. 우연한 기회에 그녀가 한 모임에서 그리게 된 만다라가 그녀 자신에게 매우 교육적이었다. 그녀의 이야기는 만다라를 그리는 것이 에너지의 초점을 바꾸는 데 사용할 수도 있음을 보여주는 좋은 예이다.

균형을 위한 선택

내가 지금 하고 있는 일을 시작할 당시 많은 에너지가 요구되는 심리치료 회기를 하루에 14시간씩 해야 했다.

우리 직원중 한 사람이 약 12명으로 구성된 소집단에게 만다라 그리는 연습을 시키는 것으로 집단치료 회기를 시작했고 나도 그 집단에 참여하여 만다라를 그리게 되었다. 나는 빨간색, 주홍색, 노란색 등의 활기에 넘치는 색상을 사용하였고 그것은 나를 매우 즐겁게 하였다. 나는 거기에 파란색을 조금 첨가하여 대칭성과 흥미를 돋우려고 하였다. 그림 그리는 손놀림은 빠르고 살아있는 듯하였으며 중심으로부터 뻗어나오는 풍만한 선들은 잘 정리되지 못한 듯 보였다. 만다라는 삶과 그 생명력으로 꽉 차 있었다. 만다라의 중심에는 춤을 추는 듯한 사람 혹은 한 송이의 꽃이 있는 듯 보였으나 그것에 초점을 맞추기에는 분명치 않았다. 그저 장난스럽게 즐겼다.

우리 모두는 만다라에 나타난 스스로의 길을 발견한 듯한 색상과 형태를 즐기기 위하여 완성된 만다라를 벽에 붙이게 되었다. 밤이 되어 다른 구성원들이 돌아가고 아무도 없을 때 나는 다음날의 일정을 위하여 여러 가지를 정리하였다. 그러다가 벽에 걸린 나의 만다라를 바라보고는 내가 그린 그림에 깜짝 놀랐다. 중심부로부터 솟아나는 풍만한 색상들로 이루어진 나의 만다라는 에너지와 환희에 넘쳐 있었다. 만약 이 그림이 나 자신의 반영이라고 생각한다면 그것은 확실히 한 개인에게 바람직한 긍정적인 상태라고 생각했다. 그러나 그러한 나의 모습이 내가 주관해야 하는 닷새 동안의 심리치료 과정중 첫날이라는 것에서 스스로 자중하여 일찍부터 에너지를 소모시켜서는 안된다는 느낌을 받았다. 나는 만다라를 바라보면서 나의 에너지에 어떤 형태와 질서를 부여함으로써 적절하게 사용해야겠다고 생각했다.

나는 거기에서 확장이 아닌 수용을 위한 만다라를 그리기로 하였다. 나는 연한 파란색으로 조그마한 나선형을 원의 중심에 그렸다. 연보라색을 파란 나선형에 조금 첨가하였다. 그 다음 구조화할 필요성을 느끼게 되어 여섯 모를 가진 별을 만들었다. 나는 여섯 모를 가진 별은 인간들의 결합체로서 신과 인간에 대한 신의 영향력에 대한 상승적인 영감과 연관시켰다. 이는 그때 내가 해야 할 작업에 적절한 상징인 듯이 보였다. 나는 나의 첫 만다라에 나타났던 확장적인 면도 어느 정도 유지하고 싶었다. 그러면서도 그것이 수용적인 틀 속에 있기를 원했다. 푸른 별이 나타났다. 그리고 나서 나는 연보라색과 보라를 거기에 첨가했다. 각 색상을 첨가함에 따라 나는 여섯 모의 별의 구조를 다시금 강화하였다. 나는 나의 초점이 나의 내면의 중심으로부터 오고 있다는 느낌을 받았다. 만다라를 명상하는 나의 모습이었다. 별이 완성된 후 나는 경계선을 처음에는 파란색, 그후에는 노란색과 산호색과 흰색으로 첨가하였다. 이 경계선은 첫번째의 만다라의 생명력을 상기시켰다.

만다라가 완성되자, 나는 그것을 전시장에 걸려 있던 나의 첫번째 만다라 윗쪽에 붙였다. 거의 반대에 가까운 두 개의 만다라를 바라보는 것은 매우 흥미있고 매력적인 데가 있었다. 나는 첫번째 것을 좋아하였다. 생동감이 있고 장난스러운 데가 있었기 때문이었다. 두번째 것은 잠잠하고 휴식을 취하고 있는 것같이 보였다. 이 두 개의 만다라는 내가 그 상황에서 지도자로서 원하고 있는 균형잡힌 에너지의 양면을 대변한다는 것을 연상시켰다. 나의 내면에는 이 두 가지의 공간이 다 존재하고 있다. 교육기간 동안 나는 가끔 두 개의 만다라를 바라보고 그것이 나에게 가르쳐준 교훈을 기억하면서 만족스러운 미소를 지었다. 나는 만다라를 통하여 내가 원하던 균형잡힌 에너지를 상징하는 형태를 의식적으로 그리는 것으로 행동차원의 교정을 할 수가 있었고, 만다라를 그리는 것으로 내면의 중심을 잡을 수 있다는 새로운 가능성도 배우게 되었다.

마릴린의 첫번째 만다라(그림 10)는 마치 정오의 햇살과 같은 강렬함을 보여주는 불꽃 같다. 중심에 있는 꽃 모양의 형태는 다섯번째 혹은 심지어 여섯번째 잎새를 시사하는 듯한 네 개의 잎을 가졌다. 마릴린의 첫번째 만다라의 바깥쪽에 그려진 원은 불꽃과 같은 색상들에 침범당했다. 이는 그녀의 자아의 경계들이 그녀가 경험하고 있던 강력한 에너지에 의하여 침투되었음을 시사한다.

열린 경계와 뜨겁고 맹렬한 색상과 숫자 넷, 다섯, 여섯으로 구성된 마릴린의 만다라는 그녀의 자아가 원형적인 자기와 매우 가까이 일치되어 있음을 시사한다고 하겠다. 이러한 강력한 힘과 에너지와 살아있다는 느낌이 있을 때 정신적인 팽창이 일어나는 것은 흔히 볼 수 있는 현상이다. 그러나 한 개인이 매우 피곤한 느낌을 가지지 않고는 이러한 에너지를 오랫동안 유지하기가 어렵다.

마릴린은 지도자의 책임을 감당하기 위하여 지혜롭게 그녀의 원형적인 에너지를 적절히 수용하였다. 비록 그녀의 두번째 만다라가 여섯 모를 가진 별을 의식적으로 선택하여 그렸으나 우리는 그녀의 첫번째 만다라에 나타났던 꽃과 같은 중심이 다시 희미하게 나타나고 있는 것을 볼 수가 있다. 두 개의 만다라에 사용된 색상은 두번째의 만다라에 빨간색이 없다는 것을 제외하고는 모두 같다. 그것은 연보라색을 띄었다. 빨간색은 어디로 사라졌을까? 만다라의 내부가 비어 있는 것으로 보아 아마도 그녀의 깊은 무의식 속으로 들어갔을지도 모른다. 또한 빨간색이 연보라색에 포함되었다고 볼 수 있기 때문에 연보라색을 통하여 그녀의 첫번째 만다라에서 내뿜었던 에너지에 통로를 제공하고 있다고 볼 수도 있다.

연보라색은 영성적인 색상이라고 여겨져 왔다. 이는 영성적인 깨달음을 위한 명상과 연관이 되는 일곱번째 차크라에 해당한다. 우리는 마릴린의 만다라를 통하여 자율성 획득과 연관되는 하부수준의 에너지가, 남을 아끼고 직관적이며 영성적인 것과 연관되는 보다 높은 수준의 에너지로 성공적으로 전환되고 있는 것을 볼 수 있다. 그녀의 두번째 만다라는 연필로 선명하게 그어진 선 위에 연한 색상이 칠해져 있다. 이것은 마릴린이 지도자로서 자신의 한계를 확실하게 아는 데 따른 푸근함이 남들에게 보여질 그녀의 모습을 대변한다고 볼 수도 있다.

마릴린의 첫번째 만다라는 그녀로 하여금 스스로 내면의 현실을 보게 만들었고, 두번째의 만다라를 그림으로써 스스로의 정신적인 에너지를 조정하여 수용하게 하였다. 그렇게 함으로써 마릴린의 정신세계의 잠재력이 발휘되었고 스스로가 설정한 목표를 달성하게 되었다. 마릴린은 우리에게 의식적으로 선택하여 그리는 만다라가 우리의 감정을 표현하는 도구일 뿐만 아니라 우리의 무드를 바꾸게 하고 에너지의 초점을 맞추는 데에 사용되어질 수 있다는 것을 보여주고 있다.

로리

로리는 테니스를 치고 조깅을 하는 것 외에도 여러 가지 스포츠에 열심인 활동적인 여성이었다. 그녀는 가족 중에서 유일하게 대학을 졸업한 사람으로, 직장에 다니면서 학비를 벌어서 대학을 마쳤다. 스물한살 때 의과대학에 입학하게 되었으나 암이라는 진단을 받게 되었다. 그녀는 암에 대처하기 위하여 미술치료 워크숍에 참여하게 되었고 거기에서 만다라 그리는 것을 배우게 되었다. 만다라는 그녀에게 자기발견과 영성적으로 새로 태어나는 경험을 하게 하였고 치유로 향하는 그녀의 여로에 동반자가 되었다. 그녀의 이야기는 다음과 같다.

나는 1982년에 만다라를 그리는 미술치료집단에 참여하게 되었다. 내가 그 집단에 참여한 일차적인 이유는 1978년에 진단받았던 암이 신체의 다른 부분으로 퍼진 것에 관련된 이슈를 대처하기 위함이었다. 미술치료 지도자는 우리 모두에게 내면과정을 글이나 그림으로 기록해야 한다고 지시하였다. 또한 그녀는 만다라를 그리는 것이 기록을 하는 것과 같이 정신적인 중심의 초점을 맞추는 좋은 방법이라고 하였다. 나는 즉시 화첩을 샀고 화첩의 여러 페이지에 원을 그리게 되었다. 나는 곧 만다라를 그리는 것이 내가 막 진입하고 있는 미술치료과정을 시작하는 가장 안전한 방법이라는 판단을 하게 되었다.

나는 일기를 쓰는 저녁시간에 만다라를 하나씩 그리게 되었다. 나는 침대에 앉아서 그 무렵에 "영혼의 창"이라고 느끼게 된 만다라를 그리는 것을 즐기게 되었다. 때로는 그 의미를 이해하였고 때로는 그저 짐작만 하였다. 저녁시간은 나에게 가장 견디기 힘든 시간이었으나 만다라를 그리는 제의적인 행위가 나의 하루를 마감하는 중요한 행사가 되었다. 나는 내가 그 원 안에 그려넣는 것이 무엇인지는 모르지만 매우 중요한 것이라는 느낌을 가지게 되었다. 왜냐하면 그것은 미리 생각했던 것이나 임의적인 것이 아닌 것으로부터 온다는 사실 때문이었다. 자연적으로 나타나는 만다라의 이미지는 거의 마술적이었다. 내가 만든 모든 만다라들은 나에게 내가 누구라는 것을 발견하게 하였다.

나는 일원상 그 자체가 내가 이전에 경험해보지 못했던 안전한 느낌을 가져다준다는 것을 발견하였다. 만다라가 가지는 경계들은 내가 원하는 것은 무엇이든지 성스러운 원 속에 그려넣을 수 있다는 점에서 나에게 자유로움을 가져다주었다. 그 당시 나는 암과 투병하느라 자유로움을 강탈당한 채 살고 있었으나 일원상 속에서는 그렇지 않았다. 그것은 나의 것이었고 그 일원상의 경계 속에서 나는 자유로웠다.

하나의 선으로 시작하고 거기서부터 나의 그 당시의 느낌과 생각을 거울을 통해 비추는 듯한 비전과 이미지들을 원형의 공간 속에 창출하였다. 나는 원 속에서 투기하던 선들이 잠잠해지고 서서히 내면의 안정감을 경험하게 되었으며 "일원상을 떠나는" 듯한 느낌을 탐색할 수 있게 되었다. 이미지가 경계들의 바깥으로 나오기 시작하면서 나는 마치 만다라를 배반한 듯한 느낌이 되었다. 그 느낌은 내가 자라서 어머니로부터 떠나면서 느꼈던 감정과 비슷하였다. 그후 나는 나의 치료과정의 많은 부분이 내가 "심리적인 모태로부터 떠나는" 작업이었다는 것을 알게 되었다. 내가 일원상의 바깥부분을 탐색하는 작업을 하게 되면서부터 떠남에 대한 나의 기분이 한결 좋아지고 강해지는 것을 느끼게 되었다. 그리고 떠난다는 것과 안전한 일원상 속으로 후퇴할 수 있다는 것이 매우 중요함을 느끼게 되었다.

개별적인 만다라 제작은 나의 긴 과정 속의 작은 과정들이었다. 나는 여러 가지 이미지를 가진 만다라 시리즈를 여러 번 거치는 경험을 하였다. 어떤 때는 만다라가 대여섯 차원의 의미를 가진 듯이 보였다. 나는 나의 정서적 · 신체적 · 영성적인 자기를 만다라 속에서 발견할 수 있었다.

나는 여러 가지 모습의 잎새가 없는 나무의 뿌리가 대지에 엉겨붙듯이 달아붙은 죽은 나무들의 시리즈를 그렸다. 나는 그것이 암과 싸우는 나의 매일의 생활이 삶에 엉겨 붙어 살아남으려는 발버둥이라는 것을 알고 있었다. 나무들은 강한 힘을 가지고 있었고 변함이 없었다. 그들은 어둡고 마치 달밤의 그림자나 실루엣 같은 모습으로 시작되었다. 그러나 나중에 가서 그들은 빨간색의 불꽃같은 분노로 채워지게 되었고 결국에는 아름다운 초록의 잎새를 가진 거대한 나무가 되는 것을 보았다. 그 나무의 가지들은 하늘 높이 치솟으며 무언가를 하늘로부터 끌어당기는 듯이 보였다.

나는 또한 자주 대양의 파도를 그렸는데 그것은 내가 죽음을 바라보면서 느꼈던 말할 수 없이 슬펐던 감정을 말해주고 있다. 그 당시 나는 화학요법 때문에 자주 나의 몸의 체액이 균형을 잃는 데서 오는 고통을 받고 있었다. 나는 대양의 파도가 나의 부어오른 신체를 나타내는 이미지라는 느낌도 들었다.

나는 만다라를 그릴 때마다 틀린 부분의 나 자신과 대화를 한다는 느낌을 받았다. 암과 싸운다는 것은 외로운 투쟁이었다. 남들의 도움을 받는다는 것은 그들에게 부담을 주지 않겠다는 나의 강한 의지 때문에 매우 어려웠다. 미술을 통하여 나 자신에 대하여 배우는 경험은 다른 사람들과의 관계성을 강한 느낌으로 받아들이게 하였다. 나는 먼 수평선 위에 떠 있는 배 안에 외로이 홀로 있는 이미지를 많이 그렸다. 나의 내면의 삶이 풍성해지고 다른 사람들과의 관계가 형성됨에 따라 나는 그 배에 두 사람을 그리기 시작하였다.

태양이 중요한 주제로 등장하기 시작하게 된 것은 암세포를 파괴시키는 방사선치료의 긍정적인 면을 시각화하는 것을 도와주는 듯하였다. 나는 자주 만다라를 병원에 가져가서 치료시간 동안 그것을 바라보았다. 태양은 또한 나의 내면의 남성성과 폭력적이고 가학적인 남성들과 함께 자라난 나의 지난날의 현실에 대한 갈등에 긍정적인 남성성적 에너지를 제공하는 듯한 느낌을 받았다.

음악을 들으면서 깊은 밤에 그리는 만다라는 나를 정신적으로 채워주는 시간이 되었다. 마술적인 원을 통하여 발견한 정서적인 만족감은 나의 매일의 생활을 변화하게 만들었다. 만다라의 이미지가 가져다주는 강력한 메시지에 귀를 기울이라는 것이 표피 속에 죽어있거나 썩어있던 느낌들을 표출하게 하였다. 그때는 그것이 매우 아픈 경험이지만 그러한 느낌들을 계속하여 뽑아내야 한다고 생각했고 그럼으로써 치유가 된다고 생각했다.

나는 암과 투병을 하던 2년 동안 매일 만다라를 그렸고 내가 어디서 왔고 누구라는 것을 보다 더 이해할 수 있게 되었다. 만다라는 나에게 많은 새로운 성찰을 가져다주었다. 나는 진정한 나에 대하여 배우게 되었고 그러한 것이 나에게 힘과 희망과 용기를 되찾게 하였으며 살아남기 위하여 무엇을 해야 하는가를 가르쳐주었다.

수 년이 지난 지금까지도 나는 만다라를 그리고 있으며 이러한 작업은 나로 하여금 내면세계 속의 새로운 통로를 발견하게 한다. 만다라를 제작

하는 창작활동은 나에게 있어서 특별한 힘을 가져다주었고 나의 투병기
간 동안 많은 선물들을 가져다주었다. 나의 암은 수그러들어 이제는 잠복
기에 들어갔다. 나는 만다라가 내면의 치유를 가능하게 한다는 확신을 가
지고 치열한 노력을 했던 것이 나를 살아남게 했음을 믿는다.

로리의 그림, 나무가 있는 만다라(그림 12)는 그녀의 삶에 대한 깊고
단호한 결심을 잘 나타내고 있는 듯 보인다. 아마도 그녀의 삶에 대한
끈질긴 집념은 환영받지 못하는 모태에 의한 것이었음을 처음으로 알게
되었다. 만다라를 통한 모태에 대한 연상은 그녀의 이른 경험들의 기억
들을 다시 작업하게 함과 동시에 현재 생명을 위협하고 있는 신체적인
질병에 대처하고 있다는 것을 증명하는 듯이 보인다.

비록 그녀의 두번째 만다라(그림 13)에 있는 나무에 잎새는 없다고
하여도 이는 삶이 없다는 것과는 거리가 멀다. 그의 뿌리들과 가지들이
모든 방향으로 꾸불꾸불하게 뻗혀 있다. 이미지를 바라보고 있노라면
나무가 일원상의 공간 속에서 바깥쪽을 향하여 뻗혀나가 그곳과 접촉하
고 탐색하고 있는 느낌이 든다. 이는 삶에 대한 강한 집념과 의지를 나
타낸다.

분투하고 있는 나무를 둘러싸고 있는 경치에 색상은 별로 없으나 부
드럽게 흘러내리는 언덕의 능선은 마치 여성의 몸매를 연상시킨다. 하
늘은 비어 있고 우리는 전통적으로 하늘이 남성성을 가진 신들을 대변
한다는 것을 안다. 우리는 로리의 만다라에서 그녀의 정체감 발견이 나
무로 대변되는 것을 볼 수 있는데, 이는 마치 땅과 하늘로 대변되는 그
녀의 부모로부터 분리되는 것을 시사한다. 이러한 분리는 로리가 청소
년기의 이슈에 대한 재작업을 하고 있다는 것으로, 어린시절을 보낸 고
향집을 떠나는 것과 연관됨을 나타낸다.

로리의 만다라에 나타난 배(그림 14)는 그녀의 외로움을 묘사하고 있
다. 그러나 그림 속에 단단해 보이는 배는 그녀가 격동적인 삶 속에서

살아남을 수 있는 능력이 있음을 말하고 있다. 잔잔한 바다와 솟아오른 파도의 강렬한 대칭은 조그마한 배를 위협한다. 솟아오른 파도는 현실적인 죽음을 시사하는 듯 보인다. 이 우아한 곡선이 얼어붙어 있는 것같이 보이는 것은 마치 초청을 하면서도 거부하는 느낌을 준다. 그림 속의 태양은 따뜻함을 가져다준다. 그 빛이 작은 배에까지는 미치고 있으나 거대한 파도까지는 이르지 못한다. 어쩌면 태양은 로리의 자기에 대한 앎이 증가하는 것을 상징하고 그녀가 오랜 세월 동안 묻어두었던 잊어버릴 수 없는 심리적인 상처에 관계된 내면의 어두우면서도 강한 어떤 힘을 나타내고 있는지도 모른다.

로리의 다섯번째 만다라(그림 15)에는 위로 향한 삼각형의 틀 속에서 한 사람이 태양빛 아래 수영을 하고 있다. 위로 향하는 삼각형은 어떤 솟아오르는 존재나 에너지 혹은 무의식의 내용이 의식세계로 표출되는 것을 나타낸다. 이러한 모든 의미는 로리의 깊은 내면에 있던 치유적인 자원이 솟아오르는 것으로 스스로 지난날의 아픔에 대하여 개방적으로 그것을 받아들이고 있다는 점에서 적절해 보인다. 자신의 감정을 기꺼이 경험하겠다는 그녀의 의지는 그녀로 하여금 그녀의 힘을 주장하고 자신의 삶을 책임지게 하였다. 남성성을 나타내는 노란색과 여성성을 나타내는 파란색으로 만들어진 삼각형을 둘러싸고 있는 초록색은 남성과 여성의 에너지가 결합하는 성스러운 내면의 결혼을 시사한다. 초록색은 사랑, 하모니, 그리고 살아있는 생명체들과 연관시킬 수가 있다는 차원에서 새로운 삶을 가져다주는 치유를 상징하는 색상이다.

로리의 마지막 만다라(그림 16)는 잎새로 뒤덮인 나무를 보여주고 있다. 그 형태는 한때 뿌리가 잘려졌던 나무가 새로운 성장을 하고 있다는 것을 시사한다. 새들과 나비들이 나무 둘레를 날고 있다. 이 만다라는 죽음에 문턱까지 갔던 로리의 부활을 나타내는 것이다.

만다라는 마술적인 일원상, 성스러운 제의식, 그리고 자기의 반영 외에도 많은 다른 의미들을 내포하고 있다. 이러한 만다라는 현대를 살고 있는 모든 사람들의 현실 속에 나타나는 태고의 상징이라 하겠다. 만다라는 원형적인 자기가 외부세계로 나타나 우리 눈으로 볼 수 있게 된 형태로서, 우리를 인도하고 지시하며 보호하고 또한 우리로 하여금 삶의 진정한 의미가 무엇인가를 아는 사람이 될 것을 촉구한다. 데비, 마릴린, 니타 수와 로리는 우리에게 만다라 제작이 한 개인의 삶 속에 얼마나 깊은 의미를 부여할 수 있는가를 말해주었다. 이 책이 제공한 정보가 당신의 만다라 작업에 적절한 영감을 가져다주기를 바라는 것이 이 책을 마감하는 필자의 소망이다.

참고문헌

Arg elles, Josè, and Miriam Arg elles (1972). *Mandala*. Boulder and London: Shambhala Publications.
Bahti, Tom (1966). *Southwestern Indian Art and Crafts*. Flagstaff, Ariz.: KC Publications.
Birren, Faber (1988). *The Symbolism of Color*. Secaucus, NJ: Citadel Press.
Campbell, Joseph (1971). *The Hero With a Thousand Faces*. NY: World Publishing Co.
Chicago, Judy (1979). *The Dinner Party: A Symbol of Our Heritage*. Garden City, NY: Anchor Press.
_____ (1982). *Through the Flower: My Struggle As a Woman Artist*. Garden City, NY: Doubleday.
Cirlot, J. E. (1962). *A Dictionary of Symbols*. NY: Philosophical Library.
The Complete Grimm's Fairy Tales. (1972). NY: Pantheon Books.
Craven, Roy. C. n.d. *A Concise History of Indian Art*. NY: Oxford University Press.
De Vries, Ad. (1976). *Dictionary of Symbols and Imagery*. Amsterdam: North-Holland Publishing Company.
Di Leo, Francesco; Stanislav Graf; & Joan Kellogg (1977). "The Use of a Mind Revealing Drug(D.P.T.), Music, and Mandalas in Psychotherapy: A Case Presentation." *Proceedings of the Eighth Annual Conference of the American Art Therapy Association,* pp. 78-86.
Edinger, Edward F. (1987). *Ego and Archetype*. NY: Viking Penguin.
_____ (1990). *Anatomy of the Psyche: Alchemical Symbolism in Psychotherapy*. La Salle, Ill.: Open Court.
Elsen, Albert E. (1962). *Purposes of Art*. NY: Holt, Rinehart and Winston.
Ferguson, George (1961). *Signs and Symbols in Christian Art*. London: Oxford University Press.

Fisher, Sally (1980). *The Tale of the Shining Princess*. NY: Viking Press.

Fox, Matthew (ed.). (1985). *Illuminations of Hildegard of Bingen*. Santa Fe: Bear and Company.

Gelling, Peter, & Hilda Ellis Davidson. (1969). *The Chariot of the Sun*. New York: Frederick A. Praeger.

Goethe, Johann Wolfgang von (1840, 1970). *Theory of Colours*. Cambridge: M.I.T. Press.

Graves, Robert (1981). *Greek Myths,* Vol. 2. NY: Penguin Books.

Griggs, C. Wilfred (ed.). (1985). *Ramses II*. Provo, Utah: Brigham Young University Print Services.

Hammer, Emanuel F. (1975). *The Clinical Application of Projective Drawings*. Springfield, Ill.: Charles C. Thomas.

Harding, M. Esther (1973). *Psychic Energy: Its Source and Its Transformation*. 2nd ed. Princeton N.J.: Princeton N.J.: Princeton University Press.

Jacobi, Jolande. (1979). *The Psychology of C. G. Jung: An Introduction with Illustrations*. New Haven: Yale University Press.

John of the Cross (1959). *Dark Night of the Soul*. Garden City, NY: Image Books, Doubleday.

Johnson, Robert A. (1987). *Ecstasy: Understanding the Psycholgy of Joy*. San Francisco: Harper & Row.

Jung, C. G. (1964). *Man and His Symbols*. Garden City, NY: Doubleday.

_____ (1965). *Memories, Dreams, Reflections*. Ed. Aniela Jaff . Trans. Richard and Clara Winston. NY: Random House.

_____ (1973a). *Four Archetypes. Princeton,* NJ: Princeton University Press.

_____ (1973b). *Mandala Symbolism*. Princeton, NJ: Princeton University Perss.

_____ (1974). *Dreams*. Princeton, NJ: Princeton University Press.

_____ (1976a). *Mysterium Coniunctionis: An Inquiry into the Separation and Synthesis of Psychic Opposites in Alchemy*. Princeton, NJ: Princeton University Press.

_____ (1976b). Psycholgical Commentary on Kundalini Yoga. *Spring: An Annual of Archetypal Psycholgy and Jungian Thought,* pp. 1-34.

_____ (1976c). *Symbols of Transformation*. (2nd ed). Princeton, NJ: Princeton University Press.

_____ (1979). *Aion*. (2nd ed). Princeton, NJ: Princeton University Press.

_____ (1983). *Alchemical Studies*. Princeton, NJ: Princeton University Press.

Kaufman, Walter (ed.) (1961). *Philosophic Classics: Thales to St. Thomas*.

Englewood Cliffs, NJ: Prentice-Hall.

Kellogg, Joan (1977). The Meaning of Color and Shape in Mandalas. *American Journal of Art Therapy* 16:123-126.

_____ (1978). Mandala: Path of Beauty. Master's thesis, Antioch University, Columbia, Md.

_____. (1983). Lecture at Atlanta Art Therapy Institute, Atlanta, Georgia.

_____ (1986). Color Theory from the Perspective of the Great Round of Mandala. Unpublished manuscript.

_____, & F. B. DiLeo (1982). Archetypal Stages of the Great Round of Mandala. *Journal of Religion and Psychical Research* 5:38-49.

Kellogg, Rhoda (1967). *Psycholgy of Children's Art.* CRM Inc.

_____. (1970). *Analyzing Children's Art.* Palo Alto, Calif.: National Press Books.

Langer, Susanne K. (1976). *Philosophy in a New Key: A Study in the Symbolism of Reason, Rite, and Art.* (3rd ed). Cambridge: Harvard University Press.

L scher, Max (1969). *The L scher Color Test.* NY: Bantam Books.

Neihardt, John (ed.). (1961). *Black Elk Speaks.* Lincoln: University of Ne-braska Press.

Neumann, Erich (1974). *Art and the Creative Unconscious.* Princeton, NJ: Princeton University Press.

_____ (1973). *The origins and History of Consciousness.* Princeton, NJ: Princeton University Press.

Ornstein, Robert (1975). *Psycholgy of Consciousness.* NY: Penguin Books.

Purce, Jill (1974). *The Mystic Spiral: Journey of the Soul.* NY: Thames and Hudson.

Radha, Swami Sivananda (1978). *Kundalini Yaga for the West.* Spokane, Wash.: Timeless Books.

Storm, Hyemeyohsts (1973). *Seven Arrows.* NY: Ballantine Books.

Teresa of vila (1961). *Interior Castle. Garden City,* NY: Image Books, Doubleday.

Tucci, Giuseppe (1961). *Theory and Practice of the Mandala.* London: Rider and Company.

Villasenor, David (1963). *Indian Sandpainting of the Greater Southwest.* Healdsburg, Calif.: Naturegraph Company.

von Franz, Marie-Louise (1986). *Number and Time.* Evanston, Ill.: North-western University Press.

_____ (1974). *Shadow and Evil in Fairy Tales.* Zurich: Spring Publications.

Wagner, Richard (1876, 1960). *The Ring of the Nibelung.* NY: E.P. Dutton & Co.

Walker, Barbara G. (1988). *The Woman's Dictionary of Symbols and Sacred Objects*. San Francisco: Harper & Row.

Williamson, Ray (1978). Native Americans were continent's first astrono-mers. *Smithsonian,* 10:78-85.

Ywahoo, Dhyani (1987). *Voices of Our Ancestors: Cherokee Teachings from the Wisdom Fire*. Boston: Shambhala Publications.

Zaslavsky, Claudia (1973). *Africa Counts: Number and Pattern in African Culture*. Boston: Prindle, Weber, and Schmidt.

찾아보기

내 용

수잔 핀처

미국 공인 미술치료사로서 종교와 심리학에 관련된 학술대회에서 많은 발표와 워크숍을 지도해 왔다. 미술가이도 한 그녀는 창작활동을 하면서 13여년 이상 만다라를 임상에 적용해 오면서 여러 교육기관에서 미술치료를 지도하고 있다.

김진숙

뉴욕 프랫 대학원에서 미술치료 석사학위와 뉴욕 대학원에서 연극치료 박사학위를 취득하고 미국 공인 미술치료사로서 15여년 동안 임상과 교육기관에서 일한 바 있다. 현재 한국 표현예술심리치료 연구소 소장으로서 여러 대학원에 출강 하고 있으며, 저서로 『예술심리치료의 이론과 실제』와 역서로 『살아있는 심혼』, 『신데렐라와 그 자매들』이 있고 그 외에 다수의 논문이 있다.

만다라를 통한 미술치료
-자기탐구, 완성, 치유를 향하는 미술치료

1998년 1월 10일 1판 1쇄 발행
2023년 10월 20일 1판 17쇄 발행

지은이 • 수잔 핀처
옮긴이 • 김 진 숙
펴낸이 • 김 진 환
펴낸곳 • (주)**학지사**

　　　　04031 서울특별시 마포구 양화로 15길 20 마인드월드빌딩 5층

대표전화 • 02) 330-5114　　　팩스 • 02) 324-2345

등록번호 • 제313-2006-000265호

홈페이지 • http://www.hakjisa.co.kr
인스타그램 • https://www.instagram.com/hakjisabook

ISBN 978-89-7548-190-1 03370

정가 **8,000원**

역자와의 협약으로 인지는 생략합니다.
파본은 구입처에서 교환하여 드립니다.

이 책을 무단으로 전재하거나 복제할 경우 저작권법에 따라 처벌을 받게 됩니다.

출판미디어기업 **학지사**

　간호보건의학출판 **학지사메디컬** www.hakjisamd.co.kr
　심리검사연구소 **인싸이트** www.inpsyt.co.kr
　학술논문서비스 **뉴논문** www.newnonmun.com
　원격교육연수원 **카운피아** www.counpia.com